Reconstruye
tu vida
después de una
separación

Si este libro le ha interesado y desea que lo mantengamos
informado de nuestras publicaciones, puede escribirnos a
comunicacion@editorialsirio.com,
o bien suscribirse a nuestro boletín de novedades en:
www.editorialsirio.com

Nota del editor:

Esta publicación está concebida para proporcionar información precisa y fidedigna en relación con el tema tratado. Está a la venta sin que el editor deba prestar asistencia psicológica, financiera y legal u otros servicios profesionales. Si el lector requiere ayuda o asesoramiento por parte de un experto, debe buscar los servicios de un profesional competente.

Título original: REBUILDING: WHEN YOUR RELATIONSHIP ENDS
Traducido del inglés por Francés Prims Terradas
Diseño de portada: Editorial Sirio, S.A.
Diseño y maquetación de interior: Toñi F. Castellón

© de la edición original
2016 de Bruce Fisher y Robert Alberti
Impact Publishers, un sello de New Harbinger Publications, Inc.
5674 Shattuck Avenue
Oakland, CA 94609
www.newharbinger.com

© de la presente edición
EDITORIAL SIRIO, S.A.
C/ Rosa de los Vientos, 64
Pol. Ind. El Viso
29006-Málaga
España

www.editorialsirio.com
sirio@editorialsirio.com

I.S.B.N.: 978-84-17030-59-9
Depósito Legal: MA-1683-2017

Impreso en Imagraf Impresores, S. A.
c/ Nabucco, 14 D - Pol. Alameda
29006 - Málaga

Impreso en España

Puedes seguirnos en Facebook, Twitter, YouTube e Instagram.

Dr. Bruce Fisher y Dr. Robert Alberti

Reconstruye
tu vida
después de una
separación

EDITORIAL
SIRIO

Este libro está dedicado...

... a los miles de personas que, mientras estaba intentando enseñarles en los seminarios de reconstrucción, me enseñaron a mí mucho de lo que he escrito en este libro;

... a mis hijos, Rob, Todd y Sheila, quienes a menudo, con su amor, me entregaron más realidad, retroalimentación y verdad de las que estaba preparado para escuchar;

... a mis padres, Bill y Vera, porque cuanto más entiendo la vida, a las familias y a mí mismo, más valoro los regalos de vida y amor que me hicieron, y

... a mi esposa, Nina, que con su amor muchas veces me dio lo que necesitaba en lugar de lo que quería.

Finalmente, un agradecimiento a mi coautor y editor, Bob Alberti, que contribuyó a que esta obra resultara tal y como yo quería.

BRUCE FISHER
(1931-1998)

... a mis padres, Carita y Sam, quienes me mostraron —mucho antes de que empezara a estudiar formalmente Psicología— que el divorcio, aunque sea doloroso, puede ser una experiencia de crecimiento para los adultos y los niños, y que todos nosotros podemos estar más sanos y ser más felices al final, y

... a Bruce, que nos enseñó a todos cómo lograrlo.

BOB ALBERTI

ÍNDICE

PRÓLOGO

por Virginia M. Satir, máster en Trabajo social

E l divorcio es una intervención quirúrgica, metafóricamente hablando, que afecta a todas las áreas de la vida del individuo. He dicho en muchas ocasiones que las raíces del divorcio hay que buscarlas en las circunstancias y esperanzas presentes en el momento del matrimonio. Muchísimas personas se casan con la idea de que su vida va a ser mejor —de hecho, tal vez solo un tonto se casaría con la idea de que esto no fuera a ser así—. La profundidad de la decepción en el momento del divorcio, por tanto, dependerá de cuánto esperaba uno de la vida marital o de la medida en que uno sienta necesario tener a alguien en su vida para que esta valga la pena.

Para muchos, el divorcio es una experiencia desgarradora, y necesitan recomponerse antes de poder continuar con sus vidas. Durante el período de recuperación suelen experimentarse profundos sentimientos de desesperación, decepción, venganza, represalia, desesperanza e impotencia. Necesitan darle una orientación totalmente nueva a sus vidas. Y necesitan un tiempo para llorar la pérdida de lo que esperaban que fuera, para darse cuenta de que sus expectativas no se harán realidad.

Muchos libros sobre el divorcio hablan solamente de los problemas. Por supuesto, eso incluye las heridas del ego, la mengua del sentimiento de autoestima, las preguntas constantes sobre lo que salió mal y muchos miedos sobre el futuro. Los doctores Fisher y Alberti nos brindan un marco muy práctico y útil para que podamos examinar el período del duelo, echar un vistazo al punto en que nos encontramos y decidir en qué dirección queremos ir en adelante. Nos ofrecen una guía paso a paso para que alcancemos una posición que nos permita disfrutar de la vida después del divorcio. Presentan el proceso de recuperación como un período en el que uno puede aprender del pasado, conocerse mejor a sí mismo y desarrollar nuevas partes del yo, previamente desconocidas. Para hacer una analogía, este proceso sería como la convalecencia que tiene lugar después de cualquier tipo de intervención quirúrgica.

Los niveles emocionales en los que es necesario trabajar durante y después del divorcio guardan un gran paralelismo con las etapas por las que se atraviesa al enfrentar la muerte de un ser querido. Al principio, hay una negación de los acontecimientos que han tenido lugar y el sentimiento consiguiente de querer aislarse del conjunto de la situación. Después aparece el enojo: la persona culpa a alguien por la situación que está viviendo. El tercer nivel es el de la negociación, una situación que consiste de algún modo en «mirar el libro de contabilidad» para comprobar si existe equidad —esto se manifiesta a menudo como las negociaciones para la custodia de los hijos y los acuerdos de separación de bienes en el momento del divorcio—. A continuación viene un período de depresión, en que hacen acto de presencia el odio hacia uno mismo, la culpa y los sentimientos de fracaso. Finalmente, después de todo esto, la persona afectada llega a admitir la situación y a aceptarse a sí misma. De ahí surge la esperanza en relación con lo próximo que pueda acontecer.

Creo que el libro de Bruce Fisher y Bob Alberti hace posible que el lector trabaje en todos estos niveles, etapa por etapa. Es importante permitir que el período de restablecimiento o «reconstrucción» dure el tiempo que tenga que durar, con el fin de que puedan despertarse partes del yo que se han visto paralizadas, que han sido reprimidas o que son desconocidas. Esta lectura facilita que cada uno (en este caso, cada persona divorciada) entre en la siguiente etapa de su vida con un sentimiento de esperanza y no de fracaso.

MENLO PARK,
California,
septiembre de 1980

Nota del editor: Virginia Satir (1916-1988) fue una de las personas más queridas y respetadas en el ámbito de la terapia matrimonial y familiar. Se la reconoció como una de las fundadoras de la teoría de los sistemas familiares. Sus muchos libros, incluido su éxito de ventas *Peoplemaking* (*Nuevas relaciones humanas en el núcleo familiar*), influyeron en el establecimiento del marco para la terapia familiar y ofrecieron una contribución importante a los fundamentos de la profesión tal como se practica en la actualidad.

INTRODUCCIÓN

por Robert E. Alberti

Si estás leyendo este libro, es probable estés sufriendo por una ruptura reciente. Tal vez estuviste casado durante muchos años, o mantuviste una relación de compromiso sin contar con la ratificación de la Iglesia o el Estado. Puede ser que tengas hijos o que no los tengas. Quizá hayas iniciado tú la ruptura o hayas recibido un breve mensaje de texto en el que se daba por terminada vuestra relación. Tu expareja puede haber sido alguien maravilloso o un cretino.

Cualquiera que sea tu historia, ahora mismo, te duele muchísimo.

Sabemos lo abrumadora que parece la situación, pero *puedes* abrirte camino a través del difícil y doloroso proceso de recuperarte de la pérdida de tu relación de pareja. No es fácil, y no ocurrirá de la noche a la mañana. Pero *puedes* hacerlo. Esta obra te mostrará la manera. Para ello, te ofrece un proceso de diecinueve pasos de eficacia demostrada que ha ayudado a más de un millón de lectores a recuperarse y reconstruir sus vidas después de soportar el dolor de un divorcio, una ruptura o la pérdida de la pareja.

Una y otra vez, hemos escuchado mensajes por parte de hombres y mujeres divorciados profundamente agradecidos tras haber leído este libro y haber labrado su camino a través del proceso que propone, hombres y mujeres que han dicho a sus amigos: «¿Estás pasando por un divorcio? ¡Tienes que leer *Reconstruye tu vida después de una separación*!».

TARDARÁS UN TIEMPO

Por supuesto, puedes leer estas páginas en unas pocas horas. Pero el proceso de recuperarse de un divorcio requiere tiempo. Utiliza bien este libro, tal vez durante un año o más, lo que necesites. Darás algunos pasos adelante, después retrocederás un paso. La mayoría de las personas avanzan más rápidamente si participan en uno de los seminarios basados en este libro. Pero hagas lo que hagas, permítete el tiempo que necesitarás para trabajar con lo que a Bruce Fisher le gustaba llamar «el proceso del divorcio». Sus investigaciones mostraron que este proceso puede requerir dos años o más.

«Espera. ¿Qué? ¿Dos años?». No es lo que querías escuchar, ¿verdad? Los hechos son que en el mundo real uno no pasa de ser una persona casada a una persona divorciada, independiente y satisfecha en unas pocas semanas, o incluso en algunos meses. Necesitarás algún tiempo.

ES COMO SUBIR UNA MONTAÑA

Cuando emprendas tu viaje de recuperación, notarás enseguida que el proceso es tal como lo hemos descrito: semejante a subir una montaña —probablemente esto no sea sorprendente, ya que Bruce pasó la mayor parte de su vida adulta en Boulder (Colorado), al pie de las Rocosas—. Es una metáfora apropiada, puesto que el proceso puede parecer lento y difícil. Y probablemente te encontrarás con «rodeos» a lo largo del camino; como ocurre con un sendero de montaña, no irás directo hasta la cima. Presentamos los diecinueve pasos en el orden en el que habitualmente tienen lugar, aunque esto no es así en todos los casos. Es probable que experimentes contratiempos y retrocesos, y que te salgas ocasionalmente del camino. No dejes que eso te detenga. Cada uno de los pasos contiene valiosas lecciones de vida con las que vale la pena trabajar. Permítete todo el tiempo que necesites para comprender tu dolor y recuperar tu capacidad de seguir adelante.

Es probable que ya hayas descubierto que hay toneladas de libros por ahí sobre cómo lidiar con el divorcio. La mayoría tienen que ver con los asuntos legales, las finanzas, la crianza de los hijos, la custodia y encontrar un nuevo amor. La obra que tienes entre manos adopta un enfoque diferente: nuestro objetivo es ayudarte a lidiar con los casi inevitables problemas emocionales a los que te enfrentarás a medida que reestructuras tu vida después de esta gran interrupción.

El libro comienza con una visión general del proceso, y continúa con una orientación para los primeros meses, en que es probable que lidies con niveles significativos de depresión, ira y soledad. Esta es la oscuridad antes del amanecer. Con el paso del tiempo, te ayudaremos a soltar el equipaje que estás cargando desde el pasado. A medida que empieces a reconocer tus puntos fuertes y tu valía, podrás volver a arriesgarte a confiar en los demás y te abrirás a nuevas relaciones. Con el tiempo, si sigues subiendo, descubrirás una vida llena de propósito y en la que te sentirás libre. Es probable que el proceso no sea suave, pero en cada punto del camino tendrás a tu disposición esta guía cuando necesites apoyo.

Si estás leyendo *Reconstruye tu vida después de una relación* mientras participas en uno de los seminarios sobre los divorcios basados en él, encontrarás que el curso establecerá por ti el programa de los contenidos y aprenderás mucho de los intercambios de impresiones con los otros miembros del grupo. Si estás leyendo el libro por tu cuenta, puedes decidir tu propio ritmo y enfocarte en un tema u otro según lo que esté sucediendo en tu vida en este momento. De cualquier manera, es probable que leas más de una vez algunos contenidos que sean importantes para ti mientras subes la montaña.

CÓMO SE GESTÓ ESTA OBRA

Bruce Fisher era un «muchacho de una granja de Iowa» (según sus palabras) que, tras cursar los estudios universitarios, pasó a trabajar como oficial de custodia con delincuentes adolescentes. Esa experiencia le llevó a la escuela de posgrado, pues quería aprender más acerca de las fuerzas emocionales que afectan a nuestras vidas. Entonces, un divorcio cambió la dirección de sus estudios y de su carrera. Comenzó a aprender más sobre cómo las personas lidian con el divorcio, y ese trabajo le llevó a concebir una escala (una especie de «test») con la que examinar el proceso. Su investigación con la primera versión de su escala de adaptación al divorcio reveló quince (más tarde diecinueve) pasos clave que se suceden con una frecuencia notable (aunque no siempre en secuencia) en las vidas de aquellos que pasan por el dolor emocional que suele acompañar al fin de una relación. Puedes encontrar una versión en línea de la escala de adaptación al divorcio de Fisher (en inglés) en www.rebuilding.org/assessment.

Bruce convirtió su modelo en un seminario en el que guiaba a los participantes en el proceso de recuperarse de un divorcio y empezó a plasmar sus ideas y su experiencia en un libro. Su primer volumen, autopublicado, *When Your Relationship Ends*, llegó a mí en 1980, en calidad de editor de Impact Publishers (y terapeuta con licencia). Bruce y yo trabajamos juntos durante un año para crear una edición comercial del libro, que Impact lanzó en 1981 como la primera edición, en inglés, del libro que tienes entre tus manos.* Él ya había empezado a formar a otras personas en la manera de usar el modelo y dirigir el seminario, y su programa de diez semanas se estaba replicando por todo Estados Unidos y en el extranjero.

Los cientos de facilitadores a quienes formó Bruce a lo largo de tres décadas le proporcionaron una valiosa información sobre cómo les iba con el proceso a los miembros de sus grupos. Estos resultados (las experiencias de decenas de miles de participantes en los seminarios) le proporcionaron las evidencias de base para seguir mejorando el modelo y el libro. En el momento de su muerte prematura (murió de cáncer en 1998), su modelo de recuperación había pasado de tener quince pasos a tener diecinueve y había evolucionado a lo largo de las tres ediciones del libro previas a esta (se habían impreso casi un millón

---

* Esta es la traducción de la cuarta edición inglesa.

de ejemplares y había sido traducido a muchos idiomas); el modelo de Bruce también había dado lugar a cientos de seminarios en los que se usaba su programa en centros comunitarios, iglesias, clínicas, consultas de terapeutas y hogares de todo el mundo.

Y no son solo los lectores y los participantes de los seminarios quienes afirman lo valioso que ha sido este proceso en sus vidas. Se han llevado a cabo docenas de estudios de investigación por parte de profesores, estudiantes graduados y terapeutas, la mayor parte de los cuales se han publicado en revistas profesionales revisadas por pares. Estos estudios muestran que la mayoría de quienes asisten a los seminarios en los que se imparte el modelo de Bruce mejoran mucho en cuanto al respeto hacia sí mismos, la aceptación del divorcio, las esperanzas de futuro, el desapego hacia la relación terminada, la aceptación del enojo y la construcción de una nueva red social. Así pues, la obra que tienes en tus manos expone un enfoque bien desarrollado, basado en las evidencias y de eficacia demostrada; no es un libro más de «psicología barata».

LAS RELACIONES ESTÁN CAMBIANDO

Sabemos que, hoy día, las relaciones proliferan por todas partes. El matrimonio tradicional ha perdido un poco de popularidad; se están casando menos jóvenes, y los que lo hacen esperan más tiempo para dar ese paso. La mayoría de las personas divorciadas se casan de nuevo, pero los segundos matrimonios no duran más que los primeros. Las fronteras étnicas y religiosas se cruzan a menudo, pues las parejas buscan la felicidad pasando por encima de esas barreras tradicionales. Los exsacerdotes se casan. *Soltero* ya no es un término peyorativo en la mediana edad. Los maridos trofeo se están volviendo tan comunes como las esposas trofeo, pues la diferencia de edad no es el obstáculo que una vez fue.

No se sabe mucho sobre el divorcio entre parejas del mismo sexo, puesto que no fue hasta 2015 cuando, en Estados Unidos, la Corte Suprema incorporó el matrimonio entre personas del mismo sexo a la legislación nacional. Aunque hay quien sigue considerando que estas uniones son pecaminosas, se están volviendo habituales, y todo el mundo tendrá que acostumbrarse a esta realidad. Si bien este libro no aborda explícitamente el divorcio entre individuos del mismo sexo, sabemos que las uniones LGBT* también se rompen (las estadísticas disponibles muestran que los números son similares a los que se dan entre las parejas heterosexuales) y creemos que el proceso de recuperación es esencialmente el mismo. Cuando la historia nos brinde un análisis retrospectivo de las separaciones entre las personas del mismo sexo, puede ser que nos encontremos con notables diferencias; hasta entonces, consideramos que este trabajo es un recurso valioso para las personas de cualquier orientación o identidad sexual que estén sufriendo a causa del fin de su relación. Todos estamos aprendiendo que nuestras semejanzas son mucho mayores que nuestras diferencias.

Muchos de los elementos del proceso de recuperación también abordan el dolor de la pérdida debida a la muerte del compañero. Aunque este libro no trata en profundidad esta crisis personal, hace tiempo que sabemos que la mayor parte de los componentes de la recuperación (en este libro los llamamos, metafóricamente, los *bloques de reconstrucción*) son los mismos en el caso de fallecimiento de la pareja. Este volumen incluye un apéndice, el D, dedicado a quienes lo han sufrido (este contenido lo elaboraron participantes viudos de los seminarios en atención a futuros participantes que se hallasen en esta misma situación). Si es tu caso, te ofrecemos una sincera empatía y confiamos en que podrás encontrar algo de consuelo en estas páginas mientras recompones tu vida.

Hemos intentado que esta obra sea lo más inclusiva posible, pero pedimos tu comprensión si no contempla exactamente la forma que puede haber adoptado tu relación de pareja. ¡Comprobarás que el proceso funciona de todos modos!

UNAS PALABRAS SOBRE LAS PALABRAS

A lo largo del libro, encontrarás muchas referencias al programa grupal de recuperación que creó Bruce. Hemos tratado de referirnos

---

* Siglas de lesbianas, gais, bisexuales y transexuales.

a él como *el seminario de divorcio de Fisher*, pero a veces lo denominamos también *el seminario de Fisher*, *el seminario de diez semanas*, *el seminario de reconstrucción* y *el seminario para recuperarse del divorcio*. Distintas denominaciones para un mismo programa.

¡AYUDA!

A veces, estando en tu camino, puedes sentir que necesitas ayuda adicional. Te recomendamos que busques un terapeuta profesional si te encuentras con altos niveles de ansiedad, depresión o ira. Efectivamente, en última instancia tienes que lidiar con el proceso por ti mismo, pero como ocurre con cualquier proyecto desafiante, te irá mejor si utilizas las herramientas adecuadas que puedan facilitarte el trabajo. El apoyo profesional puede ser uno de los recursos más valiosos si te encuentras atascado.

Para empezar, sin embargo, todo lo que necesitas está a tu alcance, en este volumen. Te insto a **leer todos los capítulos** (incluso si de entrada te parece que no tienen que ver con tu caso), a **reflejar tu avance en un diario personal**, a **responder el cuestionario de autoevaluación «¿Cómo lo llevas?»** del final de los capítulos (¡sé honesto contigo mismo!), a **evitar embarcarte en una nueva relación** al principio de tu proceso, a **asistir a un seminario de Fisher** si puedes (consulta www.rebuilding.org, regístrate y participa activamente) y por último te insto, lo digo una vez más, a **concederte todo el tiempo que necesites**.

¡Prepárate para el viaje! Tráete una maleta que contenga tu energía, tu optimismo, tus esperanzas para el futuro. No lleves exceso de equipaje. Ponte un calzado resistente: las Montañas Rocosas de Colorado fueron importantes en la vida de Bruce; la Sierra Nevada de California ha sido importante en la mía. Y la montaña de la reconstrucción se encuentra delante de ti. ¡Preparémonos para subirla juntos!

LOS BLOQUES DE LA RECONSTRUCCIÓN

E s probable que estés experimentando los sentimientos dolorosos que surgen con el fin de una relación de pareja. Para superar
la pérdida de un amor, existe un proceso de diecinueve pasos, cuyos resultados hemos podido comprobar. Este capítulo ofrece una visión general de los bloques de reconstrucción que conforman dicho
proceso.

¿Sientes dolor? Si acabas de salir de una relación amorosa, lo estás sintiendo. Quienes parecen no sentir dolor con el fin de sus relaciones de pareja ya se han enfrentado a una gran cantidad de dolor o aún no lo han sentido. Así que adelante, reconoce que estás herido. Es natural, esperable, saludable e incluso correcto. El dolor es la manera que tiene la naturaleza de decirnos que hay algo en nosotros que necesita ser sanado, así que procedamos con la curación.

¿Te podemos ayudar? Creemos que sí. Podemos compartir contigo algunos de los aprendizajes que tienen lugar en los seminarios para recuperarse del divorcio que Bruce Fisher dirigió durante más de veinticinco años. El crecimiento que experimentan las personas durante un seminario de diez semanas es notable. Tal vez por medio de compartir contigo algunas de estas ideas y algunos de los comentarios que hemos recibido por parte de cientos de miles de lectores de las ediciones anteriores de este libro (en inglés) podamos ayudarte a que tú también superes este dolor.

Hay que pasar por un proceso de adaptación después de una separación, un proceso que tiene un principio, un final y unos pasos de aprendizaje específicos. Si estás experimentando algún grado de dolor, estarás impaciente por descubrir cómo sanarlo. Si eres como la mayoría de nosotros, es probable que lleves años con algunos patrones de comportamiento destructivos; tal vez desde tu infancia. Cambiar requiere un duro esfuerzo. Mientras mantenías tu relación de pareja, puede ser que te sintieses lo suficientemente a gusto como para no tener ninguna necesidad de cambiar. Pero ahora sientes este dolor. ¿Qué puedes hacer? Utilizarlo como un acicate para aprender y crecer. No es fácil, pero puedes hacerlo.

Los pasos del proceso de adaptación están dispuestos en una pirámide de «bloques de reconstrucción» que simboliza una montaña. Reconstruirse significa subir esta montaña, lo cual, para la mayoría de nosotros, es una empresa difícil. Algunas personas no tienen la fuerza y la resistencia necesarias para llegar a la cima y se detienen en algún punto del camino. Algunas caen en la tentación de embarcarse en otra relación amorosa importante antes de aprender todo lo posible del dolor. Estas personas también han abandonado antes de llegar a la cima... y se han perdido la magnífica panorámica de la vida que se divisa desde lo alto de la montaña. Algunas se refugian en una cueva, en su pequeño mundo, y observan cómo pasa la procesión. Estas tampoco llegan nunca a la cima. Y, por desgracia, hay algunas que eligen la autodestrucción, y saltan del primer precipicio que se encuentran por el camino.

¡Te aseguramos que la subida vale la pena! El premio que te aguarda en la cima bien merece el arduo ascenso.

¿Cuánto se tarda en subir la montaña? Los estudios efectuados con la escala de adaptación al divorcio de Fisher indican que, en promedio, se tarda aproximadamente un año en subir por encima de la línea de los árboles (es decir, en superar las etapas realmente dolorosas y negativas de la ascensión). Alcanzar la cima requiere más tiempo. Algunos tardarán menos en coronar la montaña, otros más. Unas investigaciones sugieren que hay algunas personas, las menos, que necesitan entre tres y cinco años. No dejes que esto te desaliente. Lo que cuenta es completar la subida, no el tiempo que ello requiera. Recuerda que subes a tu propio ritmo, así que no te pongas nervioso si alguien te adelanta: al igual que ocurre con la vida, los mayores beneficios derivan del proceso mismo de ascenso y crecimiento.

Hemos aprendido mucho sobre esto por lo que estás pasando escuchando a los participantes de los seminarios y leyendo cientos de cartas de los lectores. Hay quienes nos preguntan: «¿Estuviste escuchando cuando mi ex y yo hablamos la semana pasada? ¿Cómo sabes lo que estábamos diciendo?». Ocurre que aunque cada uno de nosotros sea un individuo que está teniendo unas experiencias únicas, podemos reconocer unos patrones similares en lo que nos sucede cuando salimos de una relación de pareja. Cuando hablemos de *patrones*, es probable que encuentres que es más o menos eso lo que estás experimentando.

Estos patrones son similares no solo en el caso del final de una relación amorosa, sino también en el caso de cualquier otra crisis que implique un final. Frank, alumno de un seminario, nos contó que pasó por los mismos patrones cuando abandonó el sacerdocio de la Iglesia católica. Nancy se encontró con ellos cuando la despidieron del trabajo, y Betty cuando enviudó. Tal vez una de las habilidades personales más importantes que podemos desarrollar es la de adaptarnos a una crisis. Probablemente viviremos más crisis en nuestras vidas, y aprender a acortar el período de dolor será un aprendizaje muy valioso.

En este capítulo, describiremos brevemente el camino que vamos a recorrer hasta la cima de la montaña. En los capítulos siguientes, desgranaremos propiamente este aprendizaje emocional (es decir, subiremos la montaña). Te sugerimos que empieces a llevar un diario desde este momento, para que la subida sea más significativa. Después del viaje, puedes releerlo para obtener una mejor perspectiva sobre los cambios y el crecimiento que hayas experimentado durante la ascensión. (Al final de este capítulo hay más información sobre los diarios).

Como hemos indicado, el modelo de los bloques de reconstrucción muestra de forma gráfica diecinueve sentimientos y actitudes específicos, dispuestos en forma de pirámide para simbolizar la montaña que debe coronarse. El proceso de adaptación puede ser tan difícil como subir una montaña empinada. Al principio, la tarea es abrumadora. ¿Por dónde empezar? ¿Cómo subir? ¿Qué tal si disponemos de una guía y un mapa que nos ayuden? Esto es lo que son los bloques de reconstrucción: una guía y un mapa preparados por otros que ya han recorrido el sendero. A medida que subas, descubrirás que es posible experimentar un tremendo crecimiento personal, a pesar del trauma emocional que has sufrido a causa del final de tu relación de pareja.

En la primera edición de este libro (en inglés), publicada en 1981, Bruce describió solamente quince bloques de reconstrucción. El trabajo que llevó a cabo desde entonces, con miles de personas que habían pasado por el proceso del divorcio, condujo a la adición de cuatro nuevos bloques y a efectuar algunos cambios en los quince originales. Bruce estaba agradecido a aquellos cuyas vidas tocaron la suya: personas que hicieron comentarios al libro y que realizaron sus aportaciones en los seminarios. Hemos aprendido mucho de ellas y compartiremos sus experiencias contigo en estas páginas.

A lo largo del libro, encontrarás formas específicas de trabajar con cada bloque de reconstrucción para evitar que sea un bloque con el que tropieces (¡es probable que ya hayas tropezado lo suficiente!). Las personas nos suelen decir que pueden identificar inmediatamente los bloques con los que necesitan trabajar. Pero hay individuos que no pueden identificar un bloque problemático porque han enterrado muy bien sus sentimientos y actitudes en relación con él. Como resultado, en algún punto más alto de la subida, puede ser que descubran y exploren los bloques de reconstrucción que pasaron por alto al principio. Cathy, una ayudante voluntaria en uno de los seminarios, de repente reconoció uno durante una clase vespertina:

—¡He estado atascada en el bloque de la culpa y el rechazo todo el tiempo sin que me haya dado cuenta!

La semana siguiente nos dijo que había efectuado un progreso considerable, gracias a que hubo identificado el problema.

El resto de este capítulo está dedicado a presentar un resumen de lo que vamos a encontrarnos durante la ascensión; abordaremos los bloques en el orden en que vamos a hallarlos en el sendero. Empezando desde abajo, nos topamos primero con la *negación* y el *miedo*, dos dolorosos obstáculos que se presentan enseguida en el proceso de adaptación. Pueden ser sentimientos abrumadores y hacer que uno sea reacio a emprender la subida.

NEGACIÓN

NEGACIÓN: «NO PUEDO CREER QUE ESTO ME ESTÉ PASANDO A MÍ»

La buena noticia es que los seres humanos tenemos un maravilloso mecanismo que nos permite sentir solamente el dolor que podemos soportar. El dolor que es demasiado abrumador va a parar a nuestra «bolsa de negación» y sigue ahí hasta que somos lo suficientemente fuertes como para sentirlo y aprender de él.

La mala noticia es que algunos experimentamos tanta negación que somos reacios a intentar restablecernos (a subir la montaña). Esto puede ocurrir por muchas razones. Algunas personas son incapaces de acceder a lo que están sintiendo e identificarlo y tienen dificultades para adaptarse a cualquier tipo de cambio. Deben aprender que *lo que podemos sentir, podemos sanarlo*. Otras tienen un concepto tan bajo de sí mismas que no creen que vayan a ser capaces de subir la montaña. Y algunas sienten tanto miedo que temen el ascenso.

¿Qué ocurre en tu caso? ¿Qué sentimientos se ocultan por debajo de tu negación? Nona dudaba sobre si inscribirse en el seminario de diez semanas y finalmente pudo describir su vacilación:

—Si asistiera al seminario de divorcio, esto significaría que mi matrimonio ha terminado, y no quiero aceptarlo todavía.

NEGACIÓN   **MIEDO**

MIEDO: «¡ESTOY ATERRADO!»

¿Has estado alguna vez en medio de una tormenta de nieve? El viento sopla tan fuerte que aúlla. La nieve es tan gruesa que la vista no alcanza más que a unos pocos metros de distancia. A menos que uno cuente con un lugar en el que guarecerse, parece que su vida esté en juego (y realmente puede estarlo). Es una experiencia sumamente aterradora.

Los miedos que sientes cuando te separas por primera vez son como encontrarte en una tormenta de nieve. ¿Dónde puedes esconderte? ¿Cómo puedes hallar tu camino? Eliges no subir la montaña porque, incluso hallándote en la parte más baja, te sientes abrumado. ¿Cómo puedes encontrar la forma de subir si crees que el sendero se volverá más cegador, más amenazador, más atemorizante? Quieres guarecerte, encontrar un regazo en el que acurrucarte y alejarte de la terrible tormenta.

Mary llamó varias veces para apuntarse al seminario, pero todas las clases inaugurales, que tenían lugar por la noche, transcurrían sin que ella se presentase. Resultó que se había estado ocultando en su apartamento vacío; solo se aventuraba a ir al supermercado ocasionalmente, cuando se quedaba sin comida. Quería esconderse de la tormenta, de sus temores. Estaba abrumada por el miedo; acudir al seminario la noche de la apertura le resultaba demasiado amedrentador.

¿Cómo puedes gestionar tus temores? ¿Qué puedes hacer cuando descubres que tus miedos te han paralizado? ¿Eres capaz de encontrar el coraje necesario para afrontarlos, de modo que puedas prepararte para subir la montaña? Cada miedo que superes te dará fuerza y valor para proseguir con tu viaje por la vida.

NEGACIÓN   MIEDO   ADAPTACIÓN

ADAPTACIÓN: «¡PERO SI ESTO FUNCIONÓ EN MI INFANCIA!»

Cada uno de nosotros tenemos muchas cualidades saludables: curiosidad, creatividad, afectuosidad, sentimientos de autoestima, ira apropiada... Pero durante nuestros años de formación, nuestras cualidades saludables no siempre fueron fomentadas por la familia, la escuela, la comunidad religiosa u otras fuentes de influencia, como las películas, los libros y las revistas. A menudo, el resultado es el estrés, el trauma, la falta de amor y otros obstáculos para la salud.

Las personas que no son capaces de satisfacer sus necesidades de afecto, atención y amor encuentran maneras de adaptarse, y no todos los comportamientos adaptativos son saludables. Son ejemplos de respuestas adaptativas poco saludables ser excesivamente responsable de los demás, ser perfeccionista, tratar de complacer siempre a los otros o sentir el impulso incontenible de ayudar. Estos comportamientos, cuando están demasiado desarrollados, desequilibran a la persona, y esta puede tratar de restablecer su equilibrio a través de una relación con alguien.

Por ejemplo, si soy un sujeto excesivamente responsable, puedo buscar una pareja amorosa que sea demasiado poco responsable. ¡Y si la persona que encuentro no es lo suficientemente poco responsable, la *entrenaré* para que lo sea! Esto me lleva a «polarizar» la responsabilidad: yo me vuelvo cada vez más responsable, mientras que la otra persona lo es cada vez menos. Esta polarización es a menudo fatal para el éxito de una relación de pareja; se convierte en una forma de codependencia.

Jill lo declaró claramente:

—Tengo cuatro hijos, y estoy casada con el mayor.

Está resentida por el hecho de ser la responsable de todo, por ejemplo de hacer el seguimiento de la cuenta bancaria y pagar todas las facturas. En lugar de culpar a Jack, su marido, por no ser capaz de controlar el saldo de la cuenta, necesita entender que la relación es un sistema, y que mientras ella sea demasiado responsable, lo más probable será que Jack lo sea poco.

Los comportamientos adaptativos que aprendiste de niño no siempre te llevarán a mantener relaciones saludables en la edad adulta. ¿Te ayuda esto a entender por qué necesitas subir la montaña?

El siguiente conjunto de bloques representan el «pozo del divorcio»: la *soledad*, la *amistad*, la *culpa* y el *rechazo*, el *duelo*, la *ira* y el *soltar*. Estos bloques tienen que ver con sentimientos y momentos muy difíciles. Requerirá tiempo trabajar con ellos antes de que empieces a sentirte bien de nuevo.

NEGACIÓN   MIEDO   ADAPTACIÓN   SOLEDAD

SOLEDAD: «NUNCA ME HE SENTIDO TAN SOLO»

Con el fin de una relación amorosa es probable que experimentes la mayor soledad que hayas conocido jamás. Debes cambiar muchos hábitos de tu vida diaria ahora que tu compañero o compañera ya no está. Como pareja, es posible que hubieseis pasado tiempo separados, pero el otro seguía formando parte de la relación, incluso cuando no estaba físicamente presente. Cuando la relación se acaba, deja de estar ahí totalmente. De repente, estás absolutamente solo.

El pensamiento «voy a estar así de solo siempre» es abrumador. Tienes la impresión de que nunca vas a volver a conocer la compañía que brinda una relación de pareja. Puede ser que tengas niños viviendo contigo y amigos y familiares cerca, pero la soledad es de alguna manera mayor que todos los sentimientos cálidos que te ofrecen tus seres queridos. ¿Desaparecerá alguna vez esta sensación de vacío? ¿Podrás volver a sentirte bien estando a solas?

John se había dedicado a frecuentar los bares. Echó un vistazo a su comportamiento y tomó una decisión:

—He estado huyendo de mis sentimientos de soledad y he tratado de ahogarlos en alcohol. Creo que probaré a sentarme en casa solo y a escribir en mi diario para ver qué puedo aprender sobre mí.

Estaba empezando a pasar de sentirse solo a disfrutar de la soledad.

NEGACIÓN   MIEDO   ADAPTACIÓN   SOLEDAD   AMISTAD

AMISTAD: «¿ADÓNDE HA IDO TODO EL MUNDO?»

Como has descubierto, los bloques de reconstrucción que surgen al principio del proceso tienden a ser bastante dolorosos. Debido a esto, hay una gran necesidad de amigos que lo ayuden a uno a afrontar y superar su dolor emocional. Por desgracia, generalmente se pierden muchos amigos a lo largo del proceso del divorcio. Esto afecta especialmente a quienes ya se han separado físicamente de su pareja. El problema se agrava si uno evita socializar a causa del dolor emocional y el miedo al rechazo. El divorcio amedrenta a los amigos, que se sienten incómodos con los miembros de la pareja separada.

Betty nos contó que su antiguo grupo de parejas celebró una fiesta el fin de semana anterior, pero que ella y su ex no fueron invitados:

—Me sentí muy herida y enojada. ¿Qué pensaron, que iba a seducir a uno de los maridos o algo así?

Puede ser que tengas que reconstruir tus relaciones sociales en torno a amigos que entiendan tu dolor emocional sin rechazarte. Vale la pena que procures conservar a algunos viejos amigos (y que encuentres otros nuevos que te apoyen y te escuchen).

Es tan fácil, hoy en día, conectarse con otros en línea que es tentador permitir que tu teléfono móvil, tu tableta o tu portátil constituyan sustitutos de los encuentros cara a cara. Internet es un recurso maravilloso para muchas cosas, pero te rogamos que no permitas que los mensajes de texto, Twitter o Facebook te aíslen del contacto personal.

NEGACIÓN   MIEDO   ADAPTACIÓN   SOLEDAD   AMISTAD   CULPA/RECHAZO

CULPA Y RECHAZO: DEJADORES: 1; DEJADOS: 0

¿Has oído los términos *dejador* y *dejado* antes? Nadie que haya experimentado el final de una relación de pareja necesita que se los definan. Por lo general, hay una persona que es más responsable de haber decidido poner fin a la relación amorosa; se trata del *dejador*. El compañero más reacio es el *dejado*. La mayoría de los dejadores se sienten culpables por haber lastimado al que fue su ser querido, mientras que a los dejados les resulta difícil reconocer que han sido rechazados.

El proceso de adaptación es diferente para el dejador y el dejado, ya que el comportamiento del primero se rige en gran parte por los sentimientos de culpa y el del segundo por los de rechazo. Hasta que hablamos de este tema en el seminario, Dick había sostenido que su relación había terminado de mutuo acuerdo. Volvió a casa pensando en ello y finalmente admitió que era un dejado. Al principio, se enojó mucho. Después empezó a reconocer sus sentimientos de rechazo y admitió que tenía que lidiar con ellos antes de poder proseguir con la ascensión.

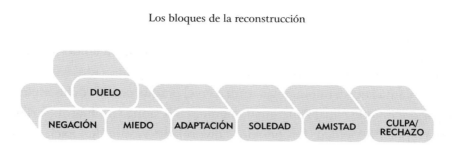

DUELO: «TENGO UNA TERRIBLE SENSACIÓN DE PÉRDIDA»

El duelo es una parte importante del proceso de recuperación. Cada vez que sufrimos la pérdida del amor, la muerte de una relación, el fallecimiento de un ser querido o la pérdida de un hogar debemos pasar por un duelo por esa carencia. De hecho, hay quienes han descrito el divorcio como consistente, en gran medida, en un proceso de duelo para superar la aflicción. La aflicción es la suma de una tristeza abrumadora y un sentimiento de desesperación. Nos quita la energía al hacernos creer que estamos indefensos, que no tenemos el poder de cambiar nuestras vidas. El duelo es un bloque de reconstrucción crucial.

Uno de los síntomas de la aflicción es la pérdida de peso corporal, aunque algunas personas, por el contrario, engordan durante los períodos de duelo. No fue sorprendente oír a Brenda decirle a Heather:

—Necesito perder peso; ¡voy a terminar con otra relación amorosa!

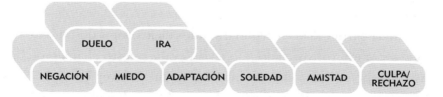

IRA: «¡MALDITO HIJO DE...!»

Es difícil entender la intensidad de la ira que se siente en estos momentos a menos que uno haya pasado por un divorcio. La siguiente es una historia verdadera publicada en el sitio web www.desmoinesregister.com que muestra una respuesta diferente por parte de las personas divorciadas y las casadas: al pasar conduciendo junto al parque, una mujer vio al hombre que la había abandonado. Estaba en una manta con su nueva novia. Entró en el parque con el coche ¡y pasó por encima de ellos! Afortunadamente, las lesiones no fueron serias; iba a poca velocidad. Las personas divorciadas responden exclamando: «¡Así se hace!, ¿volvió a pasarles por encima?». Las personas casadas, que no entienden la cólera del divorcio, exclaman: «¡Uf! ¡Qué terrible!».

La mayoría de los divorciados no eran conscientes de que podían llegar a sentir una rabia así porque nunca habían estado tan enojados. Este tipo de rabia está dirigido específicamente contra la expareja y, gestionada de la forma adecuada, puede ser realmente útil para la recuperación, ya que ayuda a la persona a distanciarse emocionalmente de su ex, lo cual es necesario.

SOLTAR: ES DIFÍCIL DESIMPLICARSE

Es difícil soltar los fuertes lazos emocionales con la unión amorosa que se ha disuelto. Sin embargo, es importante dejar de invertir emocionalmente en la relación acabada.

Stella participó en el seminario unos cuatro años después de haberse separado y divorciado. ¡Todavía llevaba puesto el anillo de bodas! Invertir en una relación muerta, en un cadáver emocional, es efectuar una inversión sin posibilidad de obtener beneficios. En lugar de ello, necesitas invertir en un crecimiento personal productivo, lo cual te ayudará a abrirte camino por el proceso del divorcio.

AUTOESTIMA: «¡TAL VEZ NO ESTOY TAN MAL, DESPUÉS DE TODO!»

Los sentimientos de valía y autoestima influyen mucho sobre el comportamiento. La baja autoestima y la búsqueda de una identidad más fuerte se cuentan entre las principales causas de los divorcios. El divorcio, a su vez, ocasiona una baja autoestima y una pérdida de identidad. Muchas personas tienen un concepto más bajo de sí mismas tras el fin de su relación de pareja. Se han entregado tanto a la relación que, cuando esta se acaba, sus sentimientos de valía y autoestima quedan por los suelos: «Me siento tan inútil que ni siquiera puedo levantarme de la cama esta mañana —escribió Jane en su diario—. No tengo ninguna razón para hacer nada hoy. Solo quiero ser pequeña y quedarme en la cama hasta que pueda encontrar una razón por la que debería levantarme. Nadie me echará de menos, así que ¿de qué sirve que me levante?».

A medida que tus sentimientos de autoestima mejoren, podrás salir del pozo del divorcio y empezar a sentirte mejor contigo mismo. Con una mayor autoestima también tendrás el valor que necesitarás para hacer frente al viaje hacia el interior de ti mismo que está por venir.

TRANSICIÓN: «ESTOY DESPERTANDO Y DESPRENDIÉNDOME DE LO QUE ME SOBRA»

Quieres entender por qué acabó tu relación. Tal vez necesitas practicarle una «autopsia». Si puedes averiguar por qué terminó, serás capaz de trabajar para efectuar los cambios que te permitirán crear y construir unas relaciones diferentes en el futuro.

En la etapa de transición del ascenso, empezarás a darte cuenta de las influencias que has recibido por parte de tu familia de origen. Descubrirás que es muy probable que te casaras con alguien parecido al progenitor con el que nunca te llevaste bien. También descubrirás que estás tratando de resolver por medio de tus relaciones adultas cualesquiera tareas de crecimiento que no completaste en la infancia.

Acaso decidas que estás cansado de todos los «deberías» que has obedecido siempre y que, en lugar de ello, quieres tomar tus propias decisiones en cuanto a cómo vas a vivir tu vida. Esto puede hacer que inicies un proceso de rebelión, en el que salgas de tu «cáscara».

Cualquier obstáculo no resuelto puede desembocar en el final de tu relación de pareja.

Es hora de que saques la basura, de que te libres de las sobras de tu pasado, de tu anterior relación amorosa y de tus primeros años. Pensabas que habías dejado todo eso atrás, pero cuando empiezas otra relación, descubres que sigue estando ahí. Como dijo Ken en un seminario:

—¡Estas malditas neurosis me siguen por todas partes!

La transición representa un período de transformación a medida que aprendes nuevas formas de relacionarte con los demás. Empiezas a ser libre para ser tú mismo.

Los cuatro bloques siguientes requieren un gran esfuerzo pero dan lugar a una gran satisfacción. Mientras te enfrentas a ti mismo aprendes sobre quién eres en realidad y reconstruyes tus bases en pro de unas relaciones saludables. La *apertura*, el *amor* y la *confianza* te llevarán a efectuar un viaje hacia tu interior. El bloque de las *relaciones* te facilitará que puedas volver a tener un contacto íntimo con los demás.

APERTURA: «ME HE ESTADO OCULTANDO DETRÁS DE UNA MÁSCARA»

Una máscara es un sentimiento o una imagen que proyectamos tratando de hacer creer a los demás que eso es lo que somos. Pero evita que la gente sepa quiénes somos realmente, y a veces incluso nos impide conocernos a nosotros mismos. Bruce recordó a un vecino de su infancia que siempre tenía un rostro sonriente:

—Cuando fui mayor, descubrí que ese rostro sonriente tapaba un montón de sentimientos iracundos.

Muchos tenemos miedo de quitarnos nuestras máscaras porque creemos que a los demás no les gustará la persona real que está debajo de ellas. Pero cuando nos las quitamos, a menudo experimentamos más cercanía e intimidad con los amigos y los seres queridos de lo que creíamos posible.

Jane confió a los demás miembros del seminario que estaba cansada de ofrecer siempre una cara de muñeca Barbie feliz:

—Me gustaría que la gente supiera lo que realmente siento en vez de tener que parecer siempre feliz y alegre.

Su máscara se le estaba volviendo pesada, lo que indicaba que podía ser que estuviese lista para quitársela.

AMOR: «¿PODRÍA IMPORTARLE REALMENTE A ALGUIEN?»

La típica persona divorciada dice: «Pensé que sabía lo que era el amor, pero supongo que estaba equivocado». El fin de una relación de pareja debería animarle a uno a reexaminar lo que es el amor. En esta etapa, puede estar presente una sensación de no ser digno de ser amado. Leonard lo expresó con estas palabras:

—No solo siento que no se me puede amar ahora, sino que temo que nunca se me podrá amar.

Este miedo puede ser abrumador.

A los cristianos se les enseña a «amar a tu prójimo como a ti mismo». Pero ¿qué sucede si uno no se ama a sí mismo? Muchos ubicamos el centro de nuestro amor en otra persona más que en nosotros mismos. Cuando llega el divorcio, el centro de nuestro amor desaparece, lo cual agrava el trauma de la pérdida. Un elemento importante en el proceso de reconstrucción es aprender a amarse a uno mismo. Si no te amas a ti mismo, aceptándote por lo que eres, con todos tus defectos, ¿cómo puedes esperar que te ame otra persona?

CONFIANZA: «MI HERIDA DE AMOR ESTÁ EMPEZANDO A SANAR»

Ubicado en el centro de la pirámide, el bloque de reconstrucción que es la confianza simboliza el hecho de que un nivel de confianza básico, dentro de uno mismo, es el centro de todo el proceso de adaptación. Las personas divorciadas acostumbran a señalar al otro con el dedo y aseguran que no pueden confiar en nadie del sexo opuesto. Hay un viejo dicho que es muy oportuno en relación con esto: cuando apuntamos un dedo hacia algo, hay tres dedos que apuntan hacia nosotros. Cuando los divorciados afirman que no confían en el otro sexo, están diciendo más sobre sí mismos que sobre el sexo opuesto.

El individuo divorciado típico tiene una dolorosa herida de amor como resultado del final de su relación, una herida que le impide amar a alguna otra persona. Necesita mucho tiempo antes de ser capaz de arriesgarse a que lo hieran de nuevo y volver a experimentar cercanía emocional. ¡Pero mantener esta distancia también puede ser peligroso! Lois relató que cuando volvió a casa después de su primera cita tras su divorcio, vio una marca en un lado de su cuerpo; se la provocó la manija de la puerta del coche cuando trató de alejarse lo máximo posible del hombre con el que había quedado.

APERTURA	AMOR	CONFIANZA	RELACIONES
DUELO	IRA	SOLTAR	AUTOESTIMA	TRANSICIÓN
NEGACIÓN	MIEDO	ADAPTACIÓN	SOLEDAD	AMISTAD	CULPA/RECHAZO

RELACIONES: «CULTIVARLAS ME AYUDA A REPONERME»

Muchas veces, después de que una relación de pareja ha terminado, la persona comienza otra relación, una que parece tener todo lo que le faltaba a la anterior. Y empieza a recrear pensamientos de este estilo: «Creo que he encontrado a la persona, esa con la que voy a vivir para siempre»; «Esta nueva relación parece que va a resolver todos mis problemas, así que me aferraré a ella con mucha fuerza», o «Creo que esta nueva pareja es lo que me está haciendo feliz».

Uno debe darse cuenta de que lo que le hace sentirse tan bien es que se está convirtiendo en quien le gustaría ser. Necesita recuperar su propio poder y asumir la responsabilidad por los sentimientos positivos que está experimentando.

La nueva relación que se inicia después de una ruptura acostumbra a conocerse como *relación de rebote*, denominación que contiene algo de verdad: cuando esta relación termina, a menudo se experimenta más dolor del que se sufrió con el fin de la relación amorosa anterior. Un síntoma de este dolor es el hecho de que alrededor del veinte por ciento de las personas que se inscriben en el seminario de divorcio no lo hacen tras el fin de sus matrimonios; se apuntan después de que sus relaciones de rebote han finalizado.

Puede ser que no estés listo para pensar en el próximo bloque todavía. Pero ha llegado la hora de presentarlo.

SEXUALIDAD: «ME INTERESA, PERO TENGO MIEDO»

¿Qué piensas cuando se menciona la palabra *sexo*? La mayoría tendemos a reaccionar de forma emocional e irracional. Nuestra sociedad exagera y glorifica el sexo. Las parejas casadas suelen imaginar a las personas divorciadas como hipersexuales y libres para «retozar y jugar en los prados de la sexualidad». En realidad, quienes están solos suelen encontrar que la cuestión sexual es una de las más difíciles de manejar durante el proceso del divorcio.

Mientras la relación amorosa estaba vigente, había una pareja sexual disponible. Después, aunque la pareja se haya ido, las necesidades sexuales siguen estando ahí. De hecho, en algunos momentos del proceso del divorcio, el apetito sexual es incluso mayor que antes. Sin embargo, a la mayoría de las personas les aterra en cierto grado la idea de salir (de volver a sentirse como adolescentes), sobre todo si tienen la sensación de que alguien ha cambiado las reglas desde la última vez que tuvieron una cita. Muchas se sienten viejas, poco atractivas e inseguras de sí mismas, y temen sentirse incómodas. En el caso de muchos individuos, los valores morales se imponen sobre sus deseos sexuales. Algunos tienen unos progenitores que les dicen lo que deberían hacer y sus propios hijos adolescentes se deleitan en hacerles de padres («Asegúrate de llegar temprano a casa, mamá»). Así pues, en el caso de muchas personas, el hecho o la idea de salir las sume en la confusión y la incertidumbre. ¡No es de extrañar que los complejos sexuales sean tan habituales!

Cuando nos acercamos al final de nuestro ascenso, los bloques restantes ofrecen alivio y un sentimiento de logro por el trabajo realizado para llegar hasta ahí. Estos bloques son la *soltería*, el *propósito* y la *libertad*. ¡Por fin llegó la oportunidad de sentarse y disfrutar de la vista desde la cima de la montaña!

SOLTERÍA: «¿SEGURO QUE ES ALGO BUENO?»

Las personas que pasaban directamente de sus hogares paternos a sus hogares conyugales sin experimentar la soltería a menudo se perdían totalmente esta importante etapa de crecimiento. En el caso de algunos individuos, incluso sus años universitarios pudieron haber sido supervisados por figuras y reglas «parentales».

Independientemente de cuál haya sido tu experiencia previa, un período de soltería (de crecimiento como persona independiente) te resultará valioso ahora. Esta adaptación al final de tu relación amorosa te permitirá soltar realmente el pasado, aprender a sentirte completo en tu interior e invertir en ti mismo. Vivir sin pareja no solo es bueno, ¡es necesario!

Joan estaba encantada después de una sesión del seminario dedicada a la soltería:

—Disfruto tanto de estar sin pareja que sentía que debía de ser una persona rara. Me ayudáis a sentirme normal por el hecho de que soy feliz estando sola. Gracias.

PROPÓSITO: «AHORA TENGO METAS PARA EL FUTURO»

¿Tienes idea de cuánto tiempo vas a vivir? Bruce se sorprendió mucho durante su divorcio cuando se dio cuenta de que, a los cuarenta años, podía ser que estuviese solamente en la mitad de su vida. Si aún te quedan muchos años por vivir, ¿cuáles son tus metas? ¿Qué piensas hacer tras haberte adaptado al final de tu relación de pareja?

Es útil repasar la propia vida para echar un vistazo a los patrones que sigue y a los objetivos potenciales que podemos alcanzar durante el tiempo de vida que nos quede. La planificación nos ayuda a traer el futuro al presente.

LIBERTAD: DE LA CRISÁLIDA A LA MARIPOSA

¡Por fin, la cima de la montaña!

La etapa final tiene dos dimensiones. La primera es la libertad de elección. Una vez que has lidiado con todos los bloques de reconstrucción que fueron obstáculos en el pasado, eres libre de embarcarte en otra relación; estás listo para ello. Puedes hacer que sea más productiva y significativa que tus anteriores relaciones amorosas. Eres libre de elegir ser feliz sin pareja o en el contexto de otra unión.

La otra dimensión de la etapa final es la libertad de *ser tú mismo*.

Muchos llevamos a cuestas una carga de necesidades insatisfechas, las cuales pueden controlarnos y no permitirnos gozar de la libertad de ser las personas que queremos ser. Cuando soltamos esta carga y aprendemos a cubrir las necesidades que no pudimos satisfacer previamente, pasamos a tener la libertad de ser nosotros mismos. Esta puede ser la libertad más importante.

MIRAR HACIA ATRÁS

Hemos contemplado el proceso de adaptación al final de una relación de pareja. Durante la ascensión a la cima, de vez en cuando nos deslizamos hasta un bloque de reconstrucción con el que hemos trabajado antes. Los bloques se enumeran aquí del uno al diecinueve, pero no necesariamente te los encontrarás y trabajarás con ellos en este orden. De hecho, es probable que lidies con todos a la vez. Y un gran revés, como puede ser un litigio judicial o el fin de otra relación amorosa, puede hacer que rodemos por la pendiente hasta cierto punto.

RECONECTAR CON TUS CREENCIAS RELIGIOSAS

Algunas personas preguntan cómo se relaciona la religión con los bloques de la reconstrucción. A muchos individuos que están pasando por el divorcio les resulta difícil seguir afiliados a la comunidad religiosa de la que formaban parte mientras estaban casados, por varias razones. Algunos grupos religiosos siguen considerando que el divorcio es un pecado o, en el mejor de los casos, que implica «perder la gracia (divina)». Muchas personas se sienten culpables en su interior, incluso si su religión no las condena (por ejemplo, en el año 2016 el papa Francisco ofreció un rayo de esperanza a los católicos romanos divorciados: sin cambiar la ley de la Iglesia, señaló que las personas divorciadas no están automáticamente excomulgadas y que deben ser bien recibidas en sus parroquias).

Muchos templos, iglesias, mezquitas y sinagogas están muy orientados hacia la familia, y pueden hacer que los padres solteros y los hijos de padres separados experimenten un sentimiento de falta de pertenencia. Muchos individuos se distancian de su comunidad religiosa por ser incapaces de encontrar en ella consuelo y comprensión en relación con su proceso de divorcio. Esta distancia hace que se sientan más solos y rechazados.

Felizmente, hay muchas congregaciones que se preocupan de forma activa por las necesidades de las personas que están lidiando con las consecuencias del divorcio. Si la tuya no tiene un programa destinado a ello, te instamos a que manifiestes tus necesidades. Si te sientes rechazado y solo, díselo a los líderes de la congregación. Organiza un grupo de solteros, da un charla a una clase de adultos o pregunta cómo puedes ayudar a instruir a otros sobre las necesidades que tienen las personas que acaban de salir de una relación de pareja.

La forma en que vivimos cada uno de nosotros refleja nuestra religión, y esta ejerce una gran influencia sobre nuestro bienestar. A Bruce le gustaba decirlo de esta manera: «Dios quiere que nos desarrollemos y crezcamos hasta alcanzar nuestro máximo potencial». Y esto es lo que queremos lograr por medio de los bloques de reconstrucción. Aprender a superar una crisis es un proceso espiritual. La calidad de las relaciones que tenemos con quienes nos rodean y la cantidad de amor, interés y cariño que somos capaces de mostrar hacia otras personas son buenos indicadores de la relación que tenemos con Dios.

LOS NIÑOS TAMBIÉN DEBEN RECONSTRUIR SUS VIDAS

«¿Qué ocurre con los niños?». Muchas personas preguntan acerca de los bloques de reconstrucción en relación con los más pequeños. El proceso de adaptación de estos es muy similar al de los adultos. Los bloques de reconstrucción pueden aplicarse en su caso (así como a otras personas cercanas, como abuelos, tíos y amigos íntimos). No obstante, muchos padres se involucran tanto en tratar de ayudar a sus hijos a pasar por el proceso de adaptación que descuidan atender sus propias necesidades.

Si eres un padre o una madre que va a emprender el viaje de la reconstrucción, te recomendamos que aprendas a cuidar de ti y a ocuparte de tu proceso. Como consecuencia comprobarás que tus hijos tenderán a adaptarse más fácilmente. Lo mejor que puedes hacer por tus hijos es empezar por ti. Los niños tienden a lidiar con los mismos bloques de reconstrucción que sus padres, por lo que si tú avanzas ayudarás a que ellos también lo hagan.

Cuando, en los capítulos siguientes, abordemos los distintos bloques de reconstrucción, nos referiremos también a los niños. Y el apéndice A se concentra específicamente en el proceso en relación con ellos, por si quieres poner en práctica un enfoque más estructurado para ayudar a tus hijos a recuperarse del divorcio.

«DEBERES»: APRENDER POR MEDIO DE HACER

Millones de personas leen libros de autoayuda en busca de respuestas a problemas de la vida, entre ellos los que afectan a las relaciones. Aprenden el vocabulario y toman conciencia, pero no necesariamente asimilan la experiencia a un nivel emocional profundo. El aprendizaje emocional incluye las experiencias que marcan y fijan en nosotros ciertas creencias, tales como estas: las madres suelen ofrecer consuelo, ciertos tipos de comportamiento conllevan un castigo, el final de una relación de pareja es doloroso. Lo que aprendemos emocionalmente afecta mucho a nuestra conducta, y gran parte del aprendizaje que tenemos que llevar a cabo para adaptarnos a una crisis es de tipo emocional.

Algunas creencias que has tenido como ciertas toda tu vida pueden no serlo, y deberás reaprenderlas. Pero el aprendizaje intelectual (los pensamientos, los hechos y las ideas) solamente es valioso si también aprendes las lecciones emocionales que hacen que tenga sentido en tu vida. Puesto que el aprendizaje emocional es tan importante, hemos incluido ejercicios al respecto en esta obra. Muchos capítulos incluyen tareas específicas para que las realices antes de proseguir con tu ascensión hacia la cumbre.

Para empezar, aquí tienes tus primeros «deberes»:

1. **Lleva un diario** o cuaderno en el que anotes tus sentimientos. También puedes hacerlo en tu tableta u ordenador portátil —procede según tu preferencia—. Puedes escribir cada día, una vez por semana o cuando encaje mejor con tu agenda. Procura que muchas de las frases del diario empiecen así: «(Me) siento...»; esto te ayudará a concentrarte más en los sentimientos. Escribir un diario no solo constituirá para ti una experiencia de aprendizaje emocional que impulsará tu crecimiento personal; también te proporcionará un criterio con el que evaluar este crecimiento. Muchas personas releen al cabo de unos meses lo que escribieron y se sorprenden al constatar los cambios que han sido capaces de efectuar. Solo hemos escuchado comentarios positivos por parte de quienes han llevado un diario a lo largo del proceso de adaptación; todos consideran que ha valido la pena hacerlo. Te aconsejamos que lo estrenes tan pronto como acabes de leer este capítulo. Tal vez querrás escribir en él después de leer acerca

de cada bloque, o una vez por semana, o cuando sientas que puedes hacerlo. Tanto si planificas de antemano la regularidad con que vas a escribir como si no, lleva este diario como parte de tu proceso de reconstrucción.

2. **Encuentra una persona en quien confíes** y a quien puedas pedir ayuda, y aprende a pedírsela. Llama a alguien a quien te gustaría conocer mejor y empezad a cultivar una amistad. Sírvete del motivo que sea para comenzar. Si quieres, dile a la persona que este libro te ha encomendado la tarea de apoyarte en amigos. Establece esta conexión cuando te sientas un poco bien, de modo que cuando estés en el pozo (¡es difícil salir de ahí abajo!) sepas que tienes al menos un amigo que puede lanzarte una cuerda emocional.

3. **Crea un grupo que te sirva de apoyo.** Es muy importante contar con un sistema de apoyo, de modo que es fundamental que crees dicho grupo. Te aconsejamos que encuentres uno o más amigos, preferiblemente de ambos sexos, y hables con ellos de los bloques de reconstrucción con los que tengas dificultades. Puede serte más fácil efectuar este compartir con personas que han pasado o estén pasando por el proceso del divorcio, porque a muchos individuos casados les puede ser difícil comprender tus sentimientos y actitudes actuales. Lo más importante, sin embargo, es la confianza que tengas en estas personas.

Si eliges crear un grupo de debate integrado por amigos solidarios, este libro puede proporcionarte una guía útil. Ahora bien, te advertimos que no todos los «grupos de apoyo» cumplen con esta función. Elige cuidadosamente a quienes te van a acompañar en este proceso. Deberían estar tan comprometidos como tú con tener una experiencia de crecimiento positiva y estar dispuestos a mantener la confidencialidad de las informaciones de tipo personal.

4. **Responde las preguntas con las que acaban los capítulos.** Al final de cada capítulo encontrarás una serie de declaraciones, la mayoría inspiradas en la escala de adaptación al divorcio de

Fisher, que hemos incluido a modo de autoevaluación (puedes encontrar la versión completa de la escala, en inglés, en www. rebuilding.org/assessment). Tómate el tiempo que necesites para responderlas, de modo que tus respuestas te ayuden a decidir si estás listo para proceder con el siguiente bloque.

¿CÓMO LO LLEVAS?

He aquí la primera lista de autoevaluación. Responde las preguntas antes de pasar al siguiente capítulo. Evalúa cada respuesta como «satisfactoria», «mejorable» o «insatisfactoria».

- ❏ He identificado los bloques de reconstrucción en los que necesito trabajar.
- ❏ Entiendo el proceso de adaptación.
- ❏ Quiero empezar a trabajar con el proceso de reconstrucción.
- ❏ Quiero utilizar el dolor de esta crisis para aprender sobre mí mismo.
- ❏ Quiero utilizar el dolor de esta crisis como motivación para experimentar un crecimiento personal.
- ❏ Si soy reticente a crecer, trataré de entender cuáles son los sentimientos que me impiden hacerlo.
- ❏ Mantendré mis pensamientos y sentimientos abiertos para poder descubrir cualquier bloque de reconstrucción en el que pueda estar atascado en la actualidad.
- ❏ Estoy esperanzado; confío en poder superar esta crisis y transformarla en una experiencia de aprendizaje creativa.
- ❏ He hablado del modelo de adaptación basado en los bloques de reconstrucción con amigos con el fin de discernir mejor en qué parte del proceso me hallo.
- ❏ Estoy comprometido con llegar a comprender algunas de las razones por las que acabó mi relación.
- ❏ Si tengo hijos (de cualquier edad), intentaré ayudarlos a pasar por su proceso de adaptación.

CÓMO LEER ESTE LIBRO

Por tu cuenta. La mayor parte de los lectores de *Reconstruye tu vida después de una separación* son individuos recientemente divorciados que leen el libro por su cuenta. Si es tu caso, te sugerimos que empieces por el principio y procedas por capítulos. Trabaja con lo que se indica en cada uno de ellos antes de pasar al siguiente. Los capítulos están organizados en secuencia, siguiendo el orden en que la mayoría de las personas experimentan los bloques de reconstrucción. Puede ser que, en tu caso, el orden en que se despliegue tu experiencia no sea exactamente este.

Muchos lectores prefieren leer todo el libro primero, y después regresar al principio y empezar a trabajar con las distintas etapas. Sea cual sea el enfoque que elijas, te sugerimos que utilices un marcador durante la lectura, con el fin de comprender mejor la información. Ha habido lectores a quienes les ha resultado útil usar un marcador de color diferente cada vez que han leído el libro, porque en cada ocasión han encontrado conceptos nuevos y diferentes en los que no habían reparado antes. Solo escuchamos lo que estamos preparados para escuchar, según el punto en que nos encontremos en nuestro proceso de crecimiento personal.

La lectura de esta obra suscita muchas reacciones diferentes. Algunos lectores se sienten abrumados por determinadas informaciones. Por ejemplo, puede ser que te des cuenta de que abandonaste la relación demasiado pronto y de que necesitas volver atrás y abordar algunos asuntos pendientes con tu expareja. Uno de los participantes en un seminario, George, dijo que después de haber leído el primer capítulo experimentó tanta ira que lanzó el libro contra la pared con todas sus fuerzas.

En grupo. Constituir un grupo con el que discutir un capítulo por semana sería aún mejor que leer el libro por tu cuenta. Se necesita un mínimo de liderazgo para hacer esto, y estarás encantado de descubrir cuánto apoyo obtienes y todo lo que aprendes gracias a estos debates.

De hecho, nuestra experiencia y los estudios realizados al respecto han mostrado que la mayor parte del crecimiento y la transformación personal tienen lugar en los encuentros grupales. Estos incluyen el seminario de divorcio de Fisher, que abarca diez semanas, pero no es la única opción (ver www.rebuilding.org para obtener información sobre el seminario de Fisher). La mayor parte de los asistentes se asombran al comprobar la transformación que tiene lugar a lo largo de un programa de recuperación abordado en grupo. En estos programas, los participantes reciben orientación para que puedan tomar el control de sus vidas y sepan llevar a cabo «elecciones amorosas» en cuanto a su forma de vivir. Cuando uno está recomponiendo su vida tras el fin de una relación de pareja, puede encontrar que este enfoque es más útil que la terapia individual, así que comprueba si se reúnen grupos de estas características en tu zona.

Una advertencia. Es gratificante ver que muchas organizaciones religiosas y comunitarias han desarrollado programas enfocados en recuperarse del divorcio. En algunos de estos programas, sin embargo, las lecturas orientadoras como pueden ser este libro se ven acompañadas, una vez por semana, por conferencias «expertas» que versan sobre un tema relacionado con el contenido del texto. Con este método debes adaptarte no solo a tu crisis, sino también a un punto de vista diferente cada semana. En lugar de darte la oportunidad de implicarte en un debate y aprender de tus compañeros —es decir, de participar en un «laboratorio» acerca de cómo tomar el control de tu vida—, este enfoque hace que seas un escuchador pasivo. Por lo tanto, apoyamos los programas centrados en la participación más que los enfoques basados en las conferencias, para que los miembros del grupo puedan unirse y conectar entre sí de una manera significativa.

No nos malinterpretes en este punto. No tiene nada de malo informarse profusamente acerca del divorcio. Hay muchos libros excelentes al respecto; te animamos a leerlos y a ampliar tus conocimientos en cuanto a las complejidades del proceso (encontrarás una lista con algunos de nuestros recursos favoritos al final de este volumen).

Pero la información por sí sola no hará más que poner un vendaje sobre tu herida; no te permitirá curarte realmente y transformar tu vida.

No pretendemos tener todas las respuestas, pero sabemos que el programa que presentamos en este volumen funciona. Ha ayudado a cientos de miles de personas a pasar por el proceso del divorcio, y puede ayudarte a lidiar eficazmente con tu crisis y a tomar el control de tu vida. Creemos que en estas páginas obtendrás un fuerte apoyo práctico en tu deseo de aprender, de crecer, de sanar, de irte convirtiendo en la persona que te gustaría ser. ¡Te deseamos el mejor de los éxitos en tu ascenso hacia la cumbre!

NEGACIÓN

«No puedo creer que esto me esté pasando a mí»

El fin de una relación amorosa puede dar lugar al mayor dolor emocional que experimentarás nunca. El dolor es tan grande, de hecho, que puede ser que reacciones negando los hechos o con incredulidad. Esto no hace más que impedirte afrontar la pregunta realmente importante: «¿Por qué tuvo que acabar mi relación de pareja?». Rara vez hay una respuesta simple a esta pregunta, por lo que te llevará algún tiempo y esfuerzo averiguarlo. Mientras no puedas aceptar que tu relación ha terminado, tendrás dificultades para adaptarte y reconstruir tu vida.

El búho está llorando triste en la oscuridad;
le oí llamar a su compañera anoche.
Esperé con él para oír la familiar respuesta
y mi corazón se derrumbó junto con el suyo
cuando cayó el silencio, más estruendoso que un alarido.
Esta noche, él sigue llamando
y no le responden más que silencios más largos.

Nunca he visto al búho;

solo lo he oído llamar...

y esperar.

NANCY

¡Mira la gran multitud reunida en el sendero esperando subir la montaña! Hay tantos tipos de personas aguardando, hombres y mujeres... Las hay de todas las complexiones y razas, de todas las edades, de todos los estatus. Algunas piensan que solo los perdedores se divorcian, pero muchos de los individuos reunidos tienen aspecto de ganadores. Algunos están ansiosos por emprender la subida y están haciendo ejercicios de calistenia. Otros parecen hallarse en estado de *shock*, como si acabasen de presenciar un fallecimiento. Otros miran hacia la cumbre y hacen aspavientos, como si no creyeran poder llegar nunca a la cima. Muchos se quedan abajo, con la esperanza de que sus exparejas los recojan, para no tener que efectuar la subida. Hay quienes se encuentran confundidos y desorientados. John sacude la cabeza y murmura:

—Pensé que teníamos un buen matrimonio. Era el capitán del equipo de fútbol en la escuela secundaria y ella era animadora. Todos predijeron que seríamos la pareja perfecta. Pero la semana pasada dejó caer la bomba: dijo que era infeliz, que no me amaba y que quería el divorcio. Se fue con nuestros dos hijos a casa de sus padres. Me quedé estupefacto. Pensé que nunca me iba a pasar algo así.

Mary está impaciente por emprender la subida. Reconoce:

—Era muy infeliz en nuestro matrimonio. Quería el divorcio, pero tenía miedo de iniciar cualquier acción. Hasta que él murió en un accidente de tren. Todo el mundo pensó que era rara, porque me veían muy poco afligida. Pero su muerte me dejó libre para subir esta montaña. ¿Cuándo empezamos?

Oímos decir a Rita:

—Él me ha dejado y está viviendo con otra mujer, pero mi corazón sabe que siempre será mi esposo. Dios hizo este matrimonio y será Dios quien tendrá que ponerle fin. Me niego a subir esta montaña;

permaneceré casada hasta el día de mi muerte. Tal vez cuando lleguemos al cielo volveremos a estar juntos.

David se calienta los pies pisando fuerte en el suelo. Parece tener frío y hallarse en estado de *shock*:

—Tenía un buen matrimonio. Nunca nos peleamos. Pero ayer por la noche me dijo que se había enamorado de mi mejor amigo y que estaba haciendo las maletas para irse. Fui al baño, mareado. Esta mañana he llamado a mi abogado y le he pedido que iniciara los trámites del divorcio.

María es una abuela de pelo cano:

—He vivido con él y le he dado toda mi vida. Planeaba compartir con él, en la vejez, la cosecha de nuestros años. Pero se ha ido sin dar ninguna explicación. Mi cosecha se ha echado a perder, y soy demasiado mayor para volver a sembrar.

Podríamos llenar el libro con historias similares a estas (similares pero únicas) de personas que reaccionan de muchas maneras diferentes al final de su relación de pareja.

Es difícil para cualquiera ofrecerte alivio cuando estás sufriendo tanto. La mejor ayuda que podemos prestarte en este momento es escuchar la forma en que estás viviendo tu crisis. Puedes sentirte como si hubieses fracasado, como si te hubiesen golpeado en el estómago y hubiesen noqueado tus emociones, como si acabases de experimentar la muerte aunque sigas viviendo. El impacto inicial es más suave para quienes toman la decisión de irse y para quienes están más preparados para afrontar esta crisis, pero el final de una relación es doloroso sean cuales sean las circunstancias.

¿POR QUÉ TUVO QUE ACABAR?

La gran pregunta que te puedes estar haciendo es: «¿Por qué?». Sientes la fuerte necesidad de entender qué fue lo que salió mal, de realizar una «autopsia» a la difunta relación. Quieres saber por qué; pero si niegas tu dolor, es probable que no puedas aceptar los resultados de esta autopsia emocional. Entender por qué terminó la relación nos ayuda a superar la negación; por esta razón, en este capítulo y el siguiente, vamos a examinar algunos de los factores que desembocan en el final de las relaciones de pareja.

Es divertido abrir un coloquio con adolescentes con esta pregunta: «¿Cuántos de vosotros tenéis intención de casaros?». Por lo general, alrededor de la mitad levantan la mano. La siguiente pregunta es: «¿Cuántos tenéis intención de divorciaros?». Nadie levanta nunca la mano en respuesta a esta pregunta.

Nadie se casa con el propósito de divorciarse. Es más, si el divorcio acontece, la mayoría lo negamos al principio. Queremos esconder la cabeza bajo la arena, como los avestruces, para evitar la tormenta. Pero, a pesar de ello, tenemos problemas en nuestras relaciones amorosas que son más evidentes para los demás que para nosotros.

Una relación de pareja consta de tres entidades: dos individuos y la relación existente entre ellos. Podemos hacer la analogía del puente: las dos personas son los pilares que hay en cada extremo, y la relación es el tramo que conecta los dos pilares. Cuando uno de los pilares, o ambos, experimentan cambios, el puente se resiente. Algunos cambios son demasiado grandes para que el puente pueda soportarlos, y se precipita al río. En el caso de los miembros de la pareja, estos cambios pueden ser el resultado del crecimiento personal que están experimentando, de la educación que han recibido, de alguna experiencia religiosa que hayan tenido, de un cambio de actitud, de una enfermedad, de la ansiedad o la ira, de una mudanza o de la forma de reaccionar frente al estrés o a un trauma —una forma de evitar este estrés en una relación es no crecer ni cambiar nunca. Pero no es una forma muy saludable de vivir, ¿verdad?—.

Tal vez reconozcas que tú o tu pareja habéis pasado recientemente por un período de cambio y crecimiento personal y que eso alteró el sistema de vuestra relación amorosa, lo cual hizo que el puente cayera al río.

Si necesitas dudar de ti mismo —si necesitas cuestionarte y dudar de tus habilidades—, acaso sientas que deberías haber sido capaz de adaptarte al estrés resultante del cambio. Si hubieses podido hacerlo, habrías sido alguien excepcional. Dos de las habilidades más importantes que necesitamos aprender en la vida son cómo construir y sostener el puente que une a dos personas en una relación de pareja y cómo educar a nuestros hijos. Y ¿quién nos instruye y capacita para hacerlo? Nuestros padres, sobre todo. Y la televisión. Y otros adultos. Desgraciadamente, estas fuentes no siempre son útiles o están bien informadas. En una charla que dimos a un grupo de unas cien mujeres, Bruce les preguntó a cuántas les gustaría tener un matrimonio como el de sus padres. ¡Solo una levantó la mano! El resto de las asistentes ¿habían recibido una buena educación, en el seno de sus familias, acerca de cómo tener una relación amorosa feliz? ¿Y tú? ¿Has recibido una buena formación y educación sobre cómo adaptarte a un aumento de la tensión en tu relación de pareja?

¿Tal vez la terapia conyugal te habría ayudado a adaptarte? Quizá. Nosotros, los autores de este libro, somos unos consejeros matrimoniales excelentes cuando ambas partes quieren trabajar en la relación, ¡pero pésimos cuando solo una quiere hacerlo!

¿Cuál era la realidad en tu relación amorosa? ¿Tanto tú como tu pareja queríais trabajar para mejorar el sistema, o solo uno de vosotros deseaba hacer algo al respecto? Si solo uno está dispuesto, no es muy probable que la relación mejore. Un conjunto de caballos no tirará de una carga muy grande si uno de ellos está tumbado.

Puede ser que te estés castigando con sentimientos de fracaso, considerando lo que podría haber sido: «Si hubiese escuchado más...», «Si no hubiese perdido tanto los estribos...», «Si hubiese hecho el amor con ella cada vez que ella quería...», «Si no hubiese flirteado tanto...».

Esperamos que, llegado este punto, ya hayas satisfecho tu necesidad de castigarte. Te sugerimos que sueltes el autocastigo. Ahora cuentas con una perspectiva mucho más amplia. Has aprendido mucho sobre la vida y sobre ti mismo desde que aparecieron los primeros problemas en tu relación. Tu conciencia y tus comprensiones han mejorado en gran medida. ¿Qué tal si las utilizas como base para tu *crecimiento* futuro en lugar de seguir usándolas para castigarte? Haz algo por el resto de tu vida; ya no puedes hacerlo por el pasado. Prueba a decir: «Lo hice lo mejor que pude con lo que sabía y habida cuenta de aquello con lo que tenía que lidiar», y déjalo ahí. A partir de ahora vas a trabajar por el día de hoy, y por el de mañana, y por el día siguiente, y el siguiente...

Tal vez tu relación falló porque había una tercera parte involucrada. Es más fácil estar enojado con esta tercera persona que estarlo con la expareja o con uno mismo. Culpabilizar a la expareja presenta un problema: tanto si te enojas con ella como si no, estás fastidiado, pues ¿cómo puedes albergar sentimientos agresivos hacia la persona que amaste? Es más fácil estar enojado con aquel que entró y «se llevó» a tu cónyuge.

Hay muchas razones por las que uno de los miembros de la pareja deja la relación para estar con otra persona. Puedes tener el sentimiento de que el otro individuo tenía algo que ofrecer que tú no tenías. Esto puede ser cierto en algunos casos. Pero todas las relaciones amorosas presentan algunas grietas en sus cimientos, y en muchos casos —y por muchas razones— estas grietas pueden acabar en la ruptura. Los patrones de desarrollo e interacción empiezan mucho antes de que la relación termine. Si había grietas serias en tu relación, acaso te resulte difícil verlas y entenderlas en este momento.

Pongamos un ejemplo. Muchas personas no se han liberado de la influencia de sus padres cuando se casan. No tienen una identidad propia, distinta de la de ser los hijos. Alguien que se halle en esta tesitura puede decidir, más tarde, deshacerse de su pareja. Cuando se examina lo que está sucediendo en realidad, se ve que esa persona se está liberando del control y la influencia que ejercían sus padres sobre ella. Rebelarse contra el cónyuge puede ser, en realidad, una forma de rebelarse contra los padres.

Así pues, las grietas que había en tu relación pudieron haber empezado a existir incluso *antes* de que te casaras. Y si estaban ahí, era fácil que apareciese una tercera persona dispuesta a rellenarlas. A menudo es más fácil —o parece más fácil— que alguien externo a la relación llene las carencias que no que lo haga el otro miembro de la pareja. Un buen consejero matrimonial puede ayudarte a explorar y entender algunas de las grietas y carencias que presentaba tu relación amorosa.

Hay otro fenómeno importante que suele contribuir al fin de los matrimonios. Muchas parejas cometen el error de invertir todo su tiempo y energía en un proyecto externo a la relación amorosa. Son ejemplos de ello la construcción de una casa nueva, la puesta en marcha de un negocio o sumergirse en los estudios. Este proyecto externo puede mantener a la pareja tan ocupada que les quede poca energía o poco tiempo para invertir en la relación. De hecho, el proyecto puede llegar a ser una manera de evitarse mutuamente. Cuando la casa está terminada, los miembros de la pareja descubren que ya no tienen nada en común, y la nueva vivienda se convierte en un monumento a su divorcio.

¿POR QUÉ EMPEZÓ LA RELACIÓN?

Muchas personas preguntan: «¿Por qué se divorció esa pareja?». A veces, la pregunta más relevante es: «¿Por qué se casaron?». (Bob, coautor de este libro, recuerda un artículo que escribió en la universidad que empezaba así: «La causa básica del divorcio es el matrimonio». No es una reflexión muy profunda, tal vez, pero no está desencaminada si observamos la casuística de la mayor parte de los divorcios).

Muchas personas se casan por las razones equivocadas. He aquí algunas de ellas: para superar la soledad, para escapar de un hogar paterno infeliz, porque piensan que la sociedad espera que todo el mundo se case, porque solo los «perdedores» que no pueden encontrar a nadie con quien casarse permanecen solteros, por la necesidad de ejercer de padre de otra persona, o de que otra persona le haga de padre a uno, porque la mujer se quedó embarazada, porque «nos enamoramos»… La lista podría seguir y seguir.

Hablaremos más sobre el amor en otro capítulo. Por ahora, basta con decir que hay muchos niveles de amor y que no todos son lo suficientemente maduros como para proporcionar una base sólida para el matrimonio. Es habitual tener una imagen idealizada de otra persona y encandilarse con esa *imagen* en lugar de enamorarse del sujeto real.

Cuando la luna de miel ha terminado (transcurre mucho tiempo antes de que la realidad se imponga), llega la desilusión: la otra persona no está a la altura de la imagen idealizada que se tenía de ella. Tal vez «enamorarse» es un intento de llenar algún vacío, más que una base sólida sobre la cual construir un matrimonio.

Quienes se casan por las razones equivocadas —incluido el hecho de «haberse enamorado»— pueden describirse como «medias personas» que están tratando de estar completas y de encontrar la felicidad por medio de una boda. Incluso los votos matrimoniales habituales hablan de que «dos personas se convierten en una». Durante un coloquio con un grupo de pastores clericales, uno le preguntó a Bruce si pensaba que los votos matrimoniales estaban contribuyendo a los divorcios. Cuando respondió que sí, la discusión se animó, y algunos de los pastores empezaron a considerar la posibilidad de exponer otros votos durante la ceremonia nupcial.

Del mismo modo, Bob se ha opuesto a menudo al ritual habitual en el que se utilizan dos velas (que representan a los dos compañeros) para encender una sola vela (que representa la relación). Hasta aquí, todo bien, pero a continuación *¡las dos velas se apagan!* ¿Qué ocurre con esos dos individuos cuando su «vela» conjunta también se apaga?

Cuando uno está listo para afrontar la vida en soledad y ha encontrado la felicidad estando solo, está preparado para afrontar la vida junto con otra persona. Dos individuos completos que hayan subido la montaña del crecimiento personal y de la autoconciencia tenderán a tener una relación mucho más dinámica que dos medias personas que se junten en un intento de estar enteras.

La mayor parte de las razones equivocadas por las que la gente se casa se pueden resumir afirmando que la persona infeliz espera que el hecho de contraer matrimonio le aportará la felicidad. ¿Recuerdas las antiguas películas sobre el matrimonio? (¡La televisión se ha ocupado de que nadie sea demasiado joven para no haberlas visto!). Esas películas se vertebraban en torno al *cortejo* de la pareja. Cuando se casaban, la película finalizaba. El mensaje subliminal era que nos casábamos y, sin mayores esfuerzos, vivíamos «felices para siempre». ¡Un bonito cuento de hadas!

Uno de los hijos de Bruce, Todd, escribe sus ideas y pensamientos sobre papel, y a menudo son profundos. Cuando era joven, describió una buena razón para casarse: «En algún momento en el futuro, durante mi proceso de crecimiento para llegar a ser una persona completa, llegará el día en que mi vaso rebosará tan profusamente que surgirá la necesidad de que otra persona absorba ese exceso».

CUANDO SE HA ACABADO..., SE HA ACABADO

Reconocer el final de una relación infeliz e improductiva puede ayudarte a ver tu divorcio como una decisión que refleja una buena salud mental. Echa un vistazo a la que fue tu relación, a tu expareja y a ti mismo. Deja de lado por un momento todas las razones por las que, según la sociedad, erais «el uno para el otro». Es el momento de ser honesto, aunque duela. Pregúntate:

- ¿Erais amigos tú y tu pareja?
- ¿Confiabais el uno en el otro?
- ¿Qué intereses compartíais? ¿Qué aficiones? ¿Qué actitudes hacia la vida? ¿Y en cuanto a la política? ¿Y respecto a la religión? ¿Y en relación con los niños?
- ¿Eran semejantes o compatibles los objetivos personales que teníais cada uno, los que teníais en lo que atañe al otro y los que teníais en cuanto a la relación?
- ¿Estabas de acuerdo con los métodos que utilizabais para resolver los problemas que surgían entre vosotros (no necesariamente con las soluciones, sino con los métodos)?
- Cuando os enojabais mutuamente, ¿abordabais directamente la cuestión, la ocultabais o intentabais lastimaros el uno al otro?
- ¿Compartíais amistades?
- ¿Salíais juntos en las ocasiones sociales?
- ¿Compartíais las responsabilidades en cuanto a ganar dinero y las tareas domésticas de mutuo acuerdo?

- ¿Tomabais conjuntamente las decisiones importantes?
- ¿Os permitíais el uno al otro estar tiempo a solas?
- ¿Creíais lo que os decía el otro?
- ¿Era la relación lo suficientemente importante como para que ambos hicieseis algunos sacrificios personales por ella cuando era necesario?

Esperamos que estas preguntas no hayan sido demasiado dolorosas para ti. Tus respuestas honestas probablemente te ayudarán a reconocer que tu relación realmente había terminado, en muchos sentidos, antes de la separación formal o el divorcio. Es duro reconocer algunas de estas deficiencias. Es aún más duro aceptar que tú eras parte del problema —lo suficientemente duro como para culpar a tu pareja, a la sociedad o a alguien o algo más—. La aceptación, sin embargo, es el lado positivo más importante del bloque de reconstrucción que es afrontar la *negación*.

Tómate algo de tiempo para procesar lo anterior. Y recuerda esto: ¡no tienes por qué llevar una carga de culpa con el fin de aceptar que vuestra relación ha terminado! Evita los «si hubiese...». Las razones, los factores concomitantes, son más complejos que los pilares que sostienen un puente. Se requiere haber analizado en profundidad las fuerzas *conocidas*, las tensiones y cargas y la resistencia de los materiales para construir un buen puente. Pues bien, los factores implicados en una relación amorosa son mucho más complejos. Y la mayoría de nosotros sabemos muy poco acerca de las fuerzas, las tensiones y las cargas interpersonales, así como de la resistencia de nuestros propios materiales.

Descubrirás muchas más cosas en el transcurso de nuestro ascenso. De momento, respira hondo y dilo: «Mi relación de pareja ha terminado».

Ahora, permítete llorar un rato.

DE LA NEGACIÓN A LA ACEPTACIÓN

Ahora que has acabado de llorar por las razones por las que las relaciones terminan y que has echado un duro vistazo a las grietas que había en tu relación amorosa, acaso te sientas «más triste pero más sabio». Y tal vez un poco abatido. No eres el único.

De hecho, un apartado del test de la escala de adaptación al divorcio de Fisher fue diseñado para medir la aceptación del final de la relación de pareja, y los datos de esta escala recabados a lo largo de los años han revelado que los sentimientos de *aceptación* y autoestima están significativamente relacionados. Más específicamente, cuanto mayor sea tu autoestima, más fácil te será aceptar el final de tu relación.

Si te resulta difícil emprender la ascensión de la montaña porque te niegas a aceptar dicho final, puede ser que necesites trabajar para mejorar el concepto que tienes de ti mismo. Si tu relación acaba de terminar y estás bajo el impacto consiguiente, decirte que mejores tu concepto de ti mismo es como soplar en el viento; no vamos a lograr mucho. De todos modos, irás viendo que la relación existente entre la aceptación y la autoestima es una realidad. Sobre todo cuando hayamos abordado el concepto que uno tiene de sí mismo en el capítulo 11, experimentarás lo que te aporta el hecho de tener más clara tu propia valía.

A medida que te acerques a tu soledad, a la aceptación del final de tu relación, tu dolor emocional se intensificará bastante. El divorcio y la muerte del cónyuge son probablemente las dos experiencias más dolorosas por las que pasarás en la vida. Millones de personas han sentido lo mismo que estás sintiendo tú a raíz del fin de tu relación. Duele. El hecho de saber que no eres el único que ha pasado y que está pasando por esto no ofrece más que un pequeño consuelo. Pero necesitamos usar nuestro dolor para aprender. Debemos fluir con él en lugar de negarlo. Debemos utilizarlo como motivación para crecer y convertir la crisis en una oportunidad en lugar de quedarnos con una experiencia que nos ha dejado unas heridas que nunca van a sanar. Podemos servirnos del dolor como una excusa para permanecer amargados, enojados e infelices, o podemos usarlo para crecer. ¿Cuál de ambas opciones vas a elegir?

Si eres de los que creen que volverás a estar con tu expareja, es probable que sientas que no hay ninguna razón por la que debas subir la montaña de la adaptación a una nueva situación. ¿Cuál es el mejor plan de acción en este caso? ¿Hay que subir la montaña? Si tu relación se ha fracturado hasta el punto de que os habéis separado físicamente y estáis hablando de divorciaros, es posible que necesitéis un tiempo para cambiar los viejos patrones de interacción. Puede ser que debáis cerrar el puente al tráfico mientras reforzáis los pilares. Os conviene pasar por una etapa de crecimiento personal individual antes de empezar a trabajar en el puente. Tal vez no os cueste volver a estar juntos, pero es difícil hacer que la nueva relación sea más significativa y productiva a menos que ambos experimentéis cambios. Puede ser que necesitéis subir la montaña antes de retomar la convivencia.

EL SUFRIMIENTO DE LOS NIÑOS

Hay tres ámbitos temáticos relacionados con la negación que ocasionan problemas a los niños.

El primero es que los hijos de padres separados recrean de alguna manera la fantasía de que sus padres vuelven a estar juntos. Les cuesta aceptar la realidad de que su relación ha terminado. Te sorprendería saber lo fuerte que es esta fantasía. Debes exponerles continuamente la realidad de que la relación se ha acabado, para que no sigan recreándola.

Tus hijos pueden acudir a todo tipo de manipulaciones para intentar que tu expareja y tú volváis a estar juntos, para que paséis tiempo juntos o para que habléis entre vosotros. Los niños se implican mucho emocionalmente en no aceptar el final de la relación de sus padres y en conservar la esperanza de que ambos se reconcilien. Responde suavemente a estos comportamientos y, a la vez, con firmeza y persistencia: haz que tengan claro que has decidido poner fin al matrimonio.

El segundo aspecto importante en relación con los niños en esta etapa de negación es la creencia que albergan de que hicieron algo que ocasionó la ruptura. Creen que su último acto de desobediencia (negarse a ir a la cama, no asearse antes de sentarse a la mesa o desatender sus tareas domésticas) hizo que tú y tu cónyuge discutierais, lo cual

UNAS REFLEXIONES SOBRE LOS AMIGOS Y LOS AMANTES

Quiero ponerme un poco paternal y hablarte de que, en tu estado actual de vulnerabilidad, puede ser que optes por iniciar otra relación sentimental a modo de recurso para acabar con tu dolor. Creo que necesitas *amigos*, y no un *amante*, en estos momentos.

¿Has leído la *Odisea*, de Homero? Este mito griego narra un viaje marino lleno de obstáculos. Uno de ellos lo constituyen las sirenas: en una isla, bellas sirenas intentan seducir a los marineros para que se detengan. Estos, que han sido advertidos de que detenerse supondría su destrucción, evitan la tentación de las sirenas atándose al mástil del barco y vendándose los ojos.

Al igual que los marineros de Homero, deberás atarte al mástil de la autodisciplina y evitar implicarte demasiado profundamente en otra relación de pareja hasta que hayas logrado sanar en alguna medida tu dolor emocional. Casi siempre, iniciar una relación cuando se está en medio de un dolor profundo no hará más que agravar la tristeza a largo plazo. Pero la amistad es útil, de modo que en esta etapa, te resultará mucho más productivo construir amistades que embarcarte en una relación amorosa.

Considera el número circense de la cuerda floja. La plataforma de un extremo representa la seguridad que tenías en la relación de pareja. La plataforma del otro extremo representa la seguridad que necesitas encontrar dentro de ti. Debes andar por la cuerda floja en tu proceso de adaptación para encontrar esta seguridad interior.

Puedes caer por un lado si te quedas en casa y no haces amigos. Puedes caer por el otro lado si te implicas profundamente en otra relación sentimental a largo plazo —si inviertes más en la nueva relación que en tu propio crecimiento personal—. Una mañana, te despiertas y descubres que estás tratando de complacer a tu nueva pareja y tratando de hacer que la relación funcione, pero que no estás intentando convertirte en la persona que querrías ser.

Tener amigos es la barra de equilibrista que te ayudará a seguir caminando por la cuerda. Los amigos te harán comentarios honestos, que no estarán sesgados por la necesidad de obtener o conservar tu amor. Los amigos son más objetivos que los amantes, y lo que necesitas en esta etapa es objetividad. Ponte una meta: ¡aprender a ser feliz estando solo antes de volver a tener pareja!

BRUCE

desembocó en el divorcio. Esmérate en hacer que tus hijos comprendan que no tuvieron la culpa, que el divorcio es un asunto de adultos.

En tercer lugar, los niños temen que, si han «perdido» a uno de los padres, existe la posibilidad de que pierdan también al otro. Tienden a apegarse mucho a sus progenitores en esta etapa, a mostrarse muy dependientes, y necesitan que estos les dejen muy claro que no los abandonarán. Los padres se divorcian entre sí, pero no se divorcian de sus hijos. Debes transmitirles la seguridad de que aunque mamá y papá estén divorciados el uno del otro, *nunca os divorciaréis de ellos*.

¿CÓMO LO LLEVAS?

Es posible que estés subiendo la montaña aunque no quieras hacerlo, aunque sigas casado en tu corazón. Pero el dolor emocional que experimentas es tan grande que sabes que no puedes eludir la ascensión. Te resultará beneficioso aprender todo lo posible de este recorrido, así que decide que constituya una experiencia positiva para ti en lugar de abordarlo a regañadientes.

En el próximo capítulo seguiremos explorando por qué acaban las relaciones de pareja. Antes de continuar, sin embargo, tómate tu tiempo para la autoevaluación de este capítulo. Te ayudará a decidir si estás listo para abordar el siguiente tramo del sendero. Sírvete de este cuestionario para comprobar tus progresos. Nadie te va a poner nota, así que sé muy honesto contigo mismo.

❑ Soy capaz de aceptar el final de mi relación de pareja.

❑ Me siento cómodo comunicando a mis amigos y familiares que mi relación amorosa ha acabado.

❑ He empezado a entender algunas de las razones por las que mi relación de pareja no fue bien y esto me ha ayudado a superar los sentimientos de negación.

❑ Creo que aunque el divorcio sea una experiencia dolorosa también puede ser positiva y creativa.

❑ Estoy dispuesto a invertir emocionalmente en mi crecimiento personal para convertirme en la persona que me gustaría ser.

❑ Quiero aprender a ser feliz estando solo antes de comprometerme con otra relación amorosa.

❑ Seguiré invirtiendo en mi propio crecimiento personal, incluso si mi expareja y yo planeamos volver a estar juntos.

MIEDO

«¡Estoy aterrado!»

El miedo puede ser paralizante hasta que somos capaces de reconocerlo como una parte de nosotros que es amiga nuestra. Entonces, pasa a convertirse en un factor de motivación y una manera de aprender más sobre nosotros mismos. Los miedos constituyen una parte importante de los sentimientos que uno experimenta cuando está en el pozo del divorcio.

El miedo era mi mayor obstáculo. Tenía miedo de todos los cambios sobre los que no tenía el control y, al mismo tiempo, temía que nada cambiara. ¡Toda mi vida estaba influida por mis miedos! Tenía miedo de estar solo y al mismo tiempo me aislaba. Temía que nadie volviese a amarme nunca más y, aun así, alejaba el amor cuando se acercaba demasiado. [...] Estaba completamente atascado, paralizado por mis propios miedos. [...] Hasta que no admití mis temores, los enumeré y hablé de ellos abiertamente, no perdieron su poder sobre mí.

JERE

Pasé treinta y tres años como ama de casa, criando una familia numerosa. Contaba con la seguridad y la comodidad propios del estilo de vida de la clase media alta. Cuando pasé a ser madre soltera, responsable de nuestro hijo pequeño y debiendo ser autosuficiente (con pocas habilidades para los negocios, o ninguna), me quedé literalmente paralizada por el miedo.

JOANNE

El sendero intimida un poco, ¿verdad? Algunos aspirantes a recorrerlo muestran sus temores con comentarios como estos: «¡No tomes esta senda: caerás por la pendiente de la montaña!»; «Este sendero es demasiado empinado; me temo que no voy a poder subir por él»; «No sé qué clase de criaturas salvajes saltarán sobre mí mientras esté subiendo»; «No creo que quiera hacer esto», o «Tengo miedo de lo que descubriré sobre mí mismo si llevo a cabo esta ascensión».

El final de una relación de pareja da lugar a todo tipo de miedos. Algunos de ellos no sabías que los experimentarías jamás. Otros son viejos temores que has tenido la mayor parte de tu vida pero que habías conseguido negar.

Es fácil permitir que los miedos te inmovilicen: te sientes demasiado asustado como para acometer la subida. Un poco de miedo puede constituir una motivación, pero demasiados temores hacen difícil que uno se maneje bien y pueda seguir adelante con su vida.

Hemos aprendido un par de cosas esenciales acerca de los miedos que pueden servirte para lidiar con ellos. La primera es que los miedos que aún no han sido identificados pueden ser los más poderosos. Cuando los identifiques, los observes y los afrontes, verás que no son tan aterradores y fuertes como pensabas. Algo sencillo que puedes hacer, y que es realmente útil, es escribir una lista con tus temores. Identifica aquello de lo que tienes miedo, para poder entrar en contacto con lo que estás sintiendo.

Otra comprensión útil es que *las situaciones temidas que no se afrontan son precisamente las que es probable que acontezcan*. Si tengo miedo de ser rechazado, encuentro muchas maneras de evitar el rechazo. Puedo ser alguien muy complaciente con los demás, o ser demasiado responsable, o evitar expresar mi ira. Si bien puedo desarrollar estos comportamientos para aislarme del rechazo, pueden aumentar las posibilidades de que ocurra justamente lo contrario: los demás sienten que no estoy siendo real, honesto y auténtico y puede ser que me rechacen debido a esto.

Mientras no nos enfrentemos a nuestros miedos, lo más probable será que nos ocurra precisamente aquello que tememos. Por lo tanto, a medida que tomes conciencia de tus temores, lo mejor que puedes hacer es no negarlos, sino afrontarlos abiertamente. Esto, por sí solo, puede bastar para ahuyentar algunos de ellos.

¿DE QUÉ TIENES MIEDO?

Echemos un vistazo a algunos de los temores habituales que hemos oído manifestar a la gente. Esta exposición de los miedos que suelen aparecer durante el proceso del divorcio te ayudará a acceder a los tuyos e identificarlos. ¿Cuántos de los miedos de los que vamos a hablar los estás experimentando también tú?

Uno de los mayores temores es el miedo a *lo que nos aguarda en el futuro*:

> No sé cómo es este sendero. No sé qué voy a descubrir acerca de mí mismo o de los demás. No puedo imaginar cómo voy a ser capaz de subir sin una pareja.

Estos miedos a lo desconocido tienen su origen en nuestros años de formación. Como los fantasmas que creías ver cuando te despertabas en medio de la noche cuando eras niño, el miedo es real, pero aquello que lo suscita no está realmente ahí; no está más que en tu imaginación. Debes saber que puedes hacer frente a los fantasmas del futuro desconocido por medio de vivir día a día. Puedes aprender a confiar en el proceso y saber que serás capaz de afrontar todas las experiencias nuevas con las que debas lidiar a raíz del final de tu relación de pareja.

Otro miedo habitual es el de pasar a *ser una persona divorciada*:

¿Qué pensará la gente? Van a descubrir que soy un fracasado. Si no puedo resolver los problemas presentes en mi relación, ¿de qué más voy a ser capaz? Es como si me manchara la ropa mientras estuviese comiendo y todos gritaran: «¡Mira qué tipo tan estúpido y alelado; se ha puesto perdido con su propia comida!». Me siento incómodo, raro, expuesto y avergonzado; temo que ya no voy a gustar a los demás.

Otro miedo es el de que *otras personas se enteren de nuestros secretos familiares*. Es fácil que no hubiésemos pensado en ello, pero muchos de nuestros secretos familiares dejan de serlo:

Cuando estábamos juntos, podía pelear con mi cónyuge, pero nadie se enteraba. Nos sentíamos avergonzados por tener problemas matrimoniales, pero al menos no lo sabía todo el mundo. Cuando te separas, es difícil evitar que los maestros de los niños lo sepan. Los amigos pronto descubrieron que debían llamar a otro número de teléfono para localizar a mi ex. En la oficina de correos vieron enseguida que debían mandar su correo a otra dirección. Hubo que decirle a la empresa de suministros que no pagaríamos la factura hasta haber tomado algunas decisiones financieras. Parece que ahora todo el mundo está al corriente de los trapos sucios que antes manejábamos exclusivamente en la intimidad.

También están los miedos en relación con asuntos prácticos, económicos y legales:

Tengo miedo porque no sé *cómo tomar las decisiones que debo tomar*. ¿Con qué abogado me pongo en contacto? ¿Qué terapeuta voy a ver? ¿Cómo decido qué facturas pagar, pues no tengo suficiente dinero para saldarlas todas? Mi compañero gestionaba el talonario de cheques; ¿cómo voy a aprender a manejar las cuentas? No tengo ni idea de cómo proceder con el mantenimiento del coche. Estoy segura de que el taller de reparaciones se aprovechará de mí, porque nunca tuve que llevarles el coche antes. El solo hecho de aprender todo lo necesario para poder tomar buenas decisiones es un trabajo a tiempo completo. Y estoy demasiado abrumada emocionalmente como para preocuparme mucho por mi coche.

Tengo miedo en cuanto al *dinero*. ¿Cómo puedo salir adelante si ahora tengo que mantener dos casas? Me temo que me despedirán, porque en el trabajo no hago más que llorar. No puedo concentrarme para hacer las cosas bien. ¿Por qué querría alguien que trabajase para él si soy tan ineficiente? No sé dónde encontraré el dinero necesario para pagar las facturas y dar de comer a mis hijos.

Y hablando de los hijos:

Me da miedo *ser una madre soltera*. Apenas me manejo por mí misma, y no dispongo de la paciencia, el valor ni la fuerza necesarios para satisfacer las necesidades de mis hijos yo sola. Ya no tengo a alguien que se haga cargo de ellos cuando me siento abrumada. Tengo que estar ahí para mis hijos las veinticuatro horas del día, los siete días de la semana. Quiero arrastrarme hasta la cama y ocultar mi cabeza bajo las mantas. Ojalá hubiera alguien en cuyo regazo pudiera acurrucarme, alguien que me abrazara, en lugar de tener que fingir que soy lo suficientemente fuerte como para mantener a mis hijos en mi propio regazo.

Tengo miedo de *perder a mis hijos*. Mi ex está haciendo gestiones para tener él solo la custodia. Siempre he sido yo quien se ha ocupado más de los niños, y dicen que quieren estar conmigo. Pero mi ex tiene más dinero y puede permitirse comprarles lo que les gusta. Estoy segura de que mis hijos se dejarán influir por la promesa de tantas cosas materiales que yo no les puedo ofrecer; seguramente querrán vivir con él. Si se celebra un juicio por la custodia, ¿qué dirán mis hijos? ¿Hablarán de lo preocupada que está mamá y de que está demasiado ocupada y alterada para pasar tiempo con ellos?

Uno de mis miedos es que *no sé con quién hablar*. Necesito sentirme escuchada, pero ¿me comprenderá alguien? La mayoría de mis amigos están casados y no han pasado por un divorcio. ¿Contarán chismes sobre lo que comparta con ellos? ¿Seguirán siendo mis amigos ahora que estoy divorciada? Debo de ser la única persona en el mundo entero con estos sentimientos. No es posible que nadie me comprenda, si ni yo misma puedo comprenderme.

Tengo miedo de *ir a los tribunales*. Nunca he estado ahí antes. Pensaba que solo los criminales o quienes violan la ley iban a juicio. He oído hablar de las «batallas» que han librado en los tribunales otras personas que estaban pasando por un divorcio y tengo miedo de encontrarme con algo similar. Sé que mi excompañero encontrará el abogado mejor y más agresivo que se pueda encontrar y que lo perderé todo. No quiero ser mezquina ni desagradable, pero me temo que tendré que ser inflexible si quiero protegerme. ¿Por qué tienen tanto poder los tribunales sobre lo que me pase a mí, a mi familia y a mis hijos? ¿Qué he hecho para merecer este trato?

Otros miedos habituales, por supuesto, tienen que ver con los sentimientos:

Tengo miedo de la *ira*. Tengo miedo de mi propia rabia y de que mi pareja se enoje. De niño, solía experimentar terror cuando mis padres se enojaban y peleaban. Aprendí a evitar estar cerca de la ira. Mi ex y yo nunca nos peleábamos ni mostrábamos cólera de ninguna manera. A veces me siento disgustado, y esto me asusta. ¿Y si me enojara delante de ella? Esto acabaría con cualquier oportunidad de volver a estar juntos. Estoy enfadado la mayor parte del tiempo, pero considero que no es lo adecuado ni lo correcto.

Tengo miedo de *perder el control*. Albergo grandes sentimientos de ira en mi interior. ¿Y si me ocurriera como a mis padres, que se enojaban y perdían el control? He oído hablar de personas que se vuelven violentas cuando afrontan un divorcio. ¿Puedo tener un comportamiento violento si pierdo el control?

Tengo miedo de *estar sola y vivir sola*. Si eso ocurriese, ¿quién cuidará de mí cuando sea mayor? He visto a parejas cuidar el uno del otro y evitar ir a una residencia o a un hogar de jubilados. Pero sin nadie que me cuide, estaré sola en la vejez. ¿Y si enfermo? Podría morir en mi apartamento vacío y nadie lo sabría. No habrá nadie que me cuide cuando esté enferma ni nadie que me encuentre si me pongo tan mal que no pueda valerme por mí misma o pedir ayuda.

Temo descubrir que *no soy digna de ser amada*. Si mi excompañero, que me conoce mejor que nadie, no quiere vivir conmigo, no debo de merecer el amor. ¿Cómo puedo vivir el resto de mi vida sola y sintiendo que no se me puede amar? Siempre tuve miedo de verme abandonada, y ahora siento que es justo lo que me ha pasado. He sido desechada como un juguete con el que ya no apetece jugar.

Temo *volverme loco*. Creo que estoy lo suficientemente mal como para que me admitan en un hospital psiquiátrico. Me siento tan perturbado mentalmente que la idea de que se ocupen totalmente de mí en un psiquiátrico, que incluso me sirvan las comidas, me resulta casi atractiva. Nunca antes en la vida pude imaginar que estaría lo bastante ido como para pensar que un centro de salud mental me parecería deseable. Pero en cierto sentido me lo parece. Quiero ser pequeño y tener a alguien que me cuide, incluso si tengo que ir a un psiquiátrico para lograrlo.

Tengo miedo de *que me hieran más de lo que ya me han herido*. Nunca pensé que podría sentir tanto dolor. La persona a la que amaba —y que pensaba que me amaba— me ha hecho más daño del que me ha hecho nadie en toda mi vida. Quiero esconderme para que no puedan volver a herirme. Siento tanto dolor que me siento adormecido, como si tuviese callosidades en los sentimientos. Tengo miedo de hundirme y no ser capaz de sobrevivir si vuelven a herirme.

Tengo miedo del *cambio*. ¿Qué cambios deberé afrontar? ¿Tendré que mudarme de casa? ¿Tendré que encontrar un nuevo trabajo? ¿Tendré que hacer nuevos amigos? ¿Tendré que cambiar aspectos de mí mismo y de mi personalidad para poder sobrevivir? Estas incógnitas son bastante aterradoras; no sé qué cambios tendré que efectuar a raíz de esta crisis.

La idea de *salir y estar con otra persona* me asusta tanto que ni siquiera me permito pensar en ello.

ENTABLAR AMISTAD CON EL MIEDO

Algunas personas lidian con sus miedos por medio de acciones arriesgadas y peligrosas. Quieren hacer frente a sus temores y encuentran que asumir riesgos les permite sentirlos. Como parte del proceso del divorcio, escalan acantilados, conducen de forma temeraria o se ponen en otras situaciones de peligro que les hagan sentir miedo. Estos comportamientos extremos raramente resultan eficaces. En lugar de tratar de llegar al límite del miedo, es mejor permitir que este se haga amigo nuestro.

Los terapeutas suelen pedir a quienes están experimentando mucho miedo que piensen en lo peor que podría suceder. ¿Vas a morir de resultas de esta crisis? ¿Vas a enfermar? ¿Te van a meter en la cárcel? Por lo general, lo peor es que vas a vivir sintiendo mucho dolor durante un tiempo. El resultado más probable es que la crisis por la que estás pasando te conduzca a transformarte y a experimentar la vida con mayor profundidad.

El miedo forma parte de cada uno de nosotros, y podemos hacer que sea nuestro amigo. Nos impide asumir riesgos innecesarios, que nos pongamos en situaciones peligrosas, que nos expongamos y seamos vulnerables. Si no sintiésemos miedo, podría ser que no viviésemos mucho tiempo, porque nos expondríamos a situaciones que amenazarían nuestras vidas. Necesitamos el miedo para que nos ayude a protegernos. Un fuego nos produce una quemadura física, y así aprendemos a respetarlo y temerlo; sabemos que puede lastimarnos. Lo mismo ocurre con las quemaduras emocionales: cuando estamos heridos, aprendemos a protegernos de la intimidad excesiva, hasta haber sanado esa quemadura emocional.

El miedo también puede ser un factor de motivación. Puede incentivarnos a desarrollar habilidades para sobrevivir. Puede motivarnos a desplegar mejores defensas. Puede incitarnos a volvernos más fuertes en el plano emocional y en el físico. Y podemos usarlo como factor de motivación para avanzar por el proceso de adaptación. Por ejemplo, puedes decirte: «No quiero seguir experimentando este dolor tan grande. Quiero trabajar con el proceso y superar mis miedos».

La mejor manera de superar los miedos es permitirse sentirlos. Habrás oído el viejo dicho según el cual «la única salida es pasar por ello». Debes descubrir tus temores, comprometerte a superarlos y usarlos como vía para comprenderte mejor a ti mismo. Aquello de lo que tienes miedo te lleva a conocerte mejor.

Por ejemplo, puede ser que tengas miedos en relación con la crianza y el trato con tus hijos. Trabajar con esta crisis puede hacer que acabes siendo un padre o una madre mucho mejor de como eras antes. Enfrentarte a tus miedos y gestionarlos te permite tener más tiempo y energía que dedicar al crecimiento personal, a tu carrera, a mejorar tus habilidades en el ámbito de las relaciones y a ser mejor padre o madre.

LIDIAR CON EL MIEDO

Cuando sientas miedo, te puede ser muy útil prestar atención a tu cuerpo con el objetivo de determinar en qué parte o partes de él lo estás experimentando. La mayoría de las personas lo sienten en el plexo solar (la zona que está justo encima del ombligo). Pero puedes sentirlo en otro lugar; por ejemplo en el corazón (en forma de latidos acelerados) o como tensión en la parte posterior de las piernas. Identificar dónde experimentas las emociones de miedo te ayudará a aceptarlas y a empezar a lidiar con ellas.

He aquí un ejercicio que te puede ayudar. Encuentra un lugar cómodo donde sentarte o tumbarte y empieza a respirar profundamente. Toma tanto aire como puedas. Llena de aire la parte inferior de los pulmones por medio de la respiración abdominal —inhala profundamente, llevando el aire al abdomen, y exhala lentamente—. Así logras que fluya más oxígeno en tu sangre, especialmente en su circulación hacia la cabeza.

Ahora relájate. Permite que todos los músculos de tu cuerpo, desde los dedos de los pies hasta la frente, liberen tensiones y se relajen profundamente. Sigue respirando hondo, mientras te relajas cada vez más. Cierra los ojos durante unos minutos e imagina que te hallas en un lugar muy tranquilo y relajante (en la playa, en el prado de una montaña...).

A continuación, empieza a visualizar tu miedo. Piensa: «¿Amenaza mi vida este miedo? ¿Cuál es su origen? ¿Está relacionado con una preocupación actual o es un vestigio de mi pasado? Por ejemplo, cuando mi ex se muestra enojado conmigo, ¿me recuerda el miedo que sentía cuando mi padre se enojaba en mi infancia? Este miedo ¿me recuerda un momento en el que me sentí emocional o físicamente herido en el pasado? ¿Qué acción podría llevar a cabo cuando experimente este temor? El miedo que siento ¿va a superarme, o puedo servirme de él para comprenderme mejor?».

Sigue respirando profundamente mientras buscas la respuesta a estas preguntas. Al acabar, ve tomando conciencia, poco a poco, del espacio en el que estás; finalmente, abre los ojos. Haz este ejercicio de relajación profunda a menudo, como una manera de descubrir más acerca de tus miedos y de gestionarlos con mayor eficacia. Procesar el miedo de esta manera te ayudará a permitir que se convierta en tu amigo y a tener un mayor control sobre tu vida. Cuantas más decisiones puedas tomar, menos te controlará.

Por supuesto, una sesión de relajación profunda no curará tus temores. Tendrás que seguir con la labor: practica la relajación regularmente, afronta esos miedos lo mejor que puedas y «trabaja» con ellos. Si te abruman o te impiden seguir adelante con tu vida, busca ayuda profesional. Pídele a tu sacerdote, tu rabino, tu imán, tu médico o a algún amigo de confianza que te recomiende algún psicólogo o terapeuta familiar acreditado.

Puedes experimentar mucho crecimiento y una gran transformación personal a raíz de la crisis desencadenada por el final de tu relación de pareja. Afrontar y superar tus miedos puede ayudarte a hacer de la crisis una experiencia creativa.

TUS HIJOS TIENEN INCLUSO MÁS MIEDO QUE TÚ

> Tras decirle a mi hija de ocho años que me iba, fui a hacer el equipaje. Cuando volví para darle un beso de despedida, estaba escondida debajo de la cama. Se sentía tan asustada que no recuerda haberlo hecho; hasta el día de hoy, niega haberse escondido.
>
> BRUCE

¡Imagina los miedos que experimentan los niños cuando sus padres se divorcian! Todo su mundo se ve amenazado: «¿Me quieren aún mis padres? ¿Dónde viviré? ¿Me iré con mamá o con papá? ¿Qué pensarán mis amigos? De hecho, ¿seguiré teniendo amigos? ¿Qué me va a pasar?».

Los niños acostumbran a temer el abandono: «Mamá me ha dejado; ¿se irá también papá?»; «No pude opinar sobre la marcha de papá. Me pregunto cuándo se irá mamá y me dejará solo».

Como se mencionó en el capítulo anterior, el mensaje que debemos dar a nuestros hijos es que *los padres pueden divorciarse, pero nunca se divorciarán de sus hijos*. El matrimonio puede terminar, pero la paternidad y la maternidad duran para siempre. Tranquilizar a los hijos al respecto, con palabras y acciones, es muy importante en esta etapa.

Los miedos son extremadamente poderosos. Los niños, al igual que los adultos, pueden aprender a identificarlos, hablar de ellos y gestionarlos más cómodamente. Debemos reconocer que está bien tener miedo; todo el mundo lo tiene a veces.

Por cierto, el método de relajación y respiración profunda descrito en este capítulo también es muy adecuado para los niños. Si lo aprenden a una edad temprana, pueden aplicarlo en cualquier situación que les genere ansiedad y miedo (por ejemplo, a la hora de hacer exámenes o hablar en público).

¿CÓMO LO LLEVAS?

He aquí el cuestionario de autoevaluación para que puedas determinar si has culminado con éxito esta etapa del viaje. Será difícil que puedas subir la montaña de la adaptación mientras no hayas reunido el coraje suficiente para lidiar con tus miedos.

❏ He identificado mis miedos y he hecho una lista de ellos.

❏ He encontrado un amigo u otra persona de apoyo con quien puedo compartir mi lista de miedos.

❏ Estoy aprendiendo que el miedo puede ser uno de mis amigos.

❏ Estoy haciendo que mi miedo pase de ser una emoción paralizante a ser un sentimiento motivador.

❏ Estoy aprendiendo más sobre mí mismo al afrontar directamente mis miedos.

❏ Estoy practicando la relajación profunda regularmente para que me ayude a lidiar con mis miedos y con el estrés diario.

ADAPTACIÓN

«¡Pero si esto funcionó en mi infancia!»

D e niños, todos aprendimos distintas maneras de adaptarnos cuando nuestras necesidades de amor y atención no se veían satisfechas. Algunas de esas estrategias tal vez nos ayudaron a salirnos con la nuestra por aquel entonces, pero constituyen un exceso de equipaje para un adulto. Por ejemplo, ser demasiado responsable o serlo demasiado poco no es efectivo en el contexto de las relaciones adultas. El proceso de reconstrucción nos brinda muchas oportunidades de cambiar nuestros aspectos no saludables por comportamientos auténticos, beneficiosos para las relaciones.

En mi primer matrimonio, yo era la madre que cuidaba de él. En mi próxima relación de pareja, me gustaría tener un padre que se ocupase de mí y que cuidase a la niña que hay en mi interior. Y luego, en mi tercera relación, tal vez pueda estar equilibrada y la dinámica pueda ser saludable.

JANICE

Aún estás tratando de averiguar por qué terminó tu relación amorosa, ¿verdad?

Antes de seguir subiendo la montaña de los bloques de reconstrucción, tomémonos un tiempo para explorar esta cuestión. Casi todos quienes pasan por el proceso del divorcio quieren saber más acerca de las causas del fin de su relación, y este capítulo te ayudará a averiguarlo.

Nada está claro al cien por cien cuando se afronta el final de una relación de pareja. Cuando estabas pensando en divorciarte, tus sentimientos eran probablemente favorables al divorcio en un ochenta por ciento y contrarios a él en un veinte por ciento. Cuando uno está pasando por una crisis, le resulta confuso escuchar estas voces en conflicto en su interior. Pero es algo normal.

Todos tenemos múltiples voces. Cuando pasas conduciendo junto a la heladería, una voz dice: «¡Paremos y compremos un cono de helado!». Otra voz replica, con un tono algo crítico: «¿Te acuerdas de tu propósito de Año Nuevo de perder diez kilos? ¡No lo lograrás comiendo helados todo el tiempo!». La mejor de todas es la voz mediadora que dice: «Está bien tomar un pequeño cono de helado una vez por semana como premio por ser tan buena persona».

Escucha tu diálogo interno y entenderás mejor tus distintas subpersonalidades. Mientras escuchas el repertorio de voces, trata de identificar qué partes de ti representan. Si eres como muchas de las personas que pasan por un divorcio, puede ser que hubiera una «guerra interna» entre tus partes en conflicto, que acabó por convertirse en una «guerra externa» con tu pareja y desembocó en el final de la relación.

Entrar en contacto con tus distintas subpersonalidades te puede ser muy útil en tu proceso de sanación y también mejorará la comprensión que deberás tener de ti mismo para edificar relaciones más sólidas en el futuro.

LAS RELACIONES SALUDABLES

¿Por qué hay tantas personas que, pudiendo elegir entre tener una relación saludable y otra que no lo es, a menudo eligen la segunda?

Además, ¿qué significa *saludable*? ¿Cuál es la sensación? Y ¿cómo podemos crear relaciones saludables con nosotros mismos y con los demás?

Empecemos a abordar estos interrogantes por medio de examinar, en primer lugar, lo que podríamos denominar las «partes saludables de la personalidad».

Todos tenemos una parte que *siente*; hay quienes se refieren a ella como al *niño interior*. Es importante que seamos capaces de acceder a nuestros sentimientos e identificarlos. Hay pruebas de que existe una correlación entre el grado en que podemos *sentir* y el grado en que podemos *sanar*. Las personas que no son capaces de acceder a sus sentimientos y hablar de ellos tardan mucho más en superar sus crisis.

También tenemos una *parte creativa* que piensa en nuevas formas de hacer las cosas o de pensar en los asuntos. La parte creativa es una capacidad maravillosa que nos permite no solo ser artísticos sino también originales, únicos e individuales, y poder realizarnos. Ser creativo está asociado con sensaciones agradables y nos conduce a ser más humanos, a estar menos robotizados.

Nuestra *parte mágica* lee los catálogos de semillas para el jardín y cree que las que plantaremos darán lugar a flores y plantas parecidas a las fotografías del catálogo. A esta parte le encanta ir a ver películas de Aladino y cree que nosotros también podríamos volar sobre una alfombra. La parte mágica nos permite equilibrar nuestro lado serio y racional para que podamos divertirnos y no tengamos que comer siempre salvado, brócoli y otros alimentos que son buenos para nosotros pero que tal vez no nos resultan demasiado agradables.

Tenemos una *parte cuidadora*, pero acostumbramos a no cuidarnos demasiado bien. Nos ocupamos de los demás con bastante facilidad, pero descuidamos proceder igual con nosotros mismos. Nos creímos la idea de que es mejor dar que recibir y solemos pagar un precio por entregarnos tanto. La alternativa saludable es dar a los demás y darnos a nosotros mismos.

Tenemos una *parte espiritual* que nos permite conectarnos, a través de la fe, a nuestro ser superior, comoquiera que lo concibamos.

Esta parte suele ser más bien de tipo infantil, porque puede ser que la fe no esté arraigada en la razón y el intelecto. Nuestro niño espiritual nos permite rendirnos a un poder mayor que nosotros, pero también usar nuestro libre albedrío para tomar decisiones amorosas.

¿Puedes nombrar otras partes de ti que sean saludables? Tómate tu tiempo para pensar en ello y haz una lista de ellas.

¿TE CRIARON DE MANERA SALUDABLE?

Hay algunas cuestiones importantes en las que puedes pensar. ¿Hasta qué punto estimularon tus partes saludables tu familia y el hogar en el que creciste? ¿Te animaron a llorar? (Esta pregunta es especialmente pertinente en el caso de los hombres). ¿Te animaron a que te enfadases cuando era apropiado hacerlo y a que manifestases este enfado? (Esta pregunta es especialmente pertinente en el caso de las mujeres). ¿Estimularon tu curiosidad y creatividad? ¿Se te animó a ser independiente y a pensar por ti mismo o se te dijo «debes hacer lo que yo diga porque soy tu padre»?

¿Qué tal te fue con otras influencias que recibiste en tu infancia, como la de la escuela? ¿Te estimularon a manifestar tu propia idiosincrasia o te ocasionó problemas ser diferente? ¿Te alentaron a expresar tu enfado? ¿A llorar? ¿A hablar de sentimientos? ¿Qué notas te pusieron por ser solícito, por ser espiritual, por creer en los cuentos de hadas?

Y ¿qué tal tu formación religiosa? ¿Alentaba tu comunidad religiosa tus dudas creativas en cuanto a tus creencias? ¿Te animaron a expresar tu enfado, o bien este se consideraba pecaminoso, contrario a la religión? ¿Te exhortaron a que cuidaras de ti mismo? ¿O se te enseñó que es mejor dar (y dar y dar) que recibir?

La retroalimentación recibida por parte de los participantes en el seminario indica que algunos fuimos más alentados a reconocer nuestras partes saludables que otros. Algunos crecimos en familias que nos permitieron ser creativos, creer en la magia y dar y recibir cuidado. Otros fuimos a escuelas que, además de enseñarnos a leer, a escribir y a efectuar cálculos, nos permitían ser individuales y únicos. Algunas familias, escuelas e iglesias nos enseñaron a ser más amorosos, pero demasiadas de ellas enfatizaron el miedo y el control para hacer que nos comportásemos como «se suponía» que debíamos hacerlo.

Por distintas razones, muchos de nosotros no aprendimos a reconocer y alentar nuestras partes saludables. Y ahora que somos adultos olvidamos prestar atención a nuestros sentimientos, ser creativos, tomarnos tiempo para nosotros mismos e invertir en nuestro bienestar espiritual. Interiorizamos el rechazo a estas partes saludables con el fin de seguir adelante, de pertenecer, de obtener buenas calificaciones, de ganar dinero, de ser lo que otros querían que fuésemos. Ahora nos sentimos más o menos faltos de amor y atención; no estamos bien. Puede ser que tengamos la autoestima baja y que busquemos formas de sentirnos mejor por medio de nuestras relaciones en lugar de mirar en nuestro interior. ¡No es de extrañar que no estemos a gusto cuando encontramos una relación saludable! Estamos incómodos con cualquier aspecto sano que podamos albergar.

ESTRATEGIAS DE ADAPTACIÓN SALUDABLES Y NO SALUDABLES

Los seres humanos somos criaturas con una capacidad de adaptación asombrosa. Nuestra inteligencia altamente desarrollada nos brinda la capacidad de expresar nuestra individualidad, así como de responder a la infinita variedad de circunstancias que nos presenta nuestro entorno natural y social.

Si la vida nos trató bien en la infancia, nuestras capacidades para la adaptación nos ayudaron a ser personas creativas, exploradoras, expresivas, amorosas y responsables.

Aquellos de nosotros cuyas necesidades emocionales y psicológicas fueron menospreciadas en nuestros años de formación tuvimos la necesidad de encontrar formas de adaptarnos a esas situaciones inhóspitas. Desarrollamos «comportamientos adaptativos» alternativos —y a menudo no saludables— que nos permitiesen sobrevivir en esas condiciones.

Cuanto más estresante y traumática fue nuestra infancia, mayor necesidad tuvo el niño que fuimos de desarrollar estos comportamientos adaptativos. Echemos un vistazo a algunas de estas estrategias de adaptación poco saludables.

Caren desarrolló la subpersonalidad del *impulso de ayudar*. Si otros miembros de la familia eran infelices, se peleaban, se enojaban o abusaban de las drogas, se sentía mejor cuando «los ayudaba». Su dolor y su malestar disminuían cuando se concentraba en los de otras personas. Ahora que es adulta, cada vez que ve a alguien que necesita ayuda, quiere socorrerlo: recoge a los autostopistas que se encuentra, habla con alguien con quien se tope en el supermercado que parezca sentirse triste o malhumorado, se lleva a los gatos extraviados a casa... Es muy posible que elija casarse con alguien que tenga alguna necesidad, porque está buscando a una persona que la ayude a equilibrar su propia necesidad de ayudar.

Gerald aprendió el comportamiento adaptativo de la *hiperresponsabilidad*. Era el hijo mayor y cambiaba los pañales de sus hermanos, cuidaba de los más pequeños, ayudaba a preparar las comidas... Estas actividades le proporcionaron reconocimiento, atención y amor. Si bien el hecho de tener que hacer todas esas cosas le ocasionó un resentimiento, cuando fue más mayor siguió cuidando al resto de la familia. Y encontró a alguien demasiado poco responsable con quien casarse. (Cuando ella no era lo suficientemente irresponsable, ¡la «entrenaba» para que lo fuese más!).

Muchos de nosotros crecimos al lado de adultos que se mostraban muy críticos. A Joe le encargaron cuidar el jardín a una edad temprana. Aprendió que si cortaba la hierba uniformemente —de modo que no asomasen tallos más largos—, si podaba todos los árboles y no permitía que asomasen a la acera y si cortaba la hierba en diagonal —de modo que el césped pareciese como el de un campo de golf o el de un campo de béisbol de las Grandes Ligas—, acaso recibiría menos críticas. Pronto desistió de buscar cualquier «palmadita en la espalda», elogio o palabra de aliento. Descubrió que la única forma de obtener reconocimiento era acudir a los vecinos: su padre a menudo se jactaba de su hijo ante los demás, pero nunca lo felicitó directamente. Cuando Joe creció, era muy difícil ir de compras con él, porque le costaba mucho decidir qué comprar. Tenía miedo de tomar la decisión equivocada, porque había interiorizado la subpersonalidad de su padre que podría llamarse el *crítico interior*.

Muchos de nosotros hemos desarrollado, como respuesta adaptativa, un «crítico interior» que nos recuerda que debemos esforzarnos por ser perfectos y que, definitivamente, no nos estamos comportando tan impecablemente como «deberíamos». Cada decisión, incluso la de qué adquirir cuando vamos de compras, debe ser la mejor posible. Al igual que Joe, nos esforzamos para ser perfectos, para que nuestro crítico interior no grite tan fuerte.

¿Qué busca en una pareja la persona que ha adoptado el comportamiento adaptativo del perfeccionismo? Tal vez a alguien complaciente que apacigüe continuamente al crítico interior, que se convierte fácilmente en un «crítico exterior» en el contexto de las relaciones adultas. Lo único que es más difícil que vivir con otro perfeccionista es vivir con el perfeccionista que mora dentro de nosotros. Algunos perfeccionistas se casan con su opuesto —como el personaje Cochino de la tira cómica *Snoopy*—, de modo que pueda encontrar siempre algo que criticar en el comportamiento desordenado de la otra persona.

Charles creció en un hogar caótico: había familiares que siempre llegaban a casa borrachos, tenían comportamientos irracionales o estrambóticos o estaban continuamente enojados y emocionalmente alterados. Él tomó la decisión de ser en todo momento un individuo racional, lógico y sensato y de evitar cualquier tipo de sentimiento. Aprendió a adaptarse al caos por medio de ser alguien totalmente *intelectual e insensible*, porque cuando entraba en contacto con sus sentimientos se sentía herido, criticado e inaceptado. Descubrió cómo esconder toda clase de sentimientos, especialmente los de tipo iracundo. Consideraba que era aceptable que las «personas importantes» se enojasen, pero no era su caso.

¿Qué clase de pareja puede buscar alguien que ha enterrado sus sentimientos, como Charles? Puesto que no disfrutaba de una personalidad equilibrada al haber optado por ponderar su parte intelectual y haber descartado su vertiente emocional, Charles necesitaba una compañera muy emotiva y expresiva que lo equilibrase. (Parece más fácil para los hombres convertirse en personas carentes de sentimientos, pero hay mujeres que también acuden a esta estrategia adaptativa. A menudo, las mujeres son las personas que más sienten, porque en nuestra sociedad, crecer como niña suele implicar ser consciente de los sentimientos y confiar en ellos).

Cuando los individuos emocionales se casan con sujetos que no sienten, no paran de intentar suscitar algún tipo de sentimiento en su reacia pareja. Y cuanto más lo intenta, más se enfoca el otro en pensar en lugar de sentir. A su vez, cuanto más se atrinchera en su intelecto la persona racional, más emocional se vuelve la otra. Estas relaciones pueden acabar con una gran polarización, en que uno de los miembros de la pareja tiene prácticamente todas las subpersonalidades intelectuales y el otro las sentimentales.

La mayoría de las personas piensan que se casaron porque «se enamoraron». Hay que decir que el estado de enamoramiento es muy inestable; ¡incluso puede tratarse de una enfermedad emocional! A menudo tiene que ver con *la forma en que los miembros de la pareja están desequilibrados*, en lugar de tener algo que ver con el amor. Algunos nos casamos con aquellas partes de nuestra personalidad que hemos repudiado o abandonado y decimos que nos hemos «enamorado».

¿POR QUÉ TERMINAN LAS RELACIONES?

¿Qué tienen que ver las estrategias de adaptación con el final de las relaciones?

Piensa en la personalidad como en un coche conducido por una de las partes no saludables del sujeto. Las otras personas presentes en la vida de ese individuo van a tener que soportar la forma en que conduzca esa subpersonalidad (*soportar* es un término especialmente apropiado si la subpersonalidad que conduce consiste en un comportamiento adaptativo rígido). Cuantas más necesidades insatisfechas condujeron al comportamiento adaptativo no saludable, más rígido y controlador es probable que sea el conductor. Si este es hiperresponsable, por ejemplo, todos tendrán que lidiar con su carácter controlador y aprenderán a ser demasiado poco responsables (si eligen permanecer en la relación). Por otra parte, si la subpersonalidad que conduce es la complaciente, todos tendrán que decirle al conductor cómo y por dónde conducir (a las personas complacientes no les gusta tomar ninguna decisión por su cuenta).

Todo puede ir bien durante un tiempo cuando hay una personalidad adaptativa malsana al volante. Tarde o temprano, sin embargo, es probable que uno de los miembros de la pareja se canse del desequilibrio existente.

Nancy era una persona excesivamente responsable (abreviemos este comportamiento como ER) que se cansó de llevar siempre las riendas. Contrajo un gran resentimiento hacia Jack, su compañero, excesivamente irresponsable (EI), porque era un exponente andante de una parte de sí misma que no quería aceptar ni admitir. Nancy veía que Jack se divertía más, era menos responsable y no llevaba su parte de la carga. Se enojaba y se sentía resentida porque él ni siquiera era capaz de manejar el talonario; tenían cheques repartidos por toda la ciudad porque los fondos eran insuficientes. A veces, no rellenaba los cheques o no pagaba las facturas hasta que empezaban a recibirse las llamadas telefónicas. Nancy decidió poner fin a la relación.

Al igual que Nancy, las personas ER acostumbran a cansarse de su papel y dejan el matrimonio. En cuanto a Jack y otras personas EI, la crisis puede ofrecerles la oportunidad de despertar y volverse más responsables. Si no lo hacen, buscarán otra figura maternal o parental con la que casarse, para poder seguir con el mismo patrón en el próximo matrimonio.

De todos modos, si Jack hubiese decidido asumir más responsabilidades durante el curso de su matrimonio, podría haberse sentido resentido con Nancy por no «permitirle» crecer, y pudo haber sido él, por tanto, quien decidiese poner fin a la relación. Los EI suelen volverse rebeldes y frustrarse, irritarse y enojarse, en su voluntad de marcar distancias con el comportamiento asfixiante de los ER.

En cuanto a Nancy, de no aprovechar la oportunidad para mirarse a sí misma y examinar su estrategia adaptativa, probablemente habría buscado y encontrado a otra persona descarriada de la que ocuparse, para que su rasgo ER pudiera seguir conduciendo el coche de su personalidad.

Cuando se les pide a las personas que identifiquen cuándo observaron por primera vez un acontecimiento que alteró el sistema de su relación de pareja, muchas mencionan circunstancias como el nacimiento de un bebé, el hecho de que el miembro de la pareja que estaba en casa empezó a trabajar fuera del hogar, que le asignaran un nuevo empleo a aquel que sostenía económicamente a la familia, la enfermedad o muerte de un padre o abuelo o la circunstancia de haber sobrevivido a duras penas a una catástrofe (una gran inundación, por ejemplo). Si se les pregunta qué hicieron para adaptarse a ese cambio significativo en el seno de la relación, por lo general responden que esta era demasiado rígida como para poder adaptarla. El gran cambio que tuvo lugar en la vida de esas personas marcó el principio del fin de su convivencia.

¿Hubo un evento que alteró el sistema de vuestra relación y que acabó por desembocar en que terminase?

EL PUENTE DE LA RESPONSABILIDAD

Para retomar una analogía que usábamos anteriormente, aquí tienes una metáfora que puede ayudarte a pensar acerca de la relación que mantienen los ER y los EI. Imagina que Jack y Nancy (o tú y tu pareja) son los pilares que sostienen el puente (la relación, la conexión entre ellos). La persona excesivamente responsable (Nancy) es el barrendero que hace que el puente permanezca limpio —hasta el extremo en que está Jack—. La persona excesivamente irresponsable (Jack) está sentada en su extremo del puente con una caña de pescar. Nancy se siente resentida porque Jack está todo el tiempo pescando en lugar de mantener limpia su parte del puente. El pescador Jack se siente resentido porque Nancy nunca se toma tiempo para disfrutar de la pesca, sin mencionar que ahuyenta a los peces con su barrido persistente.

Estamos profundizando en este comportamiento adaptativo del exceso de responsabilidad e irresponsabilidad más que en algunos de los otros porque era la estrategia de adaptación malsana más habitual entre las dos mil personas a quienes Bruce impartió personalmente el seminario de divorcio. Este patrón parece ser una de las grandes causas de divorcio. Podríamos decir que es como la relación que hay entre un padre y un hijo, o entre una persona cuidadora y la cuidada, o entre una persona alcohólica y la que se ocupa de su rehabilitación. Es una forma específica de codependencia, en que un individuo depende del otro para mantener el sistema en equilibrio —o, más bien, en *desequilibrio*—.

¿Qué tipos de comportamientos adaptativos has desarrollado tú? ¿Están conduciendo tu coche de la personalidad? ¿Te gustaría ser más capaz de elegir cuál de tus subpersonalidades está al volante? ¿Cómo vas a cambiar y a hacerte cargo de tu vida?

LOS SENTIMIENTOS SUBYACENTES AL COMPORTAMIENTO ADAPTATIVO

Las personas hiperresponsables suelen darles a otros lo que les gustaría que alguien les diese a ellas. Tienen necesidades insatisfechas —a menudo a causa de una infancia insatisfactoria— que las llevaron a desarrollar este comportamiento adaptativo no saludable para poder sentirse mejor y más a gusto. Ocurre lo mismo con otras estrategias de adaptación. La manera en que puedes hacerte cargo de tu vida es aprender a satisfacer las necesidades que no viste cubiertas en tu infancia. Con esta finalidad, debes empezar por comprender algunos de los sentimientos que subyacen al comportamiento adaptativo.

Julie desarrolló un patrón de comportamiento adaptativo no saludable por este motivo:

—No quiero sentirme *rechazada* y *abandonada*. Si cuido de él, no se atreverá a dejarme. Se sentirá obligado a no rechazarme.

Ella cuida de los demás para sentirse menos rechazada.

Wayne se ocupa de Susan porque, según le dijo al grupo, se sentiría *culpable* si no lo hiciera. Y añadió:

—Si hago cosas para mí mismo, mi crítico interior empieza a reprocharme lo egoísta que soy. Que nunca hago lo suficiente para los demás. Que debo ser más cariñoso. Al darle a Susan, me siento menos culpable.

El *miedo a la crítica* es uno de los sentimientos más comunes que hay detrás de las estrategias de adaptación. Bill lo explicó de esta manera:

—De niño, escuché tantas críticas por parte de uno o más de los adultos que eran importantes en mi vida que vivía en medio de cierta ansiedad. Necesito hacer que mi mundo sea lo más perfecto posible porque tengo *miedo* cuando mi mundo externo no lo es. He desarrollado mi comportamiento adaptativo para sentir menos miedo.

Y esta es la historia de Edward:

—Las únicas ocasiones en que siento que valgo algo es cuando atiendo a los demás. No tengo mucha *autoestima*, pero me siento mejor cuando procedo según mi comportamiento adaptativo. No me sentí querido de niño, y aprendí a no ser escuchado. Así que soy una persona complaciente porque me siento inútil si no estoy complaciendo a alguien.

Alec admitió esto:

—Estoy *enojado*, y no sé cómo expresar este enojo; de hecho, ni siquiera sé qué hacer para realmente sentirlo. Por lo tanto, como estrategia de adaptación, me muestro muy crítico con los demás. Veía a mi padre como alguien enojado que nunca expresaba abiertamente su enfado, si bien se mostraba muy crítico con los demás. Yo también me volví crítico y controlador con el fin de tapar mi parte colérica, que había negado.

Jennifer experimentó, en su infancia, algo muy habitual:

—Como mujer, vi que mi madre era quien cuidaba de la familia, por lo que *aprendí de ella* mi comportamiento adaptativo no saludable: cuidar de los demás.

Michael también desarrolló su comportamiento no saludable a partir de un modelo parental:

—Como varón, vi que mi padre era el pilar económico de la familia, así que la estrategia adaptativa que aprendí fue la de ganar el dinero suficiente para ser un pilar tan bueno como lo fue él. Es más importante para mí trabajar muchas horas que pasar tiempo con la familia.

HACER LAS PACES CON EL CRÍTICO INTERIOR

La mayoría tenemos un «crítico interior» fuerte y bien alimentado. A menudo es él quien conduce nuestro «coche de la personalidad». El crítico interior sabe encontrar maneras de controlarnos, al igual que las encontraron las personas que se mostraron críticas en nuestra infancia.

Cuando a los participantes en uno de los seminarios de Fisher se les pidió que pensaran en un nombre para sus críticos interiores, la mayoría les pusieron el nombre de uno de sus padres. La mayor parte de nosotros desarrollamos nuestros críticos internos a partir de las críticas que escuchamos por parte de uno de nuestros progenitores o ambos.

Beverly le dijo al grupo:

—A menudo pienso en el crítico interior *como que soy yo misma.*

Le señalamos que era importante que lo identificase como una de las muchas partes de su personalidad y que pusiera unos límites internos entre la esencia que es ella y su aspecto crítico. Cuando entendemos que el crítico interior no es más que una de nuestras muchas subpersonalidades, empezamos a mitigar el poder que tiene sobre nosotros. *Tu crítico interior es más pequeño que tú, y tú puedes ser más grande que él.* Muchos tendemos a responder a nuestros críticos interiores de la misma manera que reaccionamos ante nuestros padres. Si nos creímos los reproches de estos, lo que seguramente fue en detrimento de nuestra autoestima, también nos creemos a nuestros críticos interiores y permitimos que sus reprobaciones pisoteen continuamente nuestra autoestima. Por otra parte, quienes nos rebelamos contra nuestros padres podemos muy bien rebelarnos contra nuestros críticos interiores.

Debemos recordar que somos controlados si *obedecemos* siempre a una de nuestras subpersonalidades. Pero también se nos está controlando si nos sentimos forzados a *rebelarnos* siempre contra una de nuestras partes. Si desconectamos de nuestros padres y no los escuchamos, probablemente desconectaremos también del crítico interior.

¿Cómo reaccionas a la voz del crítico que mora en ti? ¿De la misma manera que reaccionaste frente a tus padres? ¿Quieres responder de otra manera? ¿Cómo hacerlo?

En lugar de intentar negar o desatender a tu crítico interior, de ignorarlo o creerte sus mensajes, empieza a escuchar lo que está diciendo. Piensa en ello de esta manera: si persistes en ignorar a la persona que está sentada a tu lado, es probable que se esfuerce cada vez más en llamar tu atención; incluso puede ser que empiece a gritarte o a infligirte algún tipo de dolor o molestia físicos.

Pues bien, el crítico interior es más fuerte que la persona frustrada de esta analogía, y es incluso más difícil persistir en ignorarlo, pues vive dentro de tu cabeza. Toma la decisión consciente de empezar a escucharlo. Incluso puedes escribir lo que le oigas decir. Es probable que haya estado lanzando mensajes dirigiéndose *a ti*: «Eres realmente tonto», «¿No puedes hacer nunca nada bien?». Reconoce esta voz y, con el tiempo, empezará a suavizar su lenguaje. Cuando se sienta escuchado, importante y comprendido, empezará a formular sus mensajes *en primera persona*: «No me gustó la manera en que manejé esa situación». Date cuenta de que se trata de una declaración mucho más constructiva que las anteriores y de que te resulta mucho más útil si la aceptas como propia.

Cada vez que tu crítico haya acabado de hablar, puedes responderle con un simple «gracias».

En realidad, lo que está ocurriendo es que estás haciendo las paces con tu «padre (o madre) interior». Los mensajes de tu crítico acostumbran a parecerse mucho a las amonestaciones que recibiste por parte de tus progenitores cuando eras niño. Al escuchar y aceptar a tu crítico interior, se va convirtiendo en un «buen padre» (o una «buena madre»); deja de ser una subpersonalidad malsana para pasar a ser una parte de ti saludable.

«DEBERES» PARA AYUDARTE A TOMAR EL CONTROL DE TU VIDA

Uno de los principales objetivos de este libro es ayudarte a entender lo que fue mal en tu relación anterior y a que veas de qué formas te mantiene desequilibrado tu comportamiento adaptativo no saludable.

Si tu comportamiento adaptativo, en tu relación amorosa finalizada, consistió en ser *hiperresponsable*, probablemente se te daba bien dar y mal recibir. Eras responsable de los demás, pero no de ti mismo. Necesitas que tu dar y recibir estén equilibrados, manejarte igual de bien con ambos aspectos.

Te vamos a presentar una tarea concebida para ayudarte a avanzar hacia este equilibrio. En primer lugar, pídele a alguien que haga algo por ti. (Podemos oír cómo algunos de los lectores dicen: «No puedo hacer esto». No estás listo para soltar tu comportamiento adaptativo malsano, ¿verdad?). Tus «deberes» contienen una segunda parte: decir «no» cuando alguien te pida algo. ¿Te das cuenta de la utilidad de estos dos ejercicios?; pueden ayudarte a equilibrar tu dar y tu recibir. Lo importante es que seas consciente de cómo te sientes al realizarlos: ¿rechazado, culpable, temeroso, enojado, inútil? ¿O no eres capaz de llevarlos a cabo?

Si tu comportamiento adaptativo, en tu pasada relación, fue el *exceso de irresponsabilidad*, tus actos deben corresponderse con tus palabras y conviene que cambies algunas formas de proceder en aras de tener un comportamiento más responsable.

Dave compartió algo de lo que hizo en este sentido. En el pasado, su exesposa era excesivamente responsable. Tras divorciarse, él le preguntaba qué querían sus hijas adolescentes por sus cumpleaños. Ella, en calidad de ER, por supuesto era capaz de decirle exactamente lo que les gustaría tener. La situación parecía ir bien para todos: Dave podía seguir con su comportamiento excesivamente irresponsable por medio de seguir las recomendaciones de su exmujer, ella se sentía feliz de continuar con su conducta hiperresponsable y sus hijas estaban contentas porque obtenían lo que querían en sus cumpleaños. Pero Dave decidió cambiar su comportamiento en relación con esta situación, para cumplir con los deberes» que le habíamos puesto con el fin de que cultivase un carácter más responsable. Y compartió esto con el grupo:

—Decidí por mi cuenta lo que les gustaría a mis hijas como regalo de cumpleaños, y lo compré sin consultar con nadie. No era nada que hubiesen pedido, pero parecían emocionadas de todos modos.

Si tu comportamiento adaptativo, en tu relación anterior, fue el *perfeccionismo*, tus deberes consisten en que no te hagas la cama cuando te levantes esta semana. («¡Oh, no puedo hacer esto! Me pasaré el día pensando en la cama por hacer y no conseguiré avanzar en el trabajo. La habitación se ve realmente desordenada cuando la cama no está hecha. ¿Y si se rompen las tuberías y entra alguien y ve ese caos?». Aún no estás listo para cambiar, ¿verdad?).

Acuérdate de preguntarte qué estás sintiendo, para poder tomar conciencia de lo que hay por debajo de tu comportamiento adaptativo. Si este, en tu relación pasada, se basó en *complacer a los demás*, tus deberes consisten en hacer algo que, probablemente, desagradará a alguien. Puede ser decir que no a un favor que te hayan pedido, o puede ser no hacer algo que no te guste hacer pero que has estado haciendo por miedo a disgustar a alguien. El problema es que si te encomendamos una tarea específica es posible que la lleves a cabo solamente para complacernos; por lo tanto, puede resultarte útil concebir tus propios deberes, pensar en una manera de contrarrestar tu tendencia de agradar a la gente. Sé consciente de los sentimientos que aparezcan cuando lo hagas.

Si tu comportamiento adaptativo, en tu relación anterior, consistió en asumir el papel de la persona que *piensa y no siente*, tus deberes son escribir diez mensajes en los que expreses tus sentimientos, cada día, durante la próxima semana. En cualquier momento, escribe lo que estés *sintiendo* —no lo que estés pensando—. Por ejemplo: «Me siento enojado», «Me siento confundido», pero *no* «Siento que estás siendo injusto» (esto es una opinión, un pensamiento). Sé consciente de cómo te sientes al hablar de tus sentimientos. (Encontrarás más información sobre las declaraciones en primera persona en el capítulo 9).

Si tu comportamiento adaptativo, en tu relación anterior, consistió en ser *desorganizado* como una forma de ocultarte bajo el desorden, tus deberes son ahora hacer una lista de tus tareas diarias. Sé consciente de los sentimientos que afloran.

Si tu comportamiento adaptativo, en tu relación anterior, fue ser *rebelde*, tus deberes consisten en hacer una lista con diez declaraciones que empiecen por «soy». Descríbete a ti mismo en relación con algo significativo, que defina algún rasgo de tu personalidad: escribir «Soy alguien que odia las reglas» se ajusta a lo que te estamos pidiendo; «Soy un ciudadano de Ohio» no. Este ejercicio está concebido para ayudarte a definir una identidad propia en lugar de permitir que otras personas estén al cargo de tu vida, que es lo que ocurre cuando sientes que *debes* rebelarte.

Y, por último, si tu comportamiento adaptativo en tu relación anterior fue el de *no importa lo que decida*, tendrás que decidir cuáles van a ser tus deberes.

APRENDER A SATISFACERSE A UNO MISMO

Estos deberes son para todos, sean cuales sean los comportamientos adaptativos insanos que cada uno tenga: haz algo que te resulte agradable, algo que te vaya a hacer sentir bien. Detente para comprar un dulce antes de recoger a los niños. Regálate un baño de burbujas durante un buen rato. Lee un libro que hace tiempo que quieres comprarte. Cultiva una nueva afición. Ve a que te hagan un masaje de cuerpo entero. Haz que alguien te cuide y mime durante toda una tarde. Escribe veinte cosas que te gusten de ti mismo en trozos de papel y ponlos donde puedas leerlos, hasta que te creas estas declaraciones.

LOS NIÑOS Y LA ADAPTACIÓN

Esta parte del sendero es especialmente importante para los niños. Como hemos visto en este capítulo, es en los años de formación cuando se desarrollan los comportamientos adaptativos poco saludables, generalmente en respuesta a las actitudes de los padres: cuando nuestras necesidades no se ven satisfechas, cuando nos sentimos asustados, cuando necesitamos más amor y atención.

No es sorprendente que la necesidad de desarrollar un comportamiento adaptativo sea aún mayor en los niños cuando sus padres se separan o se divorcian. ¿Alguna vez has notado que la hija mayor se convierte en una pseudomadre cuando está con su padre? ¿O que el niño se convierte en el «hombre de la casa» cuando está con su madre? ¡Con cuánta frecuencia los niños se vuelven excesivamente responsables cuando sus padres, hallándose en el pozo del divorcio, se comportan de forma irresponsable!

A menudo, los adultos alentamos a nuestros hijos a desarrollar comportamientos adaptativos no saludables a causa de nuestra propia necesidad de ser pequeños. Tenemos dificultades para pasar por nuestro propio proceso y queremos que haya alguien «mayor» cerca, porque no sentimos que podamos hacerlo por nosotros mismos. Es comprensible, pero no es buena idea dejarse llevar por esto. Debemos tener cuidado de no usar a nuestros hijos para satisfacer nuestras propias necesidades.

Alentemos a nuestros hijos a ser independientes a medida que crecen y se desarrollan, para que sean ellos mismos y no los cuidadores de sus padres. Ayudémoslos a construir su vertiente creativa y a que sean personas curiosas. Animémoslos a hacer las paces con su crítico interior y a que aprendan a usarlo como un guía amistoso hacia una vida en la que puedan manejarse de forma responsable e independiente.

¿CÓMO LO LLEVAS?

La multitud que se halla en el sendero se está impacientando. La mayoría de los senderistas quieren proseguir con la subida. Antes de continuar, echa un vistazo a las siguientes declaraciones para ver si estás listo para seguir adelante:

❏ He tomado conciencia de mi(s) comportamiento(s) adaptativo(s).

❏ Estoy comprometido a volverme más flexible y equilibrado por medio de hacer cosas que me satisfagan.

❏ He identificado los «deberes» que me correspondían –las tareas concebidas para ayudarme a hacerme cargo de mi comportamiento adaptativo no saludable– y los he hecho.

❏ He tomado conciencia de cuáles son los sentimientos que subyacen a mi comportamiento adaptativo.

❏ He hecho una lista con las partes saludables que me gustaría estimular en mí.

❏ Ahora entiendo mejor por qué terminó mi relación de pareja.

SOLEDAD

«Nunca me he sentido tan solo»

Es natural sentir una soledad extrema cuando la relación amorosa acaba. Pero la curación puede provenir del dolor, si lo escuchas. Puedes aprender a trabajar con la soledad para convertirla en un estar contigo mismo —un estado en el que te sientes a gusto estando solo—.

La soledad es una enfermedad
que avanza lentamente,
sin que uno la advierta.
Sus síntomas son aterradores.
La soledad es un velo oscuro,
que no te permite ver
y que te cubre de tristeza.
También es una carrera
desesperada
para conquistar un absoluto
vacío espiritual y emocional
en un mundo despiadado.

Tengo esta enfermedad
y querría hallar la cura,
pero incluso un rayo de luz
se me antoja bendito.
Porque la soledad es exigente;
te lo quita todo
y no te da nada a cambio,
excepto más soledad,
como si no hubiese nadie más
en el ancho mundo.

ELAINE

Mientras observamos cómo la gente sube la montaña de los bloques de reconstrucción, vemos muchos individuos solitarios. Algunos se han retirado a sus «cuevas» y solo asoman de vez en cuando, con un aspecto muy triste y abatido. También están las personas solas que insisten en no estarlo, de modo que siempre se las ve tomando a otra persona de la mano o siguiendo a alguien. Luego están los ocupados, que siempre están haciendo esto y lo otro para no tener que afrontar nunca su soledad. Algunos aseguran que su soledad es como un vacío, y «chupan» de todo el mundo para llenarlo. Para otros, es como un iceberg, y tratan de obtener calor por medio de permanecer lo más cerca posible de quien se deje.

La soledad es dolor. Pero es un dolor que nos dice que tenemos algo importante que aprender.

Quienes se separan de su pareja no tienen la exclusiva del mercado de la soledad. Se trata de una aflicción muy generalizada. Muchos empezaron a padecerla en la infancia y siguieron padeciéndola dentro del matrimonio, y después tras el divorcio. (Por cierto, esta es otra causa de los divorcios. Puedes apuntarla). Si has tropezado con la piedra de la soledad durante años, puede ser que esta etapa de la subida tenga una importancia crucial para ti.

La soledad que se siente con la marcha de esa persona especial suele ser más intensa que cualquiera que se haya experimentado antes. De pronto, no tienes a nadie con quien compartir las comidas, la cama o los momentos especiales que se viven con los hijos. Acostumbrado a contar con los sonidos, los olores y el tacto de esa persona en el hogar, ahora no te encuentras sino con el silencio. Hay un extraño vacío en la casa —aunque esté llena de niños—, como si se golpeara un gong y no produjera ningún sonido. No puedes hallar a nadie en todo el mundo que vea, oiga o sienta como tú. Los amigos que tratan de llegar a ti parecen lejanos, aunque necesites más que nunca sentirlos cercanos y reales.

Una voz dentro de ti puede lanzarte esta advertencia: «¡Retírate, retírate, y no volverán a herirte!». Quieres estar recluido, como un perro herido que se aparta a un lugar seguro hasta que su herida está curada. Al mismo tiempo, anhelas calidez emocional, ser un niño, tener a alguien que cuide de ti.

Algunas personas que han estado solas en el matrimonio experimentan un alivio con el fin de la relación, pero ahora se enfrentan a un tipo de soledad diferente. En realidad, nunca estuvieron emocionalmente cerca de su pareja; la vida en común pudo haber estado llena de ira, frustración, distancia y soledad. (Esta es otra causa de los divorcios, por cierto). Así pues, el final de la relación constituye un alivio... pero una nueva soledad aguarda.

LAS ETAPAS DE LA SOLEDAD

Muchos de los bloques de reconstrucción requieren pasar por tres etapas. En el caso de la soledad, la primera es la *retirada* —la persona puede apartarse de los demás o, al menos, fantasear con ello—.

Algunos se esconden en casa, para que otros no sospechen de su soledad, y se sumergen en sus cavilaciones. Otro comportamiento es el de la autocompasión, con la esperanza de que alguien acuda y sienta lástima. El objetivo es evitar que los demás vean lo muy dolido que está uno, y evitar al mismo tiempo que la expareja lo sepa.

En esta etapa, el silencio constituye un recordatorio constante de que el compañero se ha ido —de que *realmente* se ha ido—. Este silencio puede ser aplastante. La incapacidad para concentrarse dificulta la lectura. Ver la televisión o navegar por Internet resulta aburrido. Nada parece emocionante. Hay un deseo incansable e inquieto de hacer algo, pero ¿qué?

Retirarse puede ser apropiado para algunos durante este período, porque —seamos sinceros— los solitarios no son muy buena compañía. Su necesidad de calor emocional es insaciable. Esta necesidad a menudo ahoga a los amigos, los engulle y les niega el espacio para ser ellos mismos, para ser los amigos que son. Hay un viejo cuento infantil que habla de millones, miles de millones y billones de gatos que empezaron a comerse los unos a los otros, hasta que no quedaron gatos. Los amigos íntimos pueden «comerse unos a otros» durante esta etapa, ¡hasta no quedar nada de ellos!

La vida suele ser como un péndulo, pues oscila de un extremo al otro. Buscando la manera de escapar de la soledad extrema, muchos individuos dejan atrás su retiro para entrar en la segunda etapa de la soledad: se convierten en «adictos a estar ocupados»; tienen una actividad prevista para todas las noches de la semana y dos actividades los sábados y domingos. Trabajan largas horas y encuentran todo tipo de excusas para seguir trabajando en lugar de volver al vacío del hogar. (Estos individuos tal vez ya eran adictos al trabajo cuando estaban casados, acaso para evitar volver a casa y encontrarse solos en el matrimonio; añade esta a tu lista de causas del fin de las relaciones). Salen con personas con las que no lo pasan bien solamente para evitar estar solos. Una fiesta para solteros puede durar toda la noche –¡y nadie quiere ir a casa a estar solo!–.

Estas personas están huyendo de sí mismas, como si un fantasma espantoso acechara en su interior: el fantasma de la soledad. Para quienes han estado realmente solos, este fantasma puede incluso parecer real. Nunca se toman tiempo para detenerse y observar qué están haciendo o hacia dónde van, porque están demasiado ocupados corriendo. En lugar de subir la montaña, corren en círculos alrededor de ella. ¿Te resulta familiar?

La duración y la intensidad de esta subetapa de adicción a la actividad dentro de la etapa de la soledad varían en función de las personas. Algunas solo quieren estar ocupadas, mientras que otras se mantienen tan superocupadas que tienen que caminar de puntillas para evitar arrastrar los pies. Con el tiempo, todas ellas se cansan y empiezan a darse cuenta de que la vida debe de consistir en algo más que en huir del fantasma de la soledad. El período de desaceleración desemboca en la siguiente fase, estar con uno mismo.

ESTAR CON UNO MISMO

Logras estar contigo mismo cuando llegas al punto de estar *a gusto* solo. Puede ser que elijas permanecer solo en casa al lado del fuego con un libro en las manos en lugar de salir con personas que en realidad no te agradan. El desarrollo de tus recursos internos te lleva a tener intereses, actividades, pensamientos y actitudes que hacen que te encuentres a gusto estando a solas.

¿Cómo puedes llegar ahí desde el punto en el que te encuentras? Empieza por enfrentarte al fantasma de la soledad; date cuenta de que *es* un fantasma. Has huido de él, lo has tenido a tu lado, lo has evitado; pero cuando te giras y le dices «¡bu!», normalmente pierde su poder y su capacidad de controlarte. En ese punto aceptas la soledad como parte de tu humanidad y, por lo tanto, te sientes más cómodo estando solo.

Acepta también el hecho de que la soledad tiene propiedades curativas. Un período de tiempo a solas contigo mismo te permite ejercer la introspección, reflexionar, crecer y desarrollar tu ser interior. La ausencia y el vacío se ven reemplazados por la plenitud y la fuerza interior. Has dado un paso de gigante hacia la independencia cuando te sientes a gusto estando solo, de modo que ya no dependes de la compañía de los demás.

Te animamos a que procedas lentamente a la hora de buscar una nueva relación en este punto del camino. De veras necesitas aprender a estar a solas. Es más, elegir estar con otra persona para escapar de la soledad es una razón muy poco saludable por la que iniciar otra relación amorosa. Tiene un tremendo valor terapéutico que estés solo, incluso que te aísles por un tiempo, antes de empezar otra relación.

Realmente, el tiempo es el mejor sanador. Un período de soledad y autodescubrimiento constituye parte del remedio que necesitas. Esta es una etapa de crecimiento importante en tu vida. Más tarde, cuando sea el momento oportuno, podrás *optar* por comenzar una nueva relación porque quieras hacerlo, no porque la *necesites* para superar la soledad.

Los individuos que gozan de una buena salud mental mantienen un equilibrio entre estar con otros y estar solos. Debes encontrar el equilibrio adecuado para ti.

LA SOLEDAD DE LOS NIÑOS

Los niños también padecen la soledad tras el divorcio de sus padres. Albergan la misma clase de sentimientos de vacío que sus progenitores. Tienen la misma necesidad de estar con otras personas para llenar esa soledad, pero también temen estar cerca de los demás.

Los sentimientos que experimenten en relación con sus compañeros pueden ser muy diversos, según el caso. Supimos de una comunidad en que los divorcios eran tan frecuentes que cuando un niño les dijo a sus compañeros que sus padres se estaban divorciando, otro niño dijo: «Tus padres por fin lo están haciendo, ¿no?». En otra comunidad, sin embargo, los divorcios pueden ser tan infrecuentes todavía que tu hijo tal vez sea el único del curso cuyos padres estén divorciados.

Los hábitos cotidianos de los niños se ven tan alterados por el divorcio como los de sus padres. Solo hay un progenitor con el que pasar tiempo, con el que jugar, que los acueste. Y los niños también sienten la soledad de la casa —tanto si se trata de un nuevo hogar como si es el mismo después de que uno de los padres se haya mudado—. En una de las casas, puede ser que no estén los libros o los juguetes con los que el niño está familiarizado. En muchas ocasiones, la nueva vivienda de uno de los progenitores no está preparada para los niños o puede estar ubicada en un nuevo vecindario, lejos de sus amigos.

Los niños necesitan trabajar con su soledad, como sus padres, para cultivar sus propios sentimientos —saludables— relativos a estar a solas. Deben aprender que tienen en su interior los recursos que les permiten pasar tiempo solos, que no es necesario tener siempre a alguien cerca.

Muchos niños pueden haberse sentido solos antes del divorcio porque sus interacciones con la familia no les ayudaron a desarrollar el sentido de pertenencia. El divorcio tiende a incrementar esta sensación de no pertenencia o de no ser aceptado. Sin embargo, tal vez la crisis misma puede servir para lidiar directamente con el problema.

Este es un momento especial para que los padres ayuden a sus hijos a sentir que pertenecen, que son queridos y que son una parte importante de la nueva familia (reestructurada). Necesitan ayuda para aprender a vivir con un padre o una madre solteros, con los dos progenitores que viven separados, con un nuevo padrastro o madrastra e incluso con hermanastros. (¡Una vez más, te advertimos que no inicies una nueva relación seria demasiado pronto!).

Al igual que ocurre con todos los bloques de reconstrucción, cuando uno está habiéndoselas con su propia soledad es muy difícil que le quede el suficiente tiempo y la suficiente energía emocional para atender las necesidades de los niños. Así como debemos ponernos primero nosotros la máscara de oxígeno en un avión en caso de emergencia, puede ser necesario que trabajes con tus bloques de reconstrucción en primer lugar; entonces serás más capaz de ayudar a tus hijos.

¿CÓMO LO LLEVAS?

Trabaja un poco *ahora* en tu capacidad de estar solo. Si puedes responder con un «sí» honesto a la mayor parte de las declaraciones que siguen, has desarrollado una soledad saludable (sabes estar contigo mismo) y estás preparado para seguir subiendo la montaña. Si flaqueas en más de tres o cuatro de los aspectos siguientes, dedica algo de tiempo a repasar este capítulo para que puedas sentirte más a gusto estando a solas.

❏ Me estoy tomando tiempo para mí mismo en lugar de mantenerme demasiado ocupado.

❏ No estoy trabajando tantas horas como para no tener tiempo para mí.

❏ No me estoy escondiendo de la soledad por medio de estar con personas con las que no me siento bien.

❏ He comenzado a llenar mi tiempo con actividades que son importantes para mí.

❏ He dejado de esconderme y retirarme a mi casa.

❏ He dejado de tratar de encontrar otra relación amorosa con el único fin de evitar estar solo.

❏ Estoy contento haciendo actividades a solas.

❑ He dejado de huir de la soledad.

❑ No dejo que los sentimientos de soledad controlen mi comportamiento.

❑ Me siento a gusto estando solo y teniendo tiempo para estar conmigo mismo.

AMISTAD

«¿Adónde ha ido todo el mundo?»

E l apoyo que recibas por parte de «amigos salvavidas» es muy importante y puede acortar el tiempo que necesites para superar la crisis. En estos momentos, te conviene más contar con amigos que encontrar un amante. Puedes cultivar la amistad con amigos de ambos sexos sin implicarte con ninguno de ellos en el terreno romántico ni sexual. Sin embargo, ten en cuenta que el divorcio incomoda a muchas personas casadas, por lo que puede ser que tus amigos casados se alejen de ti.

> María y yo teníamos siempre muchos amigos y familiares cerca. La mayor parte de los fines de semana celebrábamos una barbacoa o íbamos a casa de su hermana o celebrábamos un pícnic con dos o tres parejas más. Desde que nos separamos, ninguno de ellos me ha llamado o ha pasado por mi casa. ¿Por qué los amigos casados parecen evitarnos cuando estamos sin pareja?
>
> José

Mientras subimos la montaña, observamos las distintas maneras en que se maneja la cuestión de la amistad. Mientras pasan por el dolor de la separación, algunas personas insisten en caminar solas; tienden a aislarse y les resulta incómodo estar con alguien. En cambio, vemos que otros individuos se aferran continuamente el uno al otro, como si no pudieran estar solos ni un minuto; caminan siempre tomados de los brazos e incluso hacen planes para no tener que recorrer solos ningún tramo del sendero. También vemos que unas cuantas personas siguen comunicándose con los amigos que ya tenían en los días de su relación de pareja.

Parece que tenemos que encontrar nuevos amigos mientras subimos por el camino. Pero en esta etapa de la ascensión, encontrar amigos puede resultar muy difícil.

¿NO ES GENIAL SER SOLTERO?

¿Alguna vez, mientras estuviste casado, miraste con envidia a tus amigos divorciados y deseaste poder participar en todas esas actividades interesantes que estaban realizando? ¿Quisiste poder acudir a los eventos emocionantes a los que tu cónyuge era reacio a acudir? Pues bien, ¡ahora eres libre! ¿Qué piensas ahora de la «glamurosa» vida del soltero? Para la mayoría de nosotros, especialmente cuando nos separamos por primera vez, la vida en soltería no es glamurosa; de hecho, es completamente desoladora y aterradora.

Es una vida solitaria, en parte, porque tendemos a perder a los amigos que teníamos cuando estábamos casados. Esto ocurre por cuatro razones sobre todo.

En primer lugar, piensa que, cuando sales de una relación amorosa, de pronto pasas a ser un amante potencial de alguna de esas personas casadas. Por lo tanto, mientras que anteriormente se os invitaba a fiestas y eventos como pareja porque no suponíais un peligro, ahora eres una persona soltera y constituyes una amenaza. De repente, la gente te ve como una opción, y las invitaciones a los eventos de los amigos casados disminuyen en consecuencia.

Cuando Bruce se estaba divorciando, trabajaba codo a codo con una mujer casada. Un día, tres meses después de su separación, él pasó junto a su escritorio y ella exclamó:

—¡Sin duda, estás mucho más sexi ahora que estás separado y que te estás divorciando!

Él respondió:

—No creo que haya cambiado mucho, pero ahora me estás mirando de otra manera. Este comentario me hace sentir como un objeto más que como una persona.

Aunque se sintió halagado por su interés, también se sintió incómodo al verse considerado como una amenaza potencial para el matrimonio de la mujer.

La segunda razón por la que tendemos a perder amigos es que el divorcio puede dar lugar a una gran polarización. Los amigos suelen apoyar a un miembro de la pareja o al otro, raramente a ambos. Por lo tanto, normalmente perdemos a los amigos que han tomado partido a favor de nuestro excónyuge.

La tercera razón es probablemente la más importante: el temor de que «si te puede pasar a ti, me puede pasar a mí». Vuestro divorcio es muy amenazador para muchos de los matrimonios que hay a vuestro alrededor, por lo que algunos amigos casados se escabullen. Aunque te sientas rechazado, en realidad es su problema; su comportamiento refleja su realidad, no la tuya. Es probable que cuanto más inestables sean los matrimonios de tus amigos más rápido se alejen de ti. Así que, en lugar de sentirte rechazado, entiende que tu divorcio les ha hecho sentirse inseguros acerca de sus propias relaciones. Abandonan la amistad porque temen que esto de divorciarse pueda ser contagioso.

Hay un cuarto aspecto de la amistad que es importante entender mientras se está pasando por el divorcio. Aunque las normas culturales en torno al matrimonio han cambiado, aún se considera que las personas casadas forman parte de la sociedad establecida, la que constituye la piedra angular de nuestra forma de vida. Los divorciados, sin embargo, pasan a formar parte de la cultura de la soltería —una parte de nuestra sociedad que es menos aceptable para muchos—. Esta cultura de la soltería puede no parecernos evidente... hasta que nosotros mismos pasamos a ser personas solteras. Ser expulsado de la cultura dominante de las parejas y hallarse en medio de la cultura de los solteros implica pasar por un proceso de adaptación que no es fácil llevar a cabo.

Hay distintas normas, costumbres y valores dentro de la cultura de la soltería. Las personas viven un poco más «sueltas», un poco más libres, como si pertenecieran a una gran fraternidad o hermandad. En un encuentro de solteros, las palabras *estoy divorciado* constituyen una buena manera de iniciar una conversación, en lugar de expresar una especie de anomalía. Si, como suele ser el caso, la otra persona también está divorciada, de repente tenéis algo en común y podéis empezar a hablar. Puesto que las normas y las costumbres son diferentes, quienes acaban de divorciarse no están muy seguros de cómo comportarse en el seno de la cultura de los solteros, y su primera reacción puede ser próxima a un choque emocional. Piensan: «¡Alguien ha cambiado las reglas y no sé cuáles son las nuevas!».

CULTIVAR AMISTADES

A medida que vayas cultivando la amistad después del divorcio, pasarás por un proceso de tres etapas. En la primera, estás tan herido, solo y deprimido que *evitas a los amigos* a menos que te sientas muy seguro estando con ellos. La segunda etapa comienza cuando por fin puedes asumir el riesgo de *acercarte* a la gente, aunque tu miedo al rechazo sea grande. La tercera etapa es *estar a gusto* con los demás; descubres que estás bien y empiezas a disfrutar de la compañía sin miedo a verte rechazado.

Los recientemente divorciados acostumbran a preguntar: «¿Cómo puedo hacer amigos después de divorciarme? ¿Dónde puedo encontrar a alguien con quien salir?». El problema es que muchas personas que estuvieron casadas están buscando desesperadamente otra relación amorosa, en lugar de limitarse a disfrutar de la compañía de aquellos que tienen alrededor. Tu objetivo por ahora debe ser conocer a gente; algunos de estos nuevos conocidos *pueden* llegar a ser amigos especiales o incluso amantes. Pero sé paciente y ve despacio. Empieza por ampliar tu círculo de conocidos. Puedes encontrar a gente nueva adondequiera que vayas: el supermercado, la iglesia, los cursos —de ordenador, tenis, cerámica, cocina, idiomas, crecimiento personal...—, los grupos comunitarios, las actividades de voluntariado, la biblioteca, el trabajo, los paseos con el perro... (Y sí, sabemos que en Internet hay comunidades y grupos que comparten intereses que constituyen oportunidades de conocer gente nueva, pero te animamos a que conectes con los demás en persona cuando puedas).

A medida que vayas explorando maneras de hacer nuevos amigos, descubrirás que cuando estás realmente interesado en las personas con las que entras en contacto mandas unas «vibraciones» que hacen que la gente quiera responder. Pero si te presentas como alguien que está solo, desesperado y necesitado, los demás no querrán estar cerca de ti.

Las vibraciones de las que estamos hablando incluyen tus movimientos corporales, la forma en que caminas, el tono de tu voz, tu modo de mirar a los ojos, tu estilo de vestir y todas las maneras sutiles en que muestras cómo te sientes. Las personas experimentadas dentro de la cultura de la soltería a menudo pueden saber si alguien está soltero por las señales no verbales que está enviando. Ten en cuenta que incluso si no tienes la intención de hacerlo, estás enviando cierto tipo de señales. ¿Estás invitando a los demás a que te conozcan?

Cuando estés listo para hacer amigos y te sientas cómodo al respecto, tal vez querrás adoptar ciertas medidas. Por ejemplo, puedes inscribirte en un seminario de divorcio de Fisher para trabajar con los bloques de reconstrucción junto con otras personas. Puedes consultar con responsables religiosos, tu consejero o terapeuta o colegios locales o centros comunitarios para ver si se lleva a cabo un seminario cerca de donde vives o si hay algún otro tipo de grupo de apoyo al que te interesaría unirte.

Si no encuentras un grupo cerca, tú mismo puedes poner en marcha uno, con cinco o diez personas que estén interesadas en trabajar juntas con los contenidos de este libro. Reuníos en vuestras casas, de manera alternativa. Dedicad un tiempo a trabajar y un tiempo a divertiros; pasad un rato hablando en grupo y un rato socializando. Compartid vuestras preocupaciones y sentimientos. Puede ser ventajoso que el grupo esté integrado por personas que no se conozcan, para no incurrir en el patrón del chismorreo. Un grupo así puede proporcionarte algunas de las veladas más memorables y agradables en tu proceso de divorcio. Hay literalmente cientos de grupos centrados en la recuperación posdivorcio en todo Estados Unidos —y en otros países— que se reúnen semanalmente y utilizan este libro como guía para las discusiones (visita www.rebuilding.org para ver si hay un grupo de estas características en tu zona).

Al tratar de hacer nuevos amigos después de una ruptura, hoy día también tenemos a nuestra disposición una variedad de recursos virtuales. Permítenos lanzar una advertencia, sin embargo, en esta era de las amistades electrónicas instantáneas. Encontrarás cientos, incluso miles, de oportunidades de conectar con personas en línea: chats, grupos centrados en un determinado interés, sitios para divorciados y solteros y muchísimas más posibilidades. Internet es prácticamente infinito. Pero no olvides que aunque las amistades en línea sean seductoras, pueden hacer que evites establecer conexiones con personas cercanas a tu hogar. Y en este momento necesitas tener a personas cerca.

Así pues, acude a Internet para obtener información, para compartir ideas, para ampliar tus horizontes. Únete a grupos virtuales centrados en ciertas aficiones o actividades. Participa en chats sobre temas que sean de tu interés. Pero no permitas que una pantalla electrónica constituya tu principal fuente de amistades. Enfréntate a tus miedos y busca amigos en el mundo que te rodea. A la larga, es probable que sean mucho más convincentes y es mucho más probable que se conviertan en amistades duraderas.

Todos hemos leído y visto películas y programas de televisión sobre romances por correo electrónico, y sin duda hay muchos que han prosperado más allá del mundo virtual. No obstante, los estudios llevados a cabo al respecto muestran que hay escasas posibilidades de que una conexión en línea desemboque en una relación cara a cara satisfactoria, y la energía (y la fantasía) que inviertas en ella es probable que vaya en detrimento de tu crecimiento en el mundo real.

En cuanto a las citas por Internet, se han convertido en normales, por supuesto. De hecho, con un cómputo total de más de mil quinientos sitios web de citas, esta es, hoy día, la forma más habitual en que se conocen las parejas. Sin embargo, las posibilidades de que conectes con alguien a quien preferirías evitar son al menos tan grandes en línea como en un bar o en una fiesta de solteros. Los principales sitios comprueban algunos de los antecedentes de los participantes, pero no se puede asegurar, y mucho menos garantizar, la calidad de las personas que uno se va a encontrar. Así pues, echa un vistazo a los sitios de citas en línea si esto te atrae, pero ten cuidado. *Consumers Digest* los examinó en 2013 e informó de que «todos nuestros expertos recomiendan que los consumidores que utilizan un servicio de citas en línea procedan con precaución. Estar atento es la mejor defensa».

Y hablando de citas...

¡AÚN NO ES HORA DE TENER UN NUEVO ROMANCE!

Hay un concepto que tenemos tan claro que queremos subrayarlo especialmente: *te aconsejamos que no te impliques en otra relación de pareja a largo plazo hasta que hayas trabajado emocionalmente con el final de la relación pasada.*

Implicarse demasiado pronto en ello tiene como consecuencia que llevamos la basura emocional de la anterior relación a la siguiente. De modo que es probable que te unas a alguien muy parecido a quien dejaste o con alguien que sea su opuesto. En cualquiera de los casos, las posibilidades de que se presenten los mismos problemas en la nueva relación son grandes.

Un proceso de separación saludable puede describirse como *aprender a estar sin pareja.* Muchas personas nunca aprendieron a ser individuos independientes antes de casarse; fueron directamente del hogar paterno al conyugal. Si no has aprendido a estar sin pareja, es fácil que te *escondas* en otra relación. Puesto que tus necesidades emocionales son importantes a raíz del final de tu relación amorosa, la idea de encontrar alivio en otra te resulta atractiva. Sin embargo, es cierta la paradoja de que cuando uno está preparado para afrontar la vida en soledad es cuando está listo para el matrimonio.

Pero necesitas amigos, y que las relaciones que tengas con personas que puedan acabar siendo tu pareja estén basadas en la amistad. Si puedes construir relaciones abiertas, de confianza y honestas, en las que haya una buena comunicación y oportunidades para que ambos experimentéis un crecimiento personal, es probable que puedas pasar por el proceso del divorcio con mayor rapidez.

A veces es difícil saber si la relación que mantenemos actualmente está limitando nuestro crecimiento personal. El mejor criterio puede consistir en preguntarse: «¿Estoy aprendiendo a estar solo?». Si sientes que estás perdiendo tu identidad debido a tu relación sentimental, es probable que debas echarte atrás. (Esto es más fácil decirlo que hacerlo en muchos casos. Pero recalcamos una vez más lo importante que es que, antes que nada, te recompongas).

Hablaremos más sobre las relaciones que impulsan el crecimiento en el capítulo 16.

¿NO PODEMOS SER SOLO AMIGOS?

He aquí un concepto emocionante que puede ser que oigas por primera vez: ¡es posible cultivar una amistad íntima, no sexual, no romántica, *con un miembro del sexo opuesto*! Esto puede ocurrir así en tu caso: pruebas a hacer amigos, pero procedes con mucha cautela a causa de tu miedo a la cercanía y la intimidad. Una determinada amistad se vuelve importante, y de pronto te das cuenta de que quieres conservarla a toda costa porque te hace sentir muy bien. Tienes la sensación, muy dentro de ti, de que si esa amistad pasase a ser romántica, sexual, sería menos significativa, no tan especial. Te das cuenta de lo mucho que quieres mantener esa amistad y te esfuerzas por invertir emocionalmente en ella para que siga creciendo. Una amistad así te aporta una sensación de libertad y te resulta estimulante. También destruye el mito de que los miembros del sexo opuesto no pueden ser solamente amigos.

Hay un mito popular según el cual este tipo de amistad destruye matrimonios, mito que debes de estar reconociendo que se apoya en una lógica falsa. Hay tantos tipos de amigos como de verduras, ¡y tratar de convertir un tomate en un calabacín es difícil, si no imposible! Acabas de aprender algo que enriquecerá tu próximo matrimonio si lo deseas. Tener amigos de ambos sexos es uno de los signos de una relación saludable.

Mientras estés imbuido en la tarea de cultivar nuevas amistades, también puede ser que te llegue una avalancha de comentarios negativos sobre el matrimonio en la cultura de la soltería. Hay personas que despotrican en lo alto de las colinas, desde donde vociferan que nunca se volverán a casar. Hacen largas listas con todos los aspectos dolorosos y negativos del matrimonio. Y si hay alguien que decide volver a casarse, ¡incluso le mandan tarjetas de *pésame* a la pareja! Debes darte cuenta de que estas personas temen tanto el matrimonio como otras temen el divorcio. Tal vez una mala experiencia conyugal las llevó a sentir que nunca podrían gozar de un matrimonio feliz, por lo que proyectan sus infelices prejuicios sobre los demás.

Hay muchos individuos casados que no son felices. Pero esto se debe, en gran parte, a la personalidad de cada cual. Hay gente que estaría descontenta en cualquier contexto; puede ser que su situación marital tenga poco que ver con su insatisfacción. Un matrimonio, después de todo, no puede ser más feliz que los dos individuos que lo constituyen.

Contar con un sistema de apoyo constituido por «amigos salvavidas» acortará el tiempo que precises para superar la crisis. Todos necesitamos amigos que nos puedan arrojar un flotador cuando sentimos que nos estamos «ahogando». Un amigo con quien podamos hablar es un verdadero «salvador» cuando estamos pasando por una crisis. Si no cuentas con dicho sistema de apoyo, debes empezar a crearlo. Te puede salvar la vida.

LOS NIÑOS TAMBIÉN NECESITAN AMIGOS

Los niños también tienen problemas con las amistades; muchas veces se sienten aislados y «diferentes». En algunas comunidades, pueden pensar que son los únicos hijos de padres divorciados en toda la escuela. Es posible que no conozcan a nadie más cuyos padres estén en esa situación, en parte porque los niños no suelen contar que sus padres se divorciaron —al fin y al cabo, es una experiencia dolorosa para ellos—. Por supuesto, también puede ocurrir lo contrario; un niño puede ir a la escuela y decir: «¿Sabes qué? Mis padres se están divorciando». Hoy en día, es probable que otros niños respondan: «¡Bienvenido al club!».

Así como los padres tienden a hacerse amigos solamente de personas divorciadas y solteras, puede ser que los niños busquen entablar amistad con hijos de padres divorciados o que estén en una familia monoparental. Algunos acaso se aíslen, como hacen algunos padres, y puede ser que cierren la puerta a todo tipo de amistades. Los niños que están pasando por el dolor motivado por el divorcio de sus padres necesitan amigos con los que hablar, pero puede ser que les resulte difícil acercarse a los demás o tratar temas personales. Las escuelas son conscientes de esto y muchas ofrecen algún tipo de servicio de asesoría para ayudar a los alumnos que se encierran en sí mismos, ya sea a causa del divorcio de sus padres o por otros motivos. Es un servicio valioso para los niños que experimentan un trauma emocional. (Más allá de esto, puede ayudar mucho a prevenir algunos de los trágicos comportamientos que han devastado a muchas comunidades en los últimos años).

Los padres pueden ayudar a sus hijos a encontrar a alguien con quien hablar. Tal vez sea el momento de que otros familiares se involucren. Hay que hacer una advertencia, sin embargo: los familiares, amigos o vecinos que son muy emocionales y que pueden tener sus propios problemas por resolver *no* son buenas opciones para este fin; es probable que estén más preocupados por satisfacer sus propias necesidades. Además, aunque a menudo es útil para los niños hablar con adultos, esta es la etapa en que necesitan hablar con otros hijos de padres divorciados si es posible.

Debemos ser conscientes de las necesidades de nuestros hijos y apoyarlos mientras pasan por este proceso. Podemos alentarlos a relacionarse con otros niños por medio de la asistencia a actividades extraescolares y programas comunitarios. Tener amigos con los que hablar acortará el tiempo de adaptación de los niños, como ocurre en el caso de los adultos.

¿CÓMO LO LLEVAS?

Ahora puede ser un buen momento para que te sientes al lado del sendero, descanses un rato y eches un vistazo a las personas que están a tu alrededor. ¿Te has tomado tiempo para conocer a algunas de ellas, para verlas como individuos en lugar de como parejas potenciales o como sujetos que debes evitar? ¿Te parece alguna lo bastante interesante como para tenerla como amiga? Te resultará más fácil completar la ascensión a la montaña si tienes un amigo que te agarre de la mano, que te dé un abrazo y que frene tu caída cuando resbales. ¿Por qué no dedicar un tiempo ahora mismo para invertir emocionalmente en algunas amistades? Si te preocupa el rechazo, ¡recuerda que esa persona tal vez esté tan deseosa como tú de tener un amigo!

Responde el siguiente cuestionario para evaluar tu progreso en el ámbito de la amistad antes de pasar al siguiente capítulo. Y recuerda que la amistad no es algo que simplemente *acontezca*. Como todo aquello que vale la pena, requiere que le dediquemos un esfuerzo continuo.

❑ Me relaciono con amigos de muchas maneras nuevas desde el principio de mi crisis.

❑ Tengo por lo menos un amigo del mismo sexo al que puedo acudir cuando necesito apoyo (un amigo «salvavidas»).

❑ Tengo por lo menos un «amigo salvavidas» del otro sexo.

❑ Estoy satisfecho con mis relaciones sociales.

❑ Tengo amigos íntimos que me conocen y me entienden.

❏ Parece que a los demás les gusta estar conmigo.

❏ Tengo amigos solteros y casados.

❏ He hablado de ideas contenidas en este libro con un amigo importante.

❏ Hablo a menudo sobre cuestiones importantes que me preocupan con un buen amigo.

CULPA Y RECHAZO

Dejadores: 1; dejados: 0

Los dejadores ponen fin a la relación de pareja, mientras que para los dejados ese fin es impuesto. El proceso de adaptación difiere, ya que los dejadores se sienten más culpables y los dejados más rechazados. Los primeros empiezan a adaptarse mientras aún están en la relación, mientras que los segundos comienzan a hacerlo más tarde. Cuando los dos miembros de la pareja deciden poner fin a la relación conjuntamente, el proceso de adaptación es algo más fácil.

Me reí tanto…
Era el chiste más divertido
que había oído nunca:
«Él no te quiere».
Y era aún más divertido
cuando te lo contabas a ti misma:
«No te quiero».
Me reí tanto
que se estremeció la casa…
y me cayó encima.

MEGAN

Antes de empezar con esta fase de nuestra subida hacia la cumbre de la montaña de los bloques de reconstrucción, vamos a explicar adónde nos estamos dirigiendo en esta etapa. Los cuatro conceptos clave de este capítulo están tan estrechamente entrelazados que a veces podemos sentirnos confundidos. Vamos a considerar que los dos personajes principales del drama del divorcio son el *dejador* y el *dejado*. Y vamos a examinar dos de los sentimientos más fuertes que acompañan el trauma del divorcio: la *culpa* y el *rechazo*.

Observamos distintos grupos de personas en este tramo del sendero. Hay quienes permanecen en estado de *shock*, tumbados en el suelo tratando de reponerse del impacto emocional. Otros están caminando por el lugar con aspecto de sentirse culpables y tratan de no mirar a los que se encuentran en el suelo. Y otros están andando agarrados de la mano de sus exparejas. (¿Qué están haciendo aquí, por cierto?). Todo el mundo parece triste.

En el suelo están los dejados. Caminaban por el sendero de la vida y disfrutaban de sus relaciones amorosas cuando sus parejas les anunciaron que se iban. A veces los dejados contaron con alguna advertencia, otras veces con ninguna. Les está costando mucho aceptar el final de sus relaciones.

Los que parecen sentirse culpables son los dejadores. Estuvieron un tiempo (tal vez un año o dos) pensando en abandonar sus respectivas relaciones, tratando de hacer acopio de valor, porque sabían que su decisión haría mucho daño al otro. Evitan mirar a los dejados porque si lo hacen se sienten más culpables. Por lo general son mejores senderistas porque habían estado pensando en la subida, preparándose para ella, mientras aún se mantenía su relación de pareja.

Los que andan agarrados de la mano han decidido conjuntamente poner fin a la relación. ¡Observa qué pocos hay! Muchas personas les preguntan por qué lo han dejado si son tan buenos amigos. Acaso sean muy infelices *juntos* y deseen terminar la relación por el bien de ambos. Son buenos senderistas porque no tropiezan entre sí tan a menudo como los dejadores y los dejados. No les gusta la dinámica que tiene lugar entre estos, esa según la cual «no voy a permitir que mi ex suba más rápido que yo».

Como primer paso de esta parte del recorrido, he aquí un resumen simplificado del capítulo: *los dejadores son los miembros de la pareja que abandonan la relación, y a menudo se sienten bastante culpables; los dejados son los miembros de la pareja que quieren aferrarse a la relación, y suelen experimentar fuertes sentimientos de rechazo.*

Por supuesto, la cuestión no es tan simple. Vamos a proceder a analizarla en detalle en las páginas siguientes, pero el enunciado que hemos hecho nos ha ofrecido una perspectiva de las características topográficas del terreno por el que estamos a punto de transitar.

EL RECHAZO ES REALMENTE DOLOROSO

A casi todo el mundo le ha tocado ser el dejado en alguna relación, y a nadie le gusta verse rechazado. Tras experimentar el rechazo, puede ser que te vuelvas muy introspectivo, que te examines continuamente para ver qué defecto tienes que hace que los demás te rechacen. Este autoanálisis puede ayudarte a verte con mayor claridad, y tal vez te lleve a querer cambiar la forma en que te relacionas con otras personas. En cualquier caso, aceptar el hecho de que sentirse rechazado es un aspecto del final de la relación que cabe esperar —especialmente en el caso de las relaciones amorosas— es útil en sí mismo.

Un paso hacia la superación de los sentimientos de rechazo consiste en que te des cuenta de que tal vez tú no tienes la culpa de que todo haya terminado. Como hemos explorado durante las primeras etapas de la subida, todo el mundo trae mucho de su pasado a la relación de pareja, y el pasado suele determinar el curso de los acontecimientos en esa relación. El hecho de que tu relación amorosa haya finalizado no significa necesariamente que seas incompetente o inferior o que haya algún problema en ti. Las relaciones terminan. Y tal vez este final no es indicativo de algún tipo de carencia.

El objetivo es decir: «Si tenemos un problema, no es porque haya algo terriblemente malo en mí. Si no podemos resolverlo, mi pareja tiene tanto que perder como yo, tal vez más». Sentirse tan bien con uno mismo es una meta emocional difícil de alcanzar. No te desanimes si tardas bastante tiempo en admitir que la responsabilidad es mutua, en lugar de ser solo tuya o de tu expareja.

Eres una persona valiosa, capaz de amar y ser amada. Tienes algo especial que ofrecer a los demás, y es tu propio yo, que es único. Realmente deberías creer esto. ¡Incluso puedes llegar a sentirte tan bien contigo mismo que pensarás que cualquier persona que abandone a alguien tan fantástico debe de tener un problema!

UN POCO DE CULPA LLEGA MUY LEJOS

Ahora, examinemos la culpa. Puede sonar extraño, pero lo ideal puede ser sentir la «cantidad correcta de culpa»; es saludable que nuestra personalidad incluya la capacidad de sentirnos culpables. Si uno no experimenta ni un ápice de culpabilidad, solamente el miedo a ser sorprendido le impide hacerles daño a los demás o hacérselo a sí mismo. Cierto sentido de la culpabilidad es útil a la hora de tomar decisiones relativas a la forma de vivir. Desafortunadamente, muchas personas se sienten tan culpables que se vuelven muy inhibidas y se controlan mucho, de modo que son incapaces de hacer algo productivo en favor de su felicidad. El equilibrio feliz consiste en que uno se sienta «lo suficientemente» culpable para que ello le ayude a mantener un sentido de la dirección sin que esto limite seriamente sus opciones.

El fin de la relación de pareja tiende a hacer que uno lidie de manera realista con sus sentimientos de culpa. El dejador, especialmente, experimenta mucha culpa y dice: «Me siento muy mal por haber herido a alguien a quien amo, o amaba, y me gustaría poder satisfacer mis necesidades sin sentirme tan culpable». La culpabilidad —o la tendencia a sentirla— parece estar profundamente arraigada en la personalidad humana y es difícil de superar. La mejor solución parece ser pensar racionalmente sobre la ruptura: escucha a tu cabeza en este momento, no a tu corazón (y sus sentimientos de culpa). Poner fin a la relación amorosa puede ser *apropiado* si ha sido destructivo para *ambas* personas. En estas condiciones, en lugar de sentarse por ahí sintiéndose culpables, los implicados pueden decir: «Esta es probablemente la mejor decisión para ambos».

Una forma de resolver la culpa es ser castigado. Bruce recordó que, siendo profesor en la escuela secundaria, llevó al vestíbulo a un alumno de séptimo grado* que se había portado mal y le dio tal sermón que el chico comenzó a llorar. Bruce sintió como si hubiese tenido un comportamiento cruel e hiriente hasta que ese mismo día, después de las clases, el chico entró en el aula y actuó como si Bruce fuera un viejo amigo reencontrado. Al castigarlo, Bruce lo ayudó a superar su culpa, y él lo agradeció. Alguien se había preocupado lo suficiente por él como para ponerle límites, prestar atención a su mal comportamiento y equilibrar la balanza de la justicia por medio de imponerle un castigo.

Cuando nos sentimos culpables, a menudo buscamos formas de castigarnos para aliviar este sentimiento. Si ves que estás tratando de castigarte por medio de exponerte a experimentar dolor en las relaciones, tal vez deberías buscar los sentimientos de culpa que puedan estar motivando tu conducta.

La culpa es generalmente el resultado de no estar a la altura de algún comportamiento de referencia. Si esta referencia la has elegido libremente, por ti mismo, y no es un ideal imposible de alcanzar, es probable que sea saludable que experimentes cierta culpa si no das la talla. Pero si esta referencia es la que ha establecido otra persona, o la sociedad, o la iglesia, en lugar de tú mismo, tus sentimientos de culpa no son productivos. ¡Concédete un descanso! Ya es lo bastante duro estar a la altura de los propios referentes; no puedes esperar complacer a todos.

Y ahora dirás, con pesar: «¡Pero permanecer casado *es* uno de mis referentes! Me siento culpable porque no hice que el matrimonio funcionara, así que he fallado en relación con uno de mis referentes». Te escuchamos, y entendemos este sentimiento. Lo que esperamos en este caso es que puedas llegar a aceptar tu propia humanidad. Nadie es perfecto. Tal vez podrías echar otro vistazo a tu sentimiento de culpa y pensar en una respuesta más útil a la situación. Prueba con esta: «Mi

---

* El equivalente a primero de ESO (N. del T.).

pareja y yo no fuimos capaces de hacer que nuestra relación satisficiese nuestras necesidades y nos proporcionase la felicidad. Parece que, de alguna manera, no aprendimos lo suficiente acerca de amarnos y comunicarnos».

¿Recuerdas, en la escuela, haber hecho un examen para el que no te habías preparado? Probablemente no te fue bien y te sentiste muy mal. ¡Pero no suspendiste todo el curso! Ahora que eres adulto, te sientes mal porque tu relación de pareja no funcionó. Acaso puedas aprender de esta experiencia y hacerlo mejor la próxima vez. Incluso es posible que puedas ayudar a tu ex a aprender algo positivo. Tal vez, si eres capaz de aceptar que tu culpabilidad es apropiada en esta situación, puedas convertirte en una persona mejor con la capacidad de construir una relación productiva y significativa en el futuro.

NO HAY UN SOLO TIPO DE CULPABILIDAD

Comparemos dos tipos de culpabilidad: la *culpabilidad apropiada* y el gran depósito de *culpabilidad flotante* que parece residir dentro de cada uno de nosotros. La culpabilidad apropiada es el sentimiento que tenemos cuando hemos hecho algo incorrecto o con el fin de lastimar a alguien y luego nos sentimos mal por ello. En este caso, no hemos sido fieles a uno de nuestros propios referentes, a alguno de nuestros valores. Cuando una relación de pareja termina, es normal sentirse mal por haber lastimado a alguien o haberse hecho daño a uno mismo. La culpabilidad apropiada es un proceso actual con el que podemos trabajar.

Sin embargo, algunas personas llevan mucho tiempo cargando con la culpabilidad, generalmente desde la infancia; tienen un gran depósito de sentimientos de culpa no expresados. Cuando ocurre algo que destapa este depósito, el resultado es una culpabilidad tan fuerte que el individuo se siente ansioso, asustado y temeroso.

Esta culpa puede experimentarse como abrumadora, porque no parece estar vinculada o relacionada con nada. Está sencillamente ahí, y es descomunal.

Si albergas este tipo de culpabilidad flotante, puedes necesitar ayuda terapéutica para trabajar con ella, con el fin de reducirla al mínimo y controlarla. Una vez más, quizá la crisis del divorcio te motivará a trabajar con algo que hace mucho tiempo que requiere que lo afrontes.

La *aceptación* es un aspecto importante a la hora de lidiar con el rechazo y la culpabilidad. En los seminarios de Fisher, el ambiente emocional que se crea valora la aceptación de los propios sentimientos y el fuerte apoyo mutuo entre los miembros. El hecho de estar con personas que nos ayudan a sentirnos aceptados y apoyados puede sanar rápidamente los sentimientos de rechazo y culpabilidad. Si puedes encontrar amigos cálidos, que te apoyen y te acepten, o un grupo de apoyo, te resultará mucho más fácil sanar estos sentimientos.

El rechazo y la culpa están estrechamente ligados a los sentimientos de autoestima y amor por uno mismo, de los que hablaremos más adelante. Encontrarás que a medida que tus sentimientos de autoestima y amor propio mejoran, te sentirás menos devastado por los inevitables rechazos de la vida.

¿TERMINASTE LA RELACIÓN, TE DEJARON O TOMASTEIS LA DECISIÓN DE MUTUO ACUERDO?

En los seminarios de Fisher, aproximadamente la mitad de los asistentes declaran que los abandonaron, una tercera parte asegura que terminó con la relación y el resto cree que ambos tomaron la decisión de mutuo acuerdo. No sabemos si estos porcentajes se pueden aplicar al conjunto poblacional de personas divorciadas. Teóricamente, por supuesto, cabría esperar que hubiese el mismo número de dejadores que de dejados. Sin embargo, en algunas situaciones, una persona se siente dejada, mientras que la otra (generalmente un dejador que no quiere sentirse culpable) siente que la decisión se tomó conjuntamente.

El proceso del divorcio es diferente en muchos sentidos en el caso de los dejadores y los dejados. Las investigaciones llevadas a cabo con la escala de adaptación al divorcio de Fisher indican que los dejados experimentan más dolor emocional en el momento de la separación, especialmente en relación con el apego y la ira. Sin embargo, si hubiese podido medirse el dolor de los dejadores cuando aún estaban en la relación, probablemente se habría detectado en ellos más dolor emocional que en los dejados. Los dejadores empezaron a desapegarse antes de acabar con la relación, por lo que han sido capaces de retroceder —de abandonar la condición de amantes y regresar al estadio de la amistad con sus exparejas—. El dejado, no obstante, aún suele estar profundamente enamorado del dejador cuando finaliza la relación. Por su parte, las personas que toman la decisión de dejar la relación de mutuo acuerdo tienden a sentir lo mismo que los dejadores, pero experimentan menos dolor.

Hay quienes reaccionan muy negativamente frente a los términos *dejador* y *dejado*; realmente, no les hacen ninguna gracia. Por lo general, no han sido capaces de asumir su divorcio, y definitivamente no han podido aceptar la idea de ser un dejador o un dejado. A pesar de estas fuertes reacciones, resulta útil usar estos términos, porque todos necesitamos aceptar la realidad de que hemos dejado o nos han dejado en casi todas las rupturas. Podrás subir más rápidamente la montaña de la reconstrucción si aceptas cuál ha sido tu papel.

Acaso no sepas si eres dejador o dejado. En primer lugar, es posible que no hayas pensado en ello. En segundo lugar, es posible que los roles puedan intercambiarse. George y Margaret, por ejemplo, estaban enamorados desde la infancia, y se casaron poco después de graduarse de la escuela secundaria. Durante el noviazgo y el matrimonio, George no paraba de salir con otras mujeres, se iba del hogar durante cortos períodos de tiempo y actuaba como un dejador que quisiese abandonar la relación. Finalmente, Margaret agotó su paciencia de mártir y solicitó el divorcio. Inmediatamente, el comportamiento y el lenguaje de George pasaron a ser los de un dejado. Ambos habían intercambiado los papeles.

Tal vez te estés preguntando si la persona que pide el divorcio es el dejador. No siempre; este no es el factor decisivo. También puede ser que te preguntes si los dejadores son predominantemente hombres o mujeres. No lo sabemos en cuanto a la población en general, pero en los seminarios de divorcio hay exactamente el mismo porcentaje de ambos sexos.

DOS LENGUAJES

El lenguaje es una pista importante para discernir si eres dejador o dejado.

A menudo es posible identificar a alguien como lo uno o lo otro por las preguntas que hace. La gente puede sorprenderse al verse identificada al respecto («¿Puedes leer las mentes?»), hasta que señalamos que los dejadores y los dejados emplean un lenguaje distinto.

Los dejadores se expresan de esta manera: «Necesito un poco de tiempo y espacio para aclarar mis ideas. No puedo tener este tiempo y este espacio dentro de la relación. Me importas, pero no te amo lo suficiente para vivir contigo. No me preguntes por qué no te quiero; solo sé que necesito irme. Me sabe muy mal hacerte daño, pero no hay nada que pueda hacer al respecto, porque permanecer contigo también te lastimaría. ¿Podemos ser amigos?».

Y así es como hablan los dejados: «¡Por favor, no me dejes! ¿Por qué no me quieres? Dime qué tengo de malo y voy a cambiar. Debe de haber algún problema en mí, y no sé qué es. Por favor, dime qué hice mal. Pensé que teníamos una buena relación y no veo por qué quieres irte. Por favor, dame un poco más de tiempo antes de marcharte. Quiero que seamos amigos, pero te amo. Por favor, no me dejes».

El dejador puede responder: «Durante mucho tiempo he intentado decirte que era infeliz en la relación y que necesitábamos cambiar. Pero no me escuchaste. Lo he intentado todo. No tengo más tiempo. Sigues aferrándote a mí, y yo quiero que seamos solo amigos».

Llegados a este punto, es probable que los dejados se sientan heridos y lloren. Se vuelven introspectivos y tratan de entender qué fue lo que salió mal: «¿Por qué no se me puede amar?», «¿Por qué tuvo que acabar nuestra relación?». A menudo, el dejado niega sus sentimientos, como forma de ganar tiempo para recuperarse del *shock*. Experimenta un gran dolor emocional.

Este lenguaje parece universal; casi todos los dejadores y los dejados usan las mismas palabras y expresiones. La cuestión del tiempo es evidente: el dejador afirma que lleva «meses y años» intentando hacer algo para solucionar el problema y que ha pensado en dejar la relación durante gran parte de ese tiempo. El dejado no ha percibido esa insatisfacción, quizá porque se había instalado en la negación mucho antes de que el dejador se fuese. Pero cuando el dejador anuncia su marcha, el dejado empieza a negar que haya algo que vaya mal y no quiere creerlo: «¡Tenemos una relación tan buena!».

Observa la diferencia en cuanto a las prioridades. El dejador quiere trabajar en su crecimiento personal: «Necesito aclarar mis ideas». El dejado quiere trabajar en la relación: «Necesito más tiempo y que me digas qué es lo que debo cambiar». Escucha atentamente las palabras que dice el dejado para manifestar lo dolido que se siente. ¿Puedes notar su enojo bajo sus palabras? Pero no expresa este enfado, porque el divorcio aún está en su fase de «luna de miel».

Durante este período, el dejador se siente muy culpable, de modo que se comporta de forma muy agradable; está dispuesto a darle cualquier cosa al dejado. Mientras tanto, este se siente rechazado; está ansioso por que el dejador regrese y teme expresar su enojo por miedo a que ello lo aleje aún más. De modo que el dejado también se comporta de forma agradable. Con el tiempo, el enojo reemplaza a los sentimientos de culpa del dejador y los de rechazo del dejado. Entonces, la fase de «luna de miel» del divorcio llega a su fin.

La nueva fase acostumbra a empezar unos tres meses después de la separación, pero los tiempos pueden variar mucho. Los «buenos acuerdos judiciales» se suelen negociar mientras los dejadores se sienten tan culpables que están dispuestos a ceder en todo y los dejados están dispuestos a conformarse con cualquier cosa con la esperanza de conseguir que su expareja vuelva. La postura de los dejadores es: «Tengo tantas ganas de irme que no me importan las propiedades o el dinero». Y la de los dejados es esta: «No quiero pedir nada, porque lo único que quiero es que vuelva».

Hay una estrategia para superar antes el período de «luna de miel», en caso de que esto te interese. Ambas partes se sienten mejor y pueden acelerar el proceso de adaptación si el dejado no tarda en expresar su enojo. Los dejadores se sienten menos culpables en este caso, porque la ira del otro les ayuda a lidiar con su culpabilidad. Y los dejados experimentan menos depresión si manifiestan su enojo con mayor rapidez, porque la depresión es, en parte, el resultado de albergar cólera, de no expresarla. Pero no siempre es posible acortar el proceso, porque puede ser que el dejador tenga la necesidad de sentirse culpable, y el dejado, rechazado y deprimido, durante una temporada. Trabajar con los sentimientos lleva tiempo.

Hay un ejercicio que te ayudará a entender mejor el concepto de dejador y dejado. Encuentra a un amigo con el que desempeñar estos roles y decidid qué papel vais a representar cada uno. Empezad situados en medio de una estancia. En primer lugar, el dejador debe dirigirse hacia la puerta usando el lenguaje de los dejadores. El dejado debe seguirlo, tratando de evitar que salga utilizando el lenguaje y el comportamiento propio de los dejados. Intercambiad los roles, para que puedas experimentar ambas posturas.

Este ejercicio contiene un buen simbolismo. El dejador está mirando hacia la puerta y tratando de salir. El dejado está mirando la espalda del dejador e intentando encontrar una manera de evitar que salga. (Ha habido dejados que han seguido al compañero fuera de la habitación, hasta el coche, y luego se han agarrado al vehículo mientras el dejador se marchaba).

¿Cómo te has sentido en el papel de dejador, en este ejercicio? ¿Tal vez culpable? ¿Has sentido que la otra persona se estaba agarrando a ti para evitar que te fueras? ¿Has intentado evitar girarte y mirar a la otra persona? ¿Has tratado de no quitar los ojos de la puerta? ¿Has tenido ganas de caminar más deprisa, de correr incluso? Y ¿cómo te has sentido en el papel de dejado? ¿Querías que la otra persona te mirase? ¿Has tenido ganas de agarrarla físicamente? ¿Has querido llorar y pedirle que no se fuera? ¿Has experimentado rechazo y soledad cuando la otra persona ha salido de la habitación? ¿Te has sentido enojado?

«BUENOS» Y «MALOS»

Aunque corramos el riesgo de añadir mayor confusión al tema que estamos tratando, queremos introducir un par de subcategorías dentro de las categorías dejador-dejado. La terminología que vamos a utilizar es fuerte y un tanto moralista, pero es útil para entender mejor el binomio del que estamos hablando. Vamos allá: resulta que hay *buenos dejadores* y *malos dejadores*, y también *buenos dejados* y *malos dejados*.

El buen dejador es aquel que trató de trabajar en la relación de pareja para hacerla durar. Estaba dispuesto a hacer cambios, a invertir emocionalmente en intentar cambiar y en acudir a un consejero matrimonial si hacía falta. Pero finalmente se dio cuenta de que la relación era destructiva para ambas partes y de que, al ser malsana, era mejor terminar con ella que seguir destruyéndose mutuamente. Esta persona tiene el coraje y la fuerza que hacen falta para poner fin a la relación.

Los malos dejadores se parecen mucho a los niños traviesos. Creen que las manzanas del huerto del vecino son mejores que las propias y que todo lo que necesitan para ser felices es dejar la relación. A menudo tienen otra relación amorosa en la recámara. El mal dejador evita lidiar con los sentimientos y mirar dentro de sí en busca de actitudes que podría tener que cambiar. Acostumbra a irse rápidamente, sin mantener tan siquiera una conversación de despedida o haber comunicado su intención de poner fin a la relación.

Los buenos dejados son abiertos y honestos; como los buenos dejadores, están dispuestos a trabajar en la relación y a acudir a un consejero si es conveniente. Es raro que hayan tenido una aventura y es probable que se hayan esforzado mucho por mejorar la comunicación. No son «víctimas inocentes», en el sentido de que también han hecho cosas para dañar la relación. Básicamente, se hallan en el momento y el lugar inoportunos cuando el dejador experimenta su explosión interna y su necesidad de irse.

Los malos dejados son individuos que quieren poner fin a la relación pero que no tienen el coraje y la fuerza necesarios para ser los dejadores. Le amargan la vida al otro, que acaba por verse obligado a ser el dejador.

Hay pocas personas que encajen perfectamente en una de estas cuatro categorías. La mayoría somos un dejador o un dejado medio bueno, medio malo.

«TAL VEZ REGRESE, AL FIN Y AL CABO»

Otro fenómeno importante en la dinámica dejador-dejado es el *ciclo del dolor*. El dejador no sufre tanto cuando la relación termina, pero el dolor del dejado es grande y esto le motiva a crecer y adaptarse con rapidez. Cuando el dejado se ha recuperado bastante desde el punto de vista emocional, el dejador suele volver y empieza a hablar de la reconciliación. El dejado se queda perplejo. Gordon exclamó:

—Dediqué toda mi energía emocional a aprender a aceptar el final de la relación, y había renunciado completamente a la esperanza de que Juanita regresara. ¡Y entonces me llamó!

Este fenómeno se puede interpretar de muchas maneras diferentes. Tal vez el dejador, en contraste con la sensación de euforia que experimentó cuando se fue, ha encontrado tan amedrentador el mundo que ha pasado a parecerle buena la seguridad de la vieja relación: «No hay más que cretinos ahí fuera, y mi examante me parece cada vez mejor». Otra interpretación la ilustra el enojo del dejado: «Ella hizo que yo fuese el dejado. ¡Ahora quiere que sea el dejador, para que compartamos la culpa!». Quizá la mejor explicación la ofrece la observación de que el dejador regresa cuando el dejado está superando la crisis. Tal vez cuando Juanita ya no se sintió culpable ni responsable de la dependencia de Gordon se vio libre de retomar una relación más igualitaria.

La reacción típica del dejado es no aceptar al dejador. Los dejados ven que se manejan bien solos, que ser soltero tiene sus ventajas y que les gusta el crecimiento personal que han estado experimentando. Si consigues que el dejado hable durante el tiempo suficiente, descubrirás por qué no iba bien la relación. Es solamente durante el primer período, el de la negación, cuando el dejado sostiene que nada iba mal: «¡Ahora veo lo que estaba ocurriendo todos esos años! Además, no me parece que Juanita haya cambiado mucho ni haya experimentado un gran crecimiento personal, así que ¿por qué querría recuperar nuestra relación?». Llegados a este punto, el dejador suele verse rechazado.

A MODO DE RECAPITULACIÓN

¡No es de extrañar que a los dejadores y a los dejados les cueste trabajar juntos! Tienen tiempos diferentes, pues el dejador suele empezar con el proceso de adaptación mientras la relación aún se mantiene en pie. Sus sentimientos también difieren: el dejador tiende a sentir mayor culpabilidad y el dejado mayor rechazo —aunque podemos experimentar ambos sentimientos en cualquiera de los dos roles—. Las actitudes son diferentes, pues el dejador siente la necesidad de acabar la relación (quiere experimentar algún tipo de «crecimiento personal») y el dejado teme el final. El dejador se ha desapegado mucho más que el dejado, lo cual ha dado lugar a problemas de comunicación y en las interacciones. Estas diferencias en cuanto a las actitudes y los comportamientos agravan el trauma de la adaptación al final de la relación de pareja.

Una última observación sobre el dejador y el dejado. A pesar de las diferencias que hay entre ambos en cuanto a los tiempos y las actitudes, en realidad no son muy distintos. La mayoría de las veces, ambos han contribuido bastante por igual al fracaso de la relación. Incluso las diferencias existentes entre sus actitudes no son muy significativas. Cuando el dejado empiece a hablar de la relación, dirá casi lo mismo que el dejador en lo que se refiere a los problemas existentes en ella, si bien lo hará utilizando el lenguaje característico de los dejados, por supuesto. Los tiempos siguen siendo el elemento fundamental que distingue a los dejadores de sus contrapartes.

Puede ser que esta discusión sobre los dejadores y los dejados te confunda un poco al principio (y que quieras leerla de nuevo), pero te ayudará a ver que los sentimientos de culpa y rechazo forman parte del proceso. La comprensión intelectual suele constituir la primera toma de conciencia conducente a la comprensión emocional. Los sentimientos de culpa y rechazo son normales y típicos cuando llega el final de la relación de pareja. De hecho, ya pueden haberse experimentado antes, pero el fin de la relación tiende a magnificarlos y acentuarlos, lo cual hace que podamos ser más conscientes de ellos, cosa que nos permite aprender a gestionarlos de una forma más adecuada.

QUE TUS HIJOS NO SE SIENTAN DEJADOS

El concepto de dejador y dejado tiene unas implicaciones interesantes para los hijos de los padres divorciados. A menudo, los niños están muy enojados con el progenitor que decidió irse, y les resulta muy difícil relacionarse con esa persona. Lo culpan de la ruptura, por lo que vuelcan sobre él su dolor y su frustración. Es probable que no vean que no hay tantas diferencias entre el dejador y el dejado, ya que ambos contribuyeron al final de la relación, solo que de distintas maneras.

Casi siempre, los hijos de las parejas divorciadas pueden verse como dejados. Tuvieron muy poco que ver con la decisión, por lo que pueden sentir la misma frustración y el mismo enojo que los dejados. Los niños, sin embargo, no son como estos últimos, en el sentido de que suelen reconocer que el matrimonio está llegando a su fin —ia veces, antes que sus propios padres!—.

Los niños tienen un problema muy concreto con el rechazo y la culpa. Los más pequeños pueden experimentar culpabilidad cuando sienten que son responsables de que el matrimonio de sus padres no funciona. Pueden necesitar ayuda para ver que no es culpa suya, que el divorcio es un problema de adultos.

Los niños acostumbran a sentir mucho rechazo, porque les parece que uno de los padres se va y los abandona. Este sentimiento suele ser duradero y puede persistir incluso en la edad adulta. Los adultos que nunca han aceptado completamente el divorcio de sus padres se encuentran con que ello puede afectar negativamente a sus propias relaciones de pareja.

Los niños deben tener la seguridad de que no son culpables, de que no son responsables del divorcio de sus padres y de que no son rechazados. Si los padres pueden mantener una relación de calidad con sus hijos después de la separación y el divorcio, estos serán capaces de lidiar con estos sentimientos.

¿CÓMO LO LLEVAS?

Hagamos una pausa en nuestra ascensión. Es posible que quieras pensar en las diferencias existentes entre los dejadores y los dejados y tratar de entender los sentimientos y las actitudes propios de ambos. Tal vez has cambiado de opinión respecto a si eres dejador o dejado después de leer este capítulo. En cualquier caso, tómate un tiempo ahora para reflexionar sobre los distintos puntos de vista que tienen ambos miembros de la pareja en cuanto a *lo que ocurrió* durante la disolución.

Esperamos que este capítulo te haya ayudado a obtener una mejor perspectiva con respecto al final de tu relación. Después de responder el cuestionario siguiente y de dedicar algún tiempo a pensar en estas declaraciones, estarás listo para proseguir con la subida.

- ❑ Ya no estoy abrumado por sentimientos de culpa o rechazo.
- ❑ Puedo aceptar que fui el dejador o el dejado o que tomamos la decisión de mutuo acuerdo.
- ❑ He pensado acerca de si fui un buen o un mal dejador/dejado.
- ❑ Puedo aceptar que ser el dejador no significa necesariamente que uno deba sentirse culpable.
- ❑ Puedo aceptar que ser el dejado no significa necesariamente que uno deba sentirse rechazado e indigno de ser amado.
- ❑ Soy consciente de las diferencias existentes entre los sentimientos y los comportamientos de los dejadores y los dejados.
- ❑ Me doy cuenta de que tanto los dejadores como los dejados experimentan dolor emocional, aunque este puede diferir en cuanto a los tiempos y la intensidad.
- ❑ Entiendo que en algunas áreas yo era el dejador y en otras el dejado, ya que esto es típico en la mayoría de las relaciones.
- ❑ Entiendo que el concepto de dejador-dejado es más significativo en el momento de la separación; a medida que la voy superando, se vuelve cada vez menos importante.
- ❑ He examinado los patrones presentes en mi vida para ver hasta qué punto los sentimientos de culpa o rechazo han condicionado mis comportamientos.
- ❑ Estoy trabajando para superar la influencia del rechazo o la culpabilidad en mi vida.

DUELO

«Tengo una terrible sensación de pérdida»

El duelo es una parte importante del proceso del divorcio. Debes trabajar con las emociones que contiene con el fin de soltar la relación acabada. Una comprensión intelectual de las etapas del duelo puede ayudarte a ser emocionalmente consciente de él, lo cual te permitirá llevarlo a cabo —tal vez, hasta este momento, has tenido miedo de pasar por él—.

Los fines de semana son...
todas las horas de soledad invertidas en el recuerdo,
todos los pensamientos solitarios invertidos en tratar de olvidar.
Cuanto más intentamos olvidar, más fácil es recordar.
El pasado no puede morir y el futuro no puede vivir,
pero sí existe el presente.
Si el silencio es estruendoso, ¿qué es el silencio?
El silencio son los fines de semana y estos son el infierno.
Despierta y afronta la realidad:
los fines de semana la imponen, los días laborables la someten.
Los sábados son un mundo de dos más dos,

en que el uno no tiene ningún valor ni ningún significado.

Los domingos, el cuerpo descansa,

pero ¿dónde está el botón que apaga la mente?

«CARIÑO»

Estamos entrando en una de las partes más difíciles y emocional-mente agotadoras de la subida. A lo largo del camino vemos personas sentadas que están llorando tristemente. Algunas dejarán de llorar durante un rato, y de pronto volverán a empezar. Algunos individuos tratan de consolarlas, pero parecen incómodos y no están seguros de qué hacer. ¿Qué está pasando?

Esas personas están experimentando el duelo. Cada vez que perdemos a alguien o algo importante en nuestras vidas, pasamos por un duelo. Tal vez no eras consciente de que el duelo constituye una parte del proceso de separación. Cuando se produce una muerte, hay un ritual establecido, que incluye un funeral, un ataúd y la aceptación de que es importante pasar por un duelo. En el caso de una separación, no hay ningún ritual aparte de la audiencia en los tribunales, y el duelo no suele reconocerse o aceptarse. Pero la «muerte» de una relación de pareja es una causa de duelo más que suficiente.

LAS MUCHAS CARAS DEL DUELO

Con el final de la relación amorosa experimentamos muchos tipos de pérdidas. La más evidente, por supuesto, es la pérdida del compañero, que puede resultar muy dolorosa. Pero la ruptura también supone perder otras cosas: los *planes futuros* como pareja, la *relación* amorosa propiamente dicha, el *papel* de cónyuge o amante, el *estatus* asociado con el hecho de ser una pareja... Tienen lugar muchos cambios a lo largo de la transición de estar casados a estar solteros. Para algunas personas, la pérdida de la relación es tan importante como la pérdida de la pareja.

Se pierde el futuro. Cuando estuvisteis casados «hasta que la muerte os separase», teníais planes, metas, trayectorias conjuntas y una casa que se había convertido en un hogar. Ahora, todas las perspectivas de futuro se han evaporado. El futuro es una pérdida muy difícil de aceptar, y muchas personas necesitan llorarla durante largo tiempo.

El dolor del final de la relación de pareja suele obligarnos a examinar el dolor pasado. Muchos individuos no han llorado adecuadamente una pérdida anterior, como la muerte de un ser querido. El hecho de volver a experimentar un dolor pasado intensifica el proceso del duelo. El duelo del divorcio será especialmente doloroso y difícil para aquellos que llevan a cuestas una pérdida no resuelta.

Del mismo modo, si la persona tiene un historial de necesidades emocionales insatisfechas —tal vez privaciones que padeció en la niñez—, este puede hacerse muy presente durante el duelo del divorcio. Dan dijo que soñaba a menudo con experiencias que había tenido de niño en la granja mientras afrontaba su divorcio. Al hablar de su duelo actual, se dio cuenta de que también estaba afligido por la infelicidad que había experimentado durante su solitaria infancia.

Muchas personas divorciadas se ven obligadas a mudarse de la casa en la que habían estado viviendo de casadas, y puede ser que tengan que llorar la pérdida de esa casa. Otras acaso deban llorar la pérdida de los niños cuando están con el otro progenitor. Y los niños también deben llorar la pérdida de uno de los padres, de la familia, tal vez del hogar —todo lo cual forma parte del proceso del divorcio—.

UNA FÁBULA SOBRE EL DUELO: LA MARCA DE VERIFICACIÓN

Uno de los recursos favoritos de Bruce a la hora de explicar el duelo era la fábula de la marca de verificación. Esta es la historia:

Érase una vez, una pequeña criatura llamada Jot. Llevaba una buena vida, ajeno a la nube negra que se estaba cerniendo sobre él. De pronto, se desató la tormenta, y la amante de Jot desapareció. Angustiado por haber perdido a su amor, Jot cayó por un enorme tobogán; era tan largo que no podía ver el final. No había donde agarrarse en el vertiginoso descenso, que fue doloroso, pero Jot finalmente aterrizó sobre un suave arco iris. Examinó el entorno y divisó unas escaleras que conducían de regreso a la luz del sol. Al principio era muy difícil subir por ellas, pero la ascensión se fue volviendo más fácil y emocionante a medida que Jot se iba acercando a la luz y empezaba a sentirse completamente renovado.*

Tal vez quieras saber cómo fue la subida de Jot, ya que algún día tendrás que emprender el camino del duelo.

Soy tan indigno de ser amado...
¿Nadie me va a agarrar?
La tristeza es mi única amiga.
No dejo de suspirar.
Pienso en ella todo el tiempo.
¡Más vale que a él también le duela!
¡Maldito hijo de...!

Me duele.
¿Por qué yo?
Estoy tan solo...
No quiero comer.

¡Parece una ardua subida!
¡Guau!, es un trayecto largo, pero estoy ganando fuerza.
Creo que voy a ir más despacio para reponer el aliento.
Es genial contar con algunos amigos que echen una mano.
Voy a lograrlo.
¡Mira mi nuevo yo!
Estoy bien, tú estás bien.
Dos pasos adelante, a veces un paso atrás.
¡Mira qué nuevos amigos tengo!
Empiezo a gustarme otra vez.
¡Es genial estar vivo!
¡Me siento renovado!

Algunos de los compañeros de Jot en el viaje del duelo vieron un malvado dragón gigante con colmillos que echaba fuego en la parte superior del tobogán. El dragón llevaba una camiseta con frases impresas: «No bajes por el tobogán», «Debes controlar tus emociones», «No llores o muestres debilidad», «No eres lo suficientemente fuerte como para asumir más dolor», «Puedes volverte loco»... Ellos, asustados, enterraron la cabeza y se quedaron en ese infierno en el que habían elegido permanecer, hasta que de alguna manera reunieron el

---

* En la fábula el autor hace referencia a la marca de verificación (✓) y –como metáfora del proceso– juega con la forma de esta en el texto y en el gráfico (una pequeña bajada y una dura subida). El nombre del personaje se ha mantenido según aparece en el original, la traducción sería algo imprecisa (*jot* es «pizca» y *to jot down* es «apuntar, anotar») y aunque forma parte del juego metafórico, traducirla podría complicar la exposición.

coraje que les permitió enfrentarse al dragón. Entonces descubrieron que las frases de su camiseta no eran más que falsas creencias. Finalmente, los compañeros de Jot se arriesgaron a bajar por el tobogán, y también descubrieron los peldaños que conducían a la cálida luz del sol.

¿Estás dispuesto a arriesgarte a deslizarte hasta el dolor, como Jot? ¿O ves un dragón terrible en tu camino? ¿Qué ves en la camiseta del dragón?

La fábula de la marca de verificación ofrece una buena perspectiva del proceso de duelo que se experimenta en el divorcio, pues ilustra muchos de los miedos que tenemos en relación con el duelo. Una comprensión intelectual de este proceso también puede ayudarnos a entender emocionalmente nuestros sentimientos. Con el tiempo, sin embargo, todos debemos permitirnos experimentar el duelo; no podemos limitarnos a hablar de él.

SÍNTOMAS DEL DUELO

Veamos lo que podemos aprender de una exploración mental del tema. Para empezar, una lista de los síntomas del duelo posterior al divorcio te ayudará a ver que tus sentimientos son muy similares a los de los demás.

Muchos hablan continuamente de su situación, hasta que alejan a sus amigos y luego necesitan buscar otros nuevos (es la etapa de la «diarrea verbal»). La persona afligida necesita dejar de hablar de asuntos irrelevantes y empezar a expresar sus auténticos sentimientos de aflicción. (Si observas —o tus amigos te dicen— que te repites continuamente, esto es probablemente indicativo de que necesitas *expresar* tus sentimientos más que *hablar* de ellos. Más adelante, en este mismo capítulo, encontrarás algunos recursos al respecto).

El duelo tiene el efecto de «atraer y expulsar». Al haber sido herido, tienes una tremenda sensación de vacío en el estómago, y esperas que tus amigos te ayuden a llenarlo. Intentas hablar con ellos y sentirlos más cercanos, pero al mismo tiempo esta sensación de vacío —que es como una gran herida— te hace muy vulnerable. De modo que cuando los demás se acercan demasiado tiendes a apartarlos para evitar experimentar un dolor emocional aún más acentuado. Por lo tanto, atraes a personas hacia ti emocionalmente, pero las «expulsas» cuando se acercan demasiado. ¡Un mensaje bastante confuso para tus amigos!

Durante el duelo, a menudo se presentan estos dos problemas: la persona *se siente emocionalmente agotada* y *no duerme*. A muchos individuos afligidos les resulta difícil conciliar el sueño por la noche si no acuden a algún fármaco o al alcohol. Se suelen despertar muy temprano por la mañana; son incapaces de volverse a dormir pero están demasiado cansados para levantarse. En una etapa en que el sueño es muy necesario, tienen dificultades para dormir, y el duro trabajo emocional que afrontan hace que estén agotados durante todo el día. El duelo implica un gran esfuerzo, y es probable que te sientas continuamente cansado hasta que hayas acabado de pasar por este proceso.

Otro problema que se presenta con el duelo tiene que ver con la alimentación. Puede ser que experimentes una sensación de opresión en la garganta y que te cueste tragar. A veces tu boca estará muy seca, lo cual también hará que te resulte difícil comer. Puede ser que no tengas nada de apetito y que tengas que obligarte a sentarte a la mesa. Tal vez tengas una sensación de vacío en el estómago, como si estuvieras hambriento, pero no sientes hambre. Por estas y otras razones, la mayoría de la gente pierde mucho peso corporal durante el proceso del duelo —aunque un pequeño porcentaje de personas tienen más apetito y ganan peso—. Durante una pausa en un seminario de divorcio, seis participantes compararon su pérdida de peso corporal durante la etapa del duelo. ¡Habían perdido al menos dieciocho kilos! Si bien la cantidad de peso que se pierde no es siempre tan drástica, esa unanimidad no resulta sorprendente.

Una de las preguntas más útiles de la escala de adaptación al divorcio de Fisher es con qué frecuencia suspiras. Las personas no suelen ser conscientes de estar suspirando, pero para los demás es un claro indicio de su aflicción. Los suspiros no solo liberan tensión corporal, sino que, además, la respiración profunda propia de los suspiros parece sacar a flote sentimientos alojados en el abdomen que necesitan ser expresados.

Los *cambios de humor repentinos* son típicos del duelo de la separación. Incluso después de haber salido del negro pozo de la aflicción de modo que estás, por fin, empezando a sentirte bien otra vez, puede ser que de pronto, y sin ninguna razón aparente, experimentes un descontrol emocional y no puedas evitar llorar. Este cambio de humor puede ser provocado por algo que te ha dicho o que ha hecho por ti un amigo o un conocido; hasta ese momento, estabas bien y sentías que tenías el control. Tu regreso a las profundidades del dolor deja a esa persona confundida y triste; no entiende qué hizo para alterarte de esta manera. Por tu parte, la recaída es aún peor por el hecho de que te sientes mal por tener tan poco control sobre tus emociones. Este incidente es un claro indicio de que aún no has completado tu trabajo con el duelo.

También puede haber una sensación de *pérdida de la realidad*, de estar como aturdido, en un mundo irreal. Observas el entorno como si estuvieras viendo una película; te sientes alejado y desapegado de los acontecimientos que tienen lugar a tu alrededor. Y no puedes despertar de este sueño para pasar a estar en el mundo real.

Asimismo, puede ser que pases por un período de *falta de contacto con tus emociones*. Tienes miedo de confiar en tus sentimientos debido a tu incapacidad de controlarlos. Tu dolor emocional es tan grande que tienes que evitar sentir demasiado. De manera que tratas de *adormecer* tus emociones hasta el punto de experimentar una suerte de «entumecimiento emocional».

Muchas personas *fantasean* bastante durante el duelo. Quizá fantasees con que ves a tu expareja amorosa o con que oyes su voz o imagines que te falta una parte del cuerpo, como si te hubiesen quitado el corazón, lo cual simboliza la pérdida de la otra persona. Esta fantasía puede ser aterradora si no la reconoces como una parte normal del duelo.

También pueden acompañar al duelo la *soledad*, la *falta de concentración*, la *debilidad*, el *desamparo*, la *depresión*, la *culpa*, la *falta de interés en el sexo* y, tal vez, incluso una sensación de *impotencia* o *frigidez*. Y sigue estando presente la *autocrítica* —la necesidad de cuestionar continuamente tus errores y de considerar qué harías distinto si pudieses volver al pasado—.

El *enojo* es una parte del duelo que es el resultado de la aparente injusticia de la pérdida. El enojo que se siente hacia la expareja puede ser tan intenso que se acerque a la rabia. Examinaremos este aspecto en detalle en el próximo capítulo.

Los *pensamientos suicidas* son habituales durante el duelo del divorcio. Aproximadamente tres cuartas partes de los participantes en los seminarios de Fisher admiten haber pensado en el suicidio en algún momento durante el período de duelo. De hecho, la tasa de suicidios está muy por encima de la media entre las personas que pasan por el proceso del divorcio.

Todas estas sensaciones pueden ser abrumadoras. Los cambios de humor incontrolables, la pérdida de la realidad, las fantasías, la depresión, los pensamientos suicidas, etc., pueden hacer que uno se pregunte, aterrado: «¿Me estoy volviendo loco?». Para la mayoría de la gente, este es un miedo difícil de descartar. Y albergarlo hace que sea un sentimiento aún más amedrentador y desquiciante. La sensación de «locura» es real, pero tiene que ver más con la situación que con un diagnóstico psicológico permanente. Puede muy bien ser que estés experimentando una reacción normal dentro del duelo si sientes que estás enloqueciendo.

Es posible lidiar con estos síntomas del duelo si los reconoces, si aceptas que indican que queda trabajo por hacer en relación con la aflicción y si te permites sentir el dolor sin negarlo. Llorar, gritar y escribir son otras acciones no destructivas con las que se puede expresar el dolor. Toma la decisión de gestionar tu duelo decidiendo los momentos y lugares apropiados para trabajar con tu aflicción. Por ejemplo, no es oportuno llorar y lamentarse en el trabajo. Ahí, debes dejar la pena de lado —«guardarla en el cajón», por así decirlo— y concentrarte en la tarea. Puesto que te has reservado tiempo para el duelo, te será más fácil controlar tus emociones en el resto de las ocasiones, y no te quedarás atrapado por la aflicción. ¡Pero asegúrate de trabajar con el duelo durante los períodos que hayas destinado a tal fin! Si no lo manejas, él te manejará.

Si no llevas a cabo tu trabajo con el duelo, puede ser que tu cuerpo exprese los sentimientos de aflicción como síntomas de una enfermedad. Puedes tener dolencias simples, como dolores de cabeza, o incluso contraer afecciones como la colitis ulcerosa, la artritis o el asma. La aflicción no resuelta implica mucho estrés para el cuerpo y puede hacer que tus facturas médicas y hospitalarias aumenten.

Muchas personas son reticentes a participar en el seminario de Fisher o en algún otro programa para recuperarse de una separación porque no quieren volver a experimentar el dolor de la aflicción y llorar de nuevo. Esta renuencia puede traducirse como la necesidad que tienen de completar el trabajo del duelo. En algún lugar de tu interior sabrás cuándo has finalizado este trabajo, a causa de la sensación de alivio que experimentarás. Llegado este punto, ya no podrás volver a caer en el pozo de la aflicción.

LAS ETAPAS DEL DUELO: EL TRABAJO DE ELISABETH KÜBLER-ROSS

Durante esta parte de la subida, es útil identificar las cinco etapas del duelo presentadas por la doctora Elisabeth Kübler-Ross. Una visión general de su excelente trabajo nos ayudará a lidiar con las emociones propias de cada etapa.

Etapa 1: negación. La primera reacción frente al sentimiento de pérdida es *negar* esta: «No puede estar pasándome esto. Si espero un poco, todo irá bien y mi amante volverá». A menudo, la persona se halla en un estado de *shock* emocional y entumecimiento, y no puede identificar ningún sentimiento en su interior. Tal vez presente un comportamiento robótico y actúe como si no estuviese pasando nada. Se tienen las mejores maneras con la expareja, con la esperanza de que todo sea un mal sueño y no se vaya realmente. Nadie quiere decirles a sus amigos y vecinos que su relación amorosa está terminando; de hecho, la persona no quiere decírselo a sí misma.

Etapa 2: ira. A medida que uno va dejando de negar el final de la relación de pareja, desarrolla un sentimiento de ira. El enfado que inicialmente estaba volcado hacia dentro se vuelca ahora hacia fuera, hacia los demás. Expresar tu enojo te hace sentir bien, pero también te preocupa el hecho de que el otro no vaya a regresar a causa de tu enfado, de modo que experimentas cierta culpabilidad y ambivalencia.

Las frustraciones que han estado presentes en la relación durante años empiezan a aflorar. Los amigos de ese miembro de la pareja pueden preguntarse cómo ha tolerado al otro si hacía tanto tiempo que estaba sufriendo dentro de esa relación. Por su parte, él o ella puede realizar grandes esfuerzos para convencer a los demás de lo terrible que era su expareja, lo cual hacía que se hallasen en una situación insostenible. Y es que si uno pondera las bondades de su excompañero, ¿cómo puede justificar su enojo? Ahora bien, si uno cuenta lo terrible que es su expareja, la pregunta pasa a ser: ¿por qué eligió amar a alguien tan nefasto, para empezar? Comenzamos a trabajar con el proceso del duelo cuando admitimos y expresamos la ira que nace de nuestro dolor.

Etapa 3: negociación. Cuando uno empieza a afrontar el hecho de que su relación de pareja ha acabado, a la vez que se siente reacio a soltarla, puede ser que empiece a *negociar*: «Haré lo que sea si vuelves. Cambiaré mi comportamiento y soportaré cualquier cosa. ¡Vuelve a aceptarme!». Esta etapa es peligrosa en el proceso de ruptura, porque muchos reinician su relación, pero por las razones equivocadas: para evitar la soledad y la infelicidad que se experimentan con el final de la relación amorosa. No están eligiendo vivir felizmente con la expareja, sino más bien «el menor de dos males».

Etapa 4: depresión. La cuarta etapa del duelo es, en cierto sentido, la oscuridad antes del amanecer. Uno va *soltando* la relación. La depresión de esta etapa es diferente de la tristeza que suele presentarse durante la etapa de la negación; tiene que ver con un vacío existencial: «¿Es esto todo lo que hay?». La persona dialoga mucho consigo misma sobre el significado de la vida: «¿Por qué estoy aquí en la Tierra? ¿Cuál es el propósito de mi vida?». A pesar de la profunda depresión en que puede entrar, esta es una etapa de crecimiento personal: puede construirse una identidad más fuerte, encontrar un propósito más profundo por el que vivir y hacer que su vida sea más significativa.

Hay quienes tienen pensamientos suicidas en esta etapa: «Lo he intentado durante tanto tiempo y he trabajado tanto..., pero aquí vuelvo a estar, de nuevo en el pozo. ¡No quiero soltar!». Puesto que esta etapa, a veces, se presenta mucho después del momento de la separación, la gente se sorprende de volver a sentirse tan deprimida. Es desalentador haber trabajado tanto pero tener la sensación de haber efectuado tan pocos progresos. Las personas que son conscientes de la existencia de esta etapa tienden a pasar por ella mucho más fácilmente. Las consuela el hecho de saber que la depresión que están experimentando tiene un propósito, que no se prolongará demasiado y que es diferente de la que se vive en la primera etapa del duelo.

Etapa 5: aceptación. Quien ha lidiado con el dolor de la negación, de la ira, de la negociación y de la depresión está listo para *aceptar* la pérdida de la relación de pareja y seguir adelante. En la etapa final del proceso del duelo, empieza a sentirse libre del dolor emocional y de la necesidad de invertir emocionalmente en la relación anterior. Ahora ya puede proseguir con la subida de la montaña, hacia una libertad personal y una independencia más completas.

Tiene una importancia crucial trabajar con estas cinco etapas del duelo antes de iniciar otra relación de pareja.

PERMITE QUE LOS NIÑOS VIVAN SU DUELO

Los niños también deben pasar por el duelo si han sufrido una pérdida importante, aunque a veces a los padres les cuesta permitirlo. Cuando vemos que nuestros hijos están llorando a causa del fin del matrimonio o porque extrañan al otro progenitor, queremos que no sufran e intentamos tranquilizarlos: «Vale, vale, no llores más; todo irá bien», «Papá volverá», «Pronto verás a mamá»...

Puede ser que los niños no necesiten que se los tranquilice, sino llegar a algún tipo de aceptación: «Sé que estás muy triste porque tu padre ya no vive aquí. Debe de ser muy difícil vivir separado de él, porque lo quieres mucho». Pero es fácil que permitamos que nuestras emociones y nuestra culpabilidad intervengan en lugar de dejar que expresen sus sentimientos y emociones. Los niños tienden a llorar y pasar por el duelo con mayor naturalidad que los adultos, a menos que no les demos permiso para hacerlo y empecemos a interferir en el proceso.

Puede ocurrir lo mismo en la etapa de la ira. Los niños pueden enfadarse mucho por el hecho de verse separados de uno de sus padres y tener que cambiar de estilo de vida. Pero cuando empiezan a expresar su enojo, los padres suelen cometer el error de intentar que no lo experimenten, de modo que les dicen cosas como estas: «Bueno, vas a tener que crecer y entenderlo. Algún día verás que tomamos una decisión que era la mejor para todos». Es importante que permitas que tus hijos experimenten su ira; para ello, limítate a reconocer sus emociones: «Veo que te sientes muy enojado por nuestro divorcio».

Los niños también pasan por las cinco etapas del duelo de Kübler-Ross. Empiezan negando que sus padres estén separados y creyendo que volverán a estar juntos. A medida que pasan por las etapas de la ira, la negociación y la depresión, necesitan que se les *permita* trabajar con ellas. Toda la información que se ofrece en este capítulo, junto con el cuestionario de autoevaluación del final, puede servir de mucho tanto a los niños como a los adultos.

Evidentemente, hay una diferencia entre la pérdida de tus hijos y la tuya: los padres no vais a divorciaros de ellos. Vuestra relación persistirá, cabe esperar, aunque en muchos casos los niños no ven tanto a uno de los padres (en algunos casos, por desgracia, no lo ven en absoluto).

Al igual que ocurre en relación con todos los demás sentimientos, un progenitor que le *muestre* a su hijo cómo pasar por el duelo le va a influir mucho más que un progenitor que le *hable* del duelo. Los niños emularán el comportamiento del padre que pase correctamente por su duelo y obtendrán mucho de experimentar esa liberación saludable y necesaria.

EL TRABAJO CON EL DUELO

Muchas personas tienen miedo del proceso del duelo, ya que les parece que va a sacar a flote sus debilidades o incluso que van a «enloquecer». Es tranquilizador saber que otras personas experimentan, en gran medida, los mismos sentimientos y síntomas. Tú también puedes trabajar eficazmente con las etapas del duelo, superar tu miedo a él y salir del proceso sintiéndote más seguro, como si pisases un terreno más sólido.

Tómate tiempo ahora para sacar tu pañuelo y ver si puedes soltar un poco más de aflicción mientras descansas al lado del camino. Ahora que entiendes el proceso del duelo y que te concedes permiso para estar afligido, pues sabes que es mentalmente saludable, puede ser que te sientas más libre de experimentar el duelo. Necesitas hacerlo; tal vez incluso en relación con otra pérdida que sufriste en el pasado. Llama a un amigo, un familiar, un representante de tu iglesia o un consejero en quien confíes para que te proporcione apoyo (sin interferir) mientras te permites sacar a la luz los aspectos más profundos de tu aflicción.

Mientras pasas por el proceso, una tarea que puede resultarte útil es escribir una carta de despedida a aquello que estás soltando. Puede ser tu hogar, tu relación o una pérdida de hace mucho tiempo. Es un cometido difícil, por lo que tal vez quieras empezar con algo más superficial. Con el tiempo, estarás listo para decir adiós a aquello que fue más importante en tu vida. Puedes enviar esta carta por correo a otra persona o no hacerlo; en realidad, la has escrito para ti. En la mayoría de los casos, no querrás compartir la carta con el sujeto en relación con el cual llevas a cabo el duelo.

Exponemos a continuación, a modo de ejemplo, lo que escribió una mujer que asistió a un seminario de Fisher. Te dará una idea de cuáles eran sus pensamientos y sentimientos, y eso tal vez te estimulará a escribir los tuyos. Lee atentamente su carta, y después empieza a trabajar con la tuya.

ADIÓS

Adiós a la casa nueva que pasé interminables tardes y fines de semana buscando -para asegurarme de que cumplía con todos los requisitos, que eran muy rígidos-. Es probable que no vuelva a encontrar nunca otra como esa. Era mucho más que una casa: representaba el final de la búsqueda, el logro de un objetivo, un nuevo comienzo de un comienzo. Ahora estoy muy lejos de ese lugar que me costó tanto trabajo encontrar. ¡Dios, estaba tan cansada de buscar y tan agradecida por haberla encontrado! Y ahora lo he perdido todo.

Adiós al hogar que estábamos construyendo para nuestro futuro. Adiós a los tulipanes que plantamos en otoño pero que nunca vimos juntos en primavera, cuando les llegó el momento de florecer. Adiós a los planes que hicimos para el cuarto del bebé y a la reparación de la vieja cuna... Nunca tuvimos a esa criatura.

Adiós a todas las posibilidades que nos estaba brindando nuestro nuevo comienzo.

Adiós a la confianza y la satisfacción que sentí como «tu compañera». Mi papel estaba bien definido; sabía lo que se esperaba de mí.

Adiós.

He querido tanto decirte adiós... Dejarte ir, sacarte rápida y completamente de mi vida, como tú hiciste conmigo.

¿A qué me estoy aferrando?

A las promesas.

A las buenas y viejas promesas de lo que íbamos a hacer «tan pronto como nosotros...»:

sacarnos títulos...

viajar...

---

cambiar de trabajo...

ir de luna de miel...

tener más dinero...

Es divertido cómo el «tan pronto como nosotros...» se convirtió en «tan pronto como yo...».

Te amaba porque eras la otra mitad de un matrimonio que necesitaba desesperadamente para sentirme entera, porque eras el futuro padre de nuestra familia, porque necesitaba a alguien a quien cuidar y a quien hacer de madre. Me hacías sentir necesaria.

Supongo que ya he dicho adiós de más maneras de las que habría creído posibles. Te fuiste hace un año y medio. De algún modo aún estoy aquí, totalmente aquí, y no estoy en ninguna parte. Ni siquiera me reconozco en la sentencia del divorcio, que dice que ahora soy solamente la mitad de una persona, con solo el cincuenta por ciento del propósito, del valor que una vez tuve. No estoy tratando de despedirme de mi autoestima o mi dignidad -no las he perdido realmente-, sino que estoy tratando de decir adiós a mi necesidad de que estampes el sello de tu credibilidad en estos sentimientos para que sean válidos.

Las últimas despedidas son las positivas. Porque son el adiós a lo negativo:

Adiós a las sensaciones de esclavitud.

Adiós a tus malas caras ante lo que no te gustaba:

las cebollas, las setas, las aceitunas y

mi camisón de franela y

levantarte temprano y

Joni Mitchell y

mi amiga Alice e

ir al zoo.

Adiós a tu falta de dirección y

a tu falta de creatividad y

a tu falta de reconocimiento y

a tu falta de sensibilidad.

Adiós a tu indecisión y
    a tus emociones resecas y reprimidas y
    a tu sentido del humor carente de humor.
Adiós a tener vergüenza de sentirme enojada y de mostrarlo,
a sentirme incómoda por ser tonta,
a sentirme culpable cuando yo sabía la respuesta y tú no.
Adiós.

Trisch

Ahora, sécate los ojos y sigue leyendo. Como en las anteriores ocasiones, asegúrate de haber trabajado exhaustivamente con este bloque de reconstrucción antes de seguir adelante. La etapa del duelo es difícil y dolorosa. ¡No la entierres! Y no trates de pasar por ella en el tiempo que has tardado en leer este capítulo. Acude a tus «amigos salvavidas» (consulta el capítulo 6) para obtener su apoyo mientras trabajas con tu aflicción. La montaña seguirá estando ahí cuando te encuentres listo para continuar.

¿CÓMO LO LLEVAS?

He aquí, de nuevo, una serie de cuestiones para que las revises. Tómate unos minutos para abordar las declaraciones siguientes de forma honesta y para considerar cuánto trabajo tienes pendiente en relación con el duelo antes de proseguir con la ascensión.

- ❏ Me he dado permiso para vivir mi duelo si necesito hacerlo.
- ❏ No estoy enterrando la tristeza de la aflicción, sino que estoy tratando de expresarla.
- ❏ Ahora cuento con energía física y emocional desde la mañana hasta la noche.

- ❏ He dejado de sentirme deprimido la mayor parte del tiempo.
- ❏ No tengo problemas de concentración.
- ❏ Ya no tengo ganas de llorar la mayor parte del tiempo.
- ❏ He superado la sensación de estar aturdido.
- ❏ Mis emociones y estados de ánimo vuelven a estar bajo mi control.
- ❏ No tengo problemas para dormirme y permanecer dormido toda la noche.
- ❏ Rara vez emito suspiros.
- ❏ Noto que mi peso corporal se ha estabilizado.
- ❏ Mi apetito es bueno.
- ❏ Ya no siento que actúo de forma mecánica en el día a día.
- ❏ He superado la sensación de que estoy perdiendo la cabeza.
- ❏ He dejado de hablar de mi crisis todo el rato.
- ❏ No albergo pensamientos suicidas.
- ❏ Ya no tengo un nudo en la garganta.
- ❏ Siento el estómago relajado y tranquilo.
- ❏ Estoy empezando a estar emocionalmente cerca de la gente otra vez.
- ❏ Me siento emocionalmente vivo en lugar de muerto.
- ❏ Entiendo el proceso del duelo.
- ❏ He identificado en cuál de las cinco etapas del duelo me hallo.
- ❏ He identificado todos los duelos pasados que no he experimentado y con los que no he trabajado.
- ❏ He identificado qué es aquello que necesito llorar (persona, relación, perspectivas de futuro...).
- ❏ Me siento cómodo hablando de mis sentimientos de aflicción con un amigo.
- ❏ He escrito una carta de despedida a la pérdida que estoy experimentando ahora.

IRA

«¡Maldito(a) hijo(a) de...!»

S entirás una gran furia a raíz del final de tu relación de pareja, tanto si eres el dejado como si eres el dejador. Esos sentimientos de ira constituyen una parte natural y saludable de nuestra condición humana. Lo importante es la forma en que los expresamos. No los encapsules en tu interior, pero tampoco se trata de que te pongas agresivo. Puedes aprender a expresar de manera constructiva tanto tu ira en relación con el divorcio como tu ira «cotidiana». Y puedes aprender a mitigarla.

> No sé qué me ocurrió. Vi su coche en el aparcamiento y supe que se había encontrado con su novia y se había ido en el coche de ella. Me acerqué y dejé salir el aire de los cuatro neumáticos. Entonces me oculté detrás del edificio y esperé hasta que volvieron para poder ver cómo se encontraban con el coche con los neumáticos desinflados. Los vi tratando de resolver el problema y me sentí muy bien. Nunca había hecho algo así antes en toda mi vida. Supongo que no sabía lo enojada que podía llegar a estar.
>
> JEAN

Te estás acercando a un punto del sendero en que el fuego es un peligro muy real. Las amenazas de la ira son fuertes durante el proceso de separación, y si no la gestionas con eficacia, puede desencadenar un incendio que tal vez se extienda a los otros bloques de reconstrucción e impidan tu avance.

En este capítulo examinaremos en detalle dos tipos de enfado: la ira extrema que es un sentimiento tan habitual entre las personas que pasan por una ruptura y la ira cotidiana que todos experimentamos en respuesta a acontecimientos y encuentros irritantes.

La ira de la separación es extrema. La rabia, la sed de venganza y la amargura abrumadora son sentimientos habituales a raíz del final de la relación de pareja. Es un tipo especial de enojo que la mayoría no hemos experimentado nunca antes. Nuestros amigos casados no entienden su fuerza a menos que ellos también hayan vivido el final de una relación amorosa.

La ira cotidiana es menos intensa que la de la separación, pero es igual de importante lidiar con ella a largo plazo. Veamos algunos hechos que pueden desencadenarla: alguien te trata injustamente. Estás atrapado en el tráfico. Fallan las cañerías veinte minutos antes de que vengan invitados a cenar. Los niños te están volviendo loco. Tu jefe te da un proyecto cinco minutos antes del final de la jornada. El perro del vecino ladra toda la noche... y un largo etcétera.

Empecemos nuestra exploración de este tema «caliente» reconociendo que la ira es un sentimiento (una emoción), no un comportamiento, y que todos la experimentamos, aunque cada uno respondamos a ella a nuestra manera. Cuando te enfadas, tu cuerpo lo sabe, aunque tú no lo sepas (conscientemente). Los episodios de ira contienen elementos físicos, psicológicos y sociales, aunque acaso no seas consciente de ellos. Los latidos del corazón y la respiración se aceleran, los músculos se tensan, los pensamientos se centran en «lo que fue mal» (o en quien «se comportó mal») y puede ser que expreses tus sentimientos de enojo con palabras o acciones que impliquen a otros sujetos.

Muchísimas personas enojadas (¿tal vez eres una de ellas?) tratan de reprimir su ira y no la expresan, y hay una escuela de pensamiento que sugiere que el enojo reprimido puede convertirse en depresión. El proceso de separación puede ser bastante deprimente en cualquier caso, y los sujetos que no expresan su enfado durante las primeras etapas del proceso suelen venirse más abajo. Otras escuelas ven la ira y la depresión como emociones separadas. Lo importante es que ambas perspectivas coinciden en este punto: como ocurre con las otras emociones, *hay que gestionar la ira de manera saludable.*

Los dejadores tienden a no expresar su ira porque se sienten muy culpables, mientras que los dejados no la manifiestan porque temen que la otra persona no volverá si lo hacen. Ambos se muestran «agradables» durante un tiempo y se sienten muy deprimidos a lo largo de la ruptura.

Por supuesto, la ira puede expresarse de forma agresiva. Si tienen la oportunidad cuando se encuentran en el punto álgido de su enfado, algunas personas cometen actos violentos durante el proceso de separación. Tienes suerte si eres capaz de contenerte y encontrar métodos más adecuados de expresar tus sentimientos de rabia y venganza.

LAS TRES FASES DEL BLOQUE DE RECONSTRUCCIÓN DE LA IRA

De forma bastante natural, este bloque se despliega en tres fases.

La primera consiste en aprender a *aceptar que está bien sentirse enojado*, pues es algo que forma parte de nuestra humanidad.

Hay muchos mitos en nuestra sociedad que representan la ira como la expresión de un carácter débil, infantil, destructivo e inmoral. Muchos de nosotros fuimos educados en la creencia de que no es admisible sentirse enojado. Pues bien, ahora tenemos que darnos cuenta de que es algo correcto, al fin y al cabo. Acaso te sea fácil asumirlo mentalmente, pero es mucho más difícil que lo hagas emocionalmente. Las fuertes reacciones que han tenido los demás cuando te has enfadado pueden hacer que seas muy reacio a aceptar tus sentimientos de enojo. Recuerda sin embargo que hay que distinguir entre tus *sentimientos* de ira y la forma en que actúas para *expresarlos.*

Después de reconocer que eres humano y que puedes sentir ira, entras en la segunda fase, que consiste en *aprender todas las formas posibles, positivas, de expresarla*, formas que no sean destructivas para ti o para quienes te rodean. En este capítulo exploraremos varias de estas posibilidades: el humor, el ejercicio físico, la comunicación asertiva y otros métodos.

Antes de continuar, queremos hacer una advertencia sobre una de las maneras más destructivas en que la gente expresa su ira contra sus ex durante el proceso de separación: utilizar a los hijos. Corinne, por ejemplo, trató de convertirlos en espías; cuando regresaban de estar con su padre, esperaba que la informaran. Annette no estaba dispuesta a permitir que Russ viese a los niños hasta que pagara su manutención, y Russ no estaba dispuesto a pagar la manutención hasta que Annette le dejara visitarlos. Olvidamos qué es lo mejor para los niños en nuestra decisión de «devolverle el golpe» a la expareja. Utilizar a los hijos con este fin es propinar un golpe bajo.

Si no lo haces por ninguna otra razón, al menos aprende a lidiar con tu ira de formas constructivas por el bien de tus hijos.

La tercera fase consiste en *aprender el perdón y otras maneras de minimizar la ira*. Si te encuentras en una de las dos primeras etapas, puede ser que reacciones con un gran estallido emocional frente a esta idea: «¡Nunca lo perdonaré!». Pero no solamente es importante perdonar al otro, sino también aprender a perdonarse a uno mismo. Descubrir cuáles son los factores desencadenantes de tu ira, practicar respuestas de relajación eficaces y pensar mensajes tranquilizadores para decírtelos a ti mismo te ayudará en este sentido. Mitigarás mucho tu estrés si apaciguas tu enfado.

¿DE QUIÉN ES LA IRA, POR CIERTO?

«¡Me vuelves loco!». ¿Con qué frecuencia has oído o dicho estas palabras de enojo? Pero no se corresponden con la realidad. No hay nadie que te vuelva loco. Te enojas porque ocurrió algo o porque alguien hizo algo que no te gustó, pero el responsable de tu ira eres tú; es tu sentimiento. Culpar a otro de nuestra ira es un error que todos cometemos, y aprender a responsabilizarnos de ella es otro objetivo importante en el proceso de reconstruir nuestras vidas.

La escala de adaptación al divorcio de Fisher incluye una declaración potente relativa a la ira: «Culpo a mi expareja del final de nuestra relación amorosa». Las personas que aún no hayan lidiado con su ira estarán totalmente de acuerdo con esta afirmación. En cambio, quienes hayan llevado a cabo el suficiente trabajo de reconstrucción como para haber afrontado su ira empezarán a darse cuenta de que el fracaso, la culpa y la responsabilidad son calles de doble sentido. Lo que ocurrió formó parte de una interacción complicada que no funcionó; la culpa no fue de una sola persona.

La mayoría necesitamos mucho tiempo para responsabilizarnos de nuestra ira. Se requiere una gran madurez y ser muy fuerte para poder hacerlo. ¡Es mucho más fácil culpar al otro! La etapa del perdón consiste en aprender a perdonarse a uno mismo y soltar la ira. Un paso clave en este aprendizaje es descubrir qué es aquello que desencadena nuestro enojo.

LOS DISPARADORES DE LA IRA: ¿QUÉ ES AQUELLO QUE DESATA LA TUYA?

Un ejercicio útil a la hora de explorar la ira consiste en identificar y enumerar sus «disparadores». Algunos de los acontecimientos de la vida que la desencadenan son unas expectativas poco realistas, la frustración, los retrasos, las interferencias, la falta de respeto, el abandono, el rechazo y la discriminación, entre otros muchos. Cuando te enfadas de veras, ¿puedes decir cuál de tus disparadores ha activado alguien?, ¿qué es aquello que te saca de quicio? Vale la pena que hagas un alto en el camino para pensar en ello durante un tiempo.

Elaine estaba muy enojada por los esfuerzos de Steve para obtener la custodia de los niños porque dudaba de sus propias habilidades como madre. Charles estaba muy enojado con Marie por haber roto el matrimonio porque su decisión reavivó los sentimientos de abandono que había experimentado en el pasado a raíz de la muerte de su madre.

Los dejados, como hemos visto, tienden a sentir más ira que los dejadores. Cuando las relaciones terminan, la mayor parte del poder está en manos de estos últimos. Son ellos quienes manejan la baraja, y los dejados tienen que aceptar cualquier mano que el otro les sirva.

Es frustrante sentir que no se tiene el control, y la frustración puede llevar a la ira.

¿Y el rechazo? Los dejados, por lo general, seguían estando enamorados, y de pronto descubrieron que la persona a la que amaban ya no los quería. Un rechazo de este calado suele desembocar en cólera.

El futuro puede ser otro disparador. Los dejados pensaban que todo su futuro estaba planeado, pero de repente se encuentran (y se sienten) solos y se ven obligados a concebir un nuevo plan de vida. Este paso va muchas veces acompañado de preocupaciones en cuanto a cómo salir adelante económicamente, lo cual es muy difícil y frustrante de afrontar. El dejado está asustado —a menudo *muy* asustado—. La ira puede parecer una manera eficaz de combatir el miedo, de conseguir que la adrenalina lo supere. Los dejados, por lo tanto, tienden a sentirse más enojados, y sus puntuaciones en la escala de adaptación al divorcio de Fisher suelen reflejar este hecho.

LA IRA ADECUADA Y LA INADECUADA

¿Has pensado en qué medida es adecuado sentirse muy enojado a raíz del final de la relación de pareja? Y ahora puedes preguntar: «¿Qué es la ira *adecuada*?». Muy sencillo: la que es proporcional a la situación que se está viviendo. Harry se sentía furioso porque alguien embistió su coche nuevo; Jan se sintió enojada porque alguien hizo un comentario mezquino con el fin de hacerle daño; Sharon se frustró cuando no pudo realizar una tarea sencilla, como enhebrar una aguja. La ira adecuada es realista dada la situación —el sentimiento se corresponde con el evento—.

La *ira inadecuada* es desproporcionada en relación con el acontecimiento. Cuando Bea va conduciendo y el semáforo se pone rojo, ella también se pone roja. Un comentario casual hace que Bart empiece una pelea. Estas respuestas excesivas no se corresponden con la importancia del hecho.

Por supuesto que te sientes enojado a raíz del final de tu relación amorosa. Esto no es solamente adecuado; también es beneficioso y productivo. Ahora estás diciendo: «¿Qué? ¿Que la ira es beneficiosa?».

Sí, porque nos ayuda a soltar a la expareja y a distanciarnos emocionalmente de ella. En el caso de las personas que son incapaces de mostrarse enojadas, el proceso del desapego es más largo. Acostumbran a sentirse muy deprimidas, se quedan atascadas y son incapaces de poner punto final a los fuertes sentimientos que albergan hacia su expareja.

¿POR QUÉ ENTIERRAS TU IRA?

Muchas personas encuentran que los obstáculos del pasado les bloquean el camino en esta etapa de la reconstrucción, lo cual evita que aprendan sobre los aspectos positivos de la ira. Theresa había sido muy maltratada de niña y había acumulado mucha rabia infantil. Al intentar ayudarla a expresar su enojo, le preguntamos qué creía que ocurriría si expresara sus sentimientos con su terapeuta. Theresa permaneció en silencio un largo rato y luego admitió que tendría miedo de que el terapeuta la lastimara. El temor a las represalias impide que muchos expresemos nuestra ira.

Anthony entró en la oficina con una «sonrisa de Buda» en el rostro. Su hijo acababa de abandonar la escuela para no hacer nada y su hija se había ido de casa. Un rostro siempre sonriente suele enmascarar la ira. Anthony, pastor autoordenado, era incapaz de expresar su enojo porque tenía una imagen que mantener: «Los predicadores no manifiestan enfado», era su lema. Pero su ira salió a flote en relación con sus hijos a través del maltrato físico. Estos reaccionaron al divorcio con *sentimientos* de enojo adecuados, pero su *comportamiento* era perjudicial y no constructivo. Los niños necesitaban aprender formas positivas de expresar su ira, pero lo que estaban aprendiendo de Anthony era, desde el punto de vista emocional, a maltratar a sus futuros hijos. A menudo aprendemos a expresar la ira de la misma forma que lo hacían nuestros padres.

A veces, lo que aprendemos es a reaccionar frente a la ira de nuestros progenitores. Jim vio que su padre tenía rabietas y se comportaba como un niño; como resultado, decidió que nunca sería como su padre ni tendría, como él, comportamientos infantiles en presencia de sus hijos. De modo que cuando se enojaba se volvía estoico; así como Anthony se ponía la máscara de la sonrisa, él se ponía la de la imperturbabilidad. Su rostro parecía de granito, y nunca habría admitido que se estaba sintiendo enojado.

Si tus sentimientos de enojo fueron validados en tu infancia, si se te enseñó a expresarlos libremente y de manera constructiva, no es probable que acumules ira ni la protejas con barricadas. Pero si castigaron tus manifestaciones de ira, si no te permitieron expresarla de maneras constructivas (como las que se describen más adelante en este capítulo) o si creciste entre personas muy enfadadas u otras que hicieron que tu frustración normal escalase a niveles anormales, es muy probable que acumulases lo que podría llamarse *rabia infantil*.

La ira que se acumula sin ser expresada puede hacer que cualquier pequeño acontecimiento desencadene un comportamiento inadecuado. No tendrás que pensar mucho para evocar la imagen de alguien conocido cuyas manifestaciones de enojo son siempre desproporcionadas. Cuidado con estas personas durante el proceso del divorcio. ¡A veces llevan a cabo actos violentos, tales como atropellar a gente con el coche!

CHIVOS EXPIATORIOS, MÁRTIRES E IRA

Algunas familias necesitan a alguien a quien culpar por todo lo que sale mal. Encuentran un *chivo expiatorio* y le echan la culpa de todo. Una persona que haya sido el chivo expiatorio de su familia (¿lo fuiste tú en la tuya?) tendrá grandes dificultades para expresar su ira. Albergará mucha rabia infantil.

Tal vez no resulte sorprendente, por tanto, que los chivos expiatorios tiendan a divorciarse. Tienen que llevar a cabo un gran reaprendizaje emocional antes de poder superar la sensación de ser demasiado inútiles como para tener derecho a estar enojados. Ser el chivo expiatorio es tan dañino que puede ser necesario consejo profesional con el fin de sanar este papel destructivo.

Y no olvidemos al *mártir*. En casi todos los seminarios de divorcio que hemos impartido acude un mártir o la expareja de uno. Los mártires tratan de vivir a través de otros. Se sacrifican para «ayudar» a los demás, aparentemente sin poner límites, para lo cual pagan un gran precio personal. El sentimiento que hay detrás del martirio puede ser auténtico, pero aquel que da no lo hace porque se preocupe por el otro, sino porque tiene miedo de perderlo, o porque aprendió el comportamiento del dar como forma de conectar con los demás a tierna edad. El dar perpetuo, por motivos egoístas, acaba por ocasionar resentimiento en la pareja del mártir; pero esta encontrará muy difícil expresar este resentimiento, porque el estilo de autonegación del mártir induce una respuesta compasiva.

Los mártires tratan de encontrar su identidad a través de los demás, y esto hace que la relación en la que hay un mártir sea destructiva para los dos miembros de la pareja. (El capítulo 15 contiene un ejercicio que puede ayudar a ver más clara la postura del mártir).

¿Cómo puedes evitar ser un mártir? O ¿cómo puedes ayudar a otra persona a dejar de serlo? El mártir que no tiene una identidad propia debe hacer todo esto: trabajar para encontrar dicha identidad, dejar de dar exclusivamente y aprender también a tomar y aceptar de los demás, sentirse bien consigo mismo, establecer sus propias actividades, intereses y metas, y abandonar ese papel que ha venido representando.

Si eres un mártir o la pareja de uno, encuentra a un amigo o a un terapeuta con quien hablar para poder empezar a trabajar con tus sentimientos.

LA MANIFESTACIÓN DE LA IRA DE LA SEPARACIÓN VERSUS LA EXPRESIÓN DE LA IRA COTIDIANA

Es importante volver a subrayar la diferencia existente entre la peculiar *ira de la separación* que puedes sentir a raíz del final de tu relación de pareja y la *ira cotidiana* que puedes experimentar debido a otras situaciones de la vida: la ira de la separación necesita ser *liberada* de maneras no destructivas, lo cual puedes hacer por ti mismo o en terapia. Tu objetivo es superarla. En cambio, la ira cotidiana (la que experimentas en el curso de tus relaciones con amigos, familiares, amantes, hijos, compañeros de trabajo...) debe ser *expresada de manera constructiva*, directa, firme y honesta. Tus objetivos son fomentar la comunicación, desarrollar relaciones más profundas y seguir adelante.

Echemos un vistazo a algunos métodos concebidos para expresar la ira de la separación de manera constructiva. Después examinaremos formas de gestionar la ira que se presenta en el contexto de las relaciones cotidianas.

¿QUÉ PUEDES HACER CON LA IRA DE LA SEPARACIÓN?

Es tentador actuar a partir del fuerte deseo de volcar la ira directamente sobre el excónyuge. La mayoría queremos llamar a nuestro ex y hacer lo que podamos para herirlo, devolverle el golpe, vengarnos y desahogar nuestra ira de forma directa. *Esto no es útil.* Si echas leña al fuego de la ira de la separación, lo más probable será que tu ex le eche también más leña, en represalia. Muy pronto, el fuego os estará consumiendo a los dos. Es mejor expresar el enojo de otras maneras, como las que aquí se sugieren, que descargarlo directamente sobre el excónyuge.

Con frecuencia, las parejas que han aprendido a expresar su ira en el contexto de su relación son capaces de seguir expresándola cuando pasan por el proceso de ruptura. Sin embargo, si tú –como la mayoría de nosotros– tuviste problemas para expresar tu ira durante la relación, no es probable que te resulte más fácil hacerlo durante la separación, que acostumbra a ser conflictiva y tensa. Esperamos que encuentres útiles las ideas que se exponen en este capítulo.

El *humor* puede ser una manera muy eficaz de deshacerse de los sentimientos de enojo. Harriet se convirtió en la «comediante» del grupo en un seminario:

—No sé qué decirle a la gente cuando me preguntan dónde está mi ex –le expuso al grupo–. No quiero confesarles que está con otra mujer.

Una semana llegó con una gran sonrisa:

—¡Finalmente he decidido que la próxima vez que alguien me lo pregunte le diré que se convirtió en un sapo!

Ella se rio, el grupo se rio, y todo el mundo fue capaz de desahogar por lo menos algunos de sus sentimientos de enojo, temporalmente, a través de la risa. El sentido del humor siempre es valioso en la vida, pero es especialmente útil para lidiar con la ira.

Otra manera efectiva de expresar la ira es *llamar a un amigo* y decirle: «Necesito hablar de esta ira que siento hacia mi ex. Sé que a veces no parezco coherente. Sé que puedo ponerme muy emocional. Y sé que algunas de las cosas que digo tal vez no expresan lo que realmente siento. Pero ahora mismo estoy muy enojado, y necesito hablar de ello y que me escuches». Un «amigo salvavidas» que te esté ayudando a pasar por el proceso es una de las mejores herramientas con que cuentas para lidiar con la ira.

Muchas personas que experimentan una ira intensa durante la separación acuden a *fantasías* para que estas les ayuden a expresarla. Sandy era experta en evocar escenarios como este:

—Voy a la tienda de jardinería y compro un saco de fertilizante de césped. Luego, en medio de la noche, me acerco a la casa de mi ex y escribo palabras obscenas con el fertilizante en todo su césped delantero. ¡Cada vez que tenga que cortar la hierba a lo largo del verano las leerá!

Hemos de tener en cuenta, por supuesto, que las fantasías son precisamente esto y no debemos actuar a partir de ellas. Si te cuesta controlarte, seguramente no deberías probar esta táctica, porque es probable que si exteriorizas tu fantasía el resultado sea destructivo.

El *ejercicio físico*, de cualquier tipo, suele ser útil durante un tiempo. Los juegos físicos, correr, limpiar la casa, golpear una alfombra..., este tipo de actividades son especialmente efectivas. La ira es una fuente de energía y es saludable utilizarla. La actividad física es una buena manera de hacerlo. Puede resultarte más eficaz expulsar la ira por medio del ejercicio físico si le sumas otras técnicas. Por ejemplo, cuando juegas al golf o al tenis, puedes fantasear con que la pelota es la cabeza de tu ex. Si sumas algunos gruñidos y gemidos al movimiento de tus músculos, la estrategia resulta aún más eficaz. Si sales a correr, puedes imaginar que la cara de tu ex está en el suelo, delante de ti, y que la pisas con cada paso.

Si te sientes a gusto *diciendo palabrotas o profiriendo maldiciones*, esta puede ser una manera eficaz de desahogar fuertes sentimientos de ira vinculados con la separación. El uso de las cuerdas vocales permite que los sentimientos alojados en los intestinos salgan literalmente por la garganta y la boca y sean expulsados del cuerpo.

Prueba a sacar tus sentimientos *gritando*. La mayoría no nos sentiríamos cómodos gritando con gente alrededor, pero tal vez puedas encontrar un lugar al que ir donde puedas gritar estando solo. Con esta finalidad, Charlene fue con el coche a un lugar apartado, donde estuvo un rato gritando, llorando y chillando, lo cual le resultó muy útil para librarse de su ira. Sus hijos se dieron cuenta de ello y cuando la veían enfadarse decían:

—¡Mamá está a punto de volver a ir al lugar de los gritos!

Pero recuerda que el propósito de tus palabrotas o tus gritos es sacar tus sentimientos, ¡no atacar al objeto de tu ira!

Las *lágrimas* son otra forma de expresar la ira de la separación. El llanto constituye un modo positivo y honesto de desahogar los sentimientos. A muchas personas, especialmente del sexo masculino, les cuesta llorar. Date «permiso» para hacerlo; te ayudará a sentirte mejor. El llanto es una función natural del cuerpo por medio de la cual este expresa tristeza o enojo.

Otra manera eficaz de sacar la ira de la separación es *escribir una carta* en la que hagas constar todo aquello que te gustaría decirle a tu expareja. Escríbela con letras muy grandes o en negrita, tal vez usando un lápiz de color o un marcador, para mostrar tu ira. Pero después de haberla escrito *no la mandes por correo*. En lugar de ello, llévala a la chimenea y quémala. De esta manera, ambos habréis expresado vuestro enojo y, simbólicamente, lo habréis quemado.

Tal vez pueda serte útil la *técnica de la silla vacía*. Imagina que tu expareja está sentada en una silla vacía delante de ti y di todo lo que te gustaría manifestarle. Si se te dan bien este tipo de herramientas, incluso puedes cambiar de silla y decir lo que imaginas que te diría la otra persona. A continuación regresa a tu silla y prosigue con el diálogo hasta que hayas expresado adecuadamente tus emociones.

Como puedes ver, hay muchas maneras en que puedes airear tu ira de la separación. No las encontrarás todas útiles; de hecho, puedes experimentar una gran resistencia en relación con algunas de ellas y ser totalmente incapaz de usarlas. Pero lo único que te limita a la hora de encontrar maneras de expresar la ira es el alcance de tu creatividad y tu ingenio, así como las inhibiciones que albergues.

Ten en cuenta, al pensar en los métodos de expresión mencionados y, tal vez, al probarlos, que el desahogo, si bien puede ser saludable si se maneja de manera constructiva, no constituye un remedio para la ira. Repetimos que tu objetivo es superarla, sacarla para soltarla.

Cabe mencionar que hay personas que no son capaces de expresar su ira porque necesitan «guardarla», a modo de mecanismo de protección: si la sueltan, ya no dispondrán de ella como herramienta para castigar a la otra persona, de modo que sienten que el hecho de conservarla les brinda una especie de compensación o recompensa. Si es tu caso, piensa en esto: ¿qué clase de persona te gustaría ser? ¿Te encanta ser un sujeto enojado, o preferirías soltar tu ira?

Finalmente, recuerda que las estrategias que hemos expuesto constituyen maneras de liberar parte de la ira de la separación. No recomendamos ninguno de los métodos anteriores como formas saludables de expresar la ira cotidiana. Procedemos a abordar esto último a continuación.

MÁS ALLÁ DEL DIVORCIO: LA EXPRESIÓN DE LA IRA COTIDIANA

La ira cotidiana es la que experimentamos todos en respuesta a los inconvenientes de la vida diaria, y presenta muchas variantes. En primer lugar, ten en cuenta que la forma de actuar (el comportamiento) no es lo mismo que la forma de sentir (las emociones). Los sentimientos y el comportamiento constituyen dos partes diferentes de lo que somos.

La ira es un *sentimiento*. La afirmación y la agresión son tipos de *comportamiento*. ¿Recuerdas a Jean, quien se expresaba al principio de este capítulo? Es la persona que dejó salir el aire de los neumáticos de su ex. Jean sentía tanta rabia que su comportamiento fue definitivamente agresivo. También habría podido expresar su ira de otras maneras. Por ejemplo, podría haber sido aún más agresiva y haber cometido algún acto violento sobre su excompañero —tal vez podría haberlo atacado físicamente—. O podría haber expresado su enojo por medio de confrontarlo directamente y decirle exactamente cómo se sentía: «¡Estoy tan enojada contigo que tengo ganas de dejar salir el aire de tus neumáticos! ¡Has sido injusto e irrazonable!». La idea es que los *sentimientos* de enojo pueden expresarse por medio de muchos comportamientos diferentes. Imagínate en las situaciones siguientes:

Llevas dos horas haciendo cola para conseguir entradas para un concierto. Dos «amigos» del hombre que está delante de ti se acercan y le dicen:
—Eh, Joe, ¿nos dejas meternos aquí?

El cheque para la manutención de los niños lleva dos semanas de retraso, y necesitas el dinero para comprarles ropa antes de que empiece la escuela dentro de una semana. Cuando llamas a tu ex, la respuesta es:
—Bueno, he gastado mucho en mi viaje a Hawái, y no podré pagar hasta el próximo mes.

Acabas de leer en el periódico que el gobierno de tu país o estado acaba de aprobar un aumento del veinte por ciento de sus salarios, mientras que ha decidido recortar el apoyo a las escuelas en un diez por ciento.

¿Enojado? Bueno, ¡deberías estarlo! Estas situaciones y otros mil ejemplos de injusticia, abuso, desconsideración y otras formas de maltrato constituyen buenos motivos para ello. No importa lo que te dijeron de niño: ¡la ira es natural, normal, saludable y humana! Todos la sentimos a veces. (Si crees que tú *nunca* te enojas, tal vez has olvidado la diferencia que hay entre *sentimiento* y *comportamiento*. En este caso, vuelve a leer los párrafos anteriores).

Ahora la pregunta es: «¿Qué puedo hacer con mi ira?». Ya hemos presentado algunas ideas pensadas para liberar los fuertes sentimientos de la ira de la separación: el humor, las fantasías, el ejercicio, los gritos, el llanto y otras. Estos procedimientos son útiles mientras uno se está deshaciendo del fuerte enojo que experimenta hacia su ex-pareja, pero no son de mucha ayuda a la hora de lidiar con el enfado que surge en medio de situaciones cotidianas, porque están concebidos para liberar la ira vinculada con una circunstancia que ya no está presente. En aquellas situaciones que aún están vigentes, necesitamos otros métodos para manejar la ira.

RESPONSABILIZARSE POR MEDIO DE LOS MENSAJES EN PRIMERA PERSONA

Una de nuestras técnicas de comunicación favoritas es el uso de los mensajes en primera persona, introducidos por primera vez hace años como parte de los programas «Padres eficaces y técnicamente preparados» del psicólogo Thomas Gordon. Como empezábamos a ver en el capítulo 4, los mensajes en primera persona de Gordon ponen la responsabilidad de los propios sentimientos en nosotros mismos, en lugar de permitirnos culpar a la otra persona de nuestra ira. Los mensajes en primera persona nos posibilitan apartar la ira y otros sentimientos fuertes, de tal manera que la cercanía, la intimidad y el amor puedan manifestarse en la relación. Estos mensajes también nos ayudan a identificar lo que estamos sintiendo en lugar de taparlo por medio de echarle la culpa al otro.

Aprender a usar los mensajes en primera persona te ayudará a comunicarte con todos tus seres queridos (tu pareja, tus hijos, tus amigos, tus familiares). Empieza a practicar esta técnica para mejorar tus interacciones con los demás y como una manera de expresar tu enojo de forma constructiva. Un ejemplo sencillo: en lugar de «¡me *sacas* de quicio!», prueba a decir «*pierdo* los estribos cuando tú...». La diferencia acaso parezca sutil, pero date cuenta de que cuando dices lo segundo aceptas la responsabilidad de tus propios sentimientos. Y recuperas el control sobre ellos en lugar de darle este poder a otra persona.

¡Y ten en cuenta que los mensajes en primera persona son excelentes para expresar también los sentimientos *positivos*!

Expresar la ira de manera constructiva es probablemente tan importante como cualquier otra cosa que puedas hacer para que tu relación amorosa sea productiva y para mantenerla libre de toda la basura que se ha acumulado en ella. (Esta basura es otra causa de los divorcios; ¿cuántas llevamos ya?). Expulsar el enojo es la válvula de seguridad que evita que la relación estalle. Y hablar de él suele conducir a la intimidad (y a menudo al buen sexo). ¡Vale la pena!

LA EXPRESIÓN ASERTIVA DE LA IRA

Robert (coautor de este libro) ha estado especialmente interesado en la expresión del enfado durante muchos años. Su éxito de ventas *Your Perfect Right: Assertiveness and Equality in Your Life and Relationships*, escrito en coautoría con Michael Emmons, ofrece un sistema para la expresión positiva y constructiva de la ira. Requiere esforzarse un poco, pero tú y tus relaciones saldréis muy beneficiados si sigues los pasos que se exponen a continuación, adaptados de ese libro.

Antes de enojarte:

- Conócete a ti mismo y sé consciente de cuáles son las actitudes, los entornos, los acontecimientos y los comportamientos que desencadenan tu ira.
- No te predispongas a enfadarte.
- Razona contigo mismo.
- Aprende a relajarte.
- Guarda tu ira para cuando sea importante manifestarla.

Cuando te enojes:

- Desarrolla varias estrategias de superación para gestionar tu ira (la relajación, el esfuerzo físico, contar hasta diez, apaciguar el diálogo interno).

- Tómate unos momentos para considerar si esa situación realmente merece que le dediques tu tiempo y tu energía y prevé las posibles consecuencias.
- Decide si quieres resolver el asunto junto con la otra persona o en tu intimidad.
- Expresa tu ira de manera asertiva. (Sé espontáneo; no te permitas albergar resentimientos; expresa tu enojo directamente; emplea un lenguaje honesto y expresivo; deja que tu postura, tu rostro, tus gestos y tu voz transmitan tus sentimientos, y evita el sarcasmo, los insultos, las humillaciones, los ataques físicos, las imposiciones y la hostilidad).
- Expresa tu preocupación verbalmente («Estoy muy enojado», «No estoy nada de acuerdo», «No puedo aceptar esto»).
- Programa un tiempo para resolver los asuntos.
- Expresa directamente tus sentimientos y acepta que eres el responsable de ellos.
- Cíñete a aspectos concretos y a la situación del momento.
- Esfuérzate por resolver el problema.

PERDONA Y OLVIDA

Como se señaló anteriormente, no toda la ira está justificada (es adecuada) y no toda debe expresarse. A veces, lo más saludable que puedes hacer es realizar un acto de perdón. No estamos diciendo que «pongas la otra mejilla» en todas las ocasiones, ni volveremos a reiterar nuestro consejo de que expreses tu enojo y mantengas tu vida libre de él. Lo que estamos diciendo en este caso es que debes elegir en qué vas a gastar tu energía.

No puedes hacer frente a todos los males del mundo, ni siquiera a todos los que se presenten en tu propia vida. A veces, como dice un viejo adagio, es más sabio ser prudente que arrojado. Tómate un momento para decidir si la situación merece que hagas el esfuerzo de expresar tu enojo. Si lo merece (como cuando alguien ha tratado injustamente a tu hijo), por supuesto, manifiesta tu ira de forma asertiva. Si la situación no lo merece (por ejemplo, cuando otro coche se te ha cruzado en la autopista), haz una respiración profunda y sigue con lo tuyo.

DEJA QUE SE CONSUMA EL FUEGO DE TU IRA

No dejes de subir la montaña cuando sientas que los fuegos de la ira empiezan a arder en tu interior. Este capítulo te ha dado permiso para sentirte enojado y te ha brindado formas de expresar la ira de manera positiva y constructiva para que puedas trabajar con ella hasta que no queden más que cenizas. El fuego de la ira puede arder durante mucho tiempo, pero es mejor que dejes que se consuma para poder ser libre. Tómate tu tiempo con esta parte del sendero, en que un incendio forestal ruge a tu alrededor, y ten cuidado. Es importante que logres pasar sin destruir a la gente que está a tu alrededor ni destruirte a ti mismo. La ira incontrolada puede ser sumamente devastadora.

Nuestras investigaciones indican que la persona promedio que pasa por un proceso de separación permanece enojada con su excónyuge durante tres años. ¿Durante cuánto tiempo decidirás seguir enfadado con tu expareja? ¿A quién hace daño tu ira y para qué sirve?

SOLO TÚ PUEDES EVITAR QUE HAYA INCENDIOS EN TUS RELACIONES

La ira es uno de los bloques de reconstrucción más importantes, porque se extiende a los sentimientos presentes en los otros bloques. Si el fuego de la ira arde descontrolado en tu interior, tendrás problemas para seguir subiendo por el sendero hasta que logres controlarlo.

Experimentarás una gran sensación de alivio si trabajas con tu ira hasta que no queden de ella nada más que cenizas. Esto hará que tengas más energía disponible para atender otras áreas de tu vida. Puedes perdonarte a ti mismo y perdonar a tu expareja por el hecho de que vuestra relación no haya ido bien, puedes dejar de culparte y de sentirte como un fracasado y puedes encontrar la paz interior que acude cuando se han soltado aspectos dolorosos. A partir de ahí, serás capaz de hablar con tu ex de forma tranquila y racional, sin sentirte emocionalmente alterado. Podrás tratar con los amigos —los de tu expareja o los tuyos— sin irritarte. De pronto te despertarás y encontrarás que vuelve a brillar el sol en tu vida, mientras que el nubarrón de la ira habrá desaparecido. Te darás cuenta de que las cosas sencillamente ocurrieron como ocurrieron y de que no tiene sentido culpar a nadie.

Zack, participante en un seminario, eligió un eslogan que es muy útil a la hora de pasar por el proceso de ruptura: *Simplemente no importa*. ¡Hay tantas cosas que nos parecían importantes antes que ya no lo son! Cuando alcances la etapa del perdón, ya no sentirás la necesidad de castigar a tu expareja o vengarte de ella.

LOS NIÑOS TAMBIÉN SE ENOJAN

Los hijos de los padres divorciados experimentan el mismo tipo de ira que sus progenitores, una ira extrema, en relación con el divorcio. Un día, la hija de un padre divorciado se enojó incontrolablemente con él en la piscina. Le gritó debido a un descuido muy poco significativo. Su ataque de rabia fue sumamente desproporcionado respecto a la situación; según parece, fue la consecuencia directa de su sentimiento de abandono, del que culpaba a su padre.

Es muy fácil que los padres divorciados no permitan que sus hijos estén enojados. La madre que tiene la custodia intentará muchas veces que se establezca una buena relación entre sus hijos y su exmarido, aunque este no respete el calendario de las visitas y parezca estar realizando actividades, la mayor parte del tiempo, ajenas a la convivencia con los niños. La madre puede tratar de ayudarlos a que acepten a su padre sin enojarse, pero es adecuado que los niños se enojen con el progenitor que no tiene la custodia si los deja plantados.

También es fácil que los padres les retiremos el amor a nuestros hijos cuando expresan su ira. Podemos estar tan tensos emocionalmente que, en el momento en que se enojan, nos mostremos intransigentes: «¡Vete a tu habitación hasta que aprendas a comportarte como Dios manda!». Es necesario que encontremos la energía extra que nos permita escuchar a nuestros hijos y aceptar su enojo. Pero también debemos velar por que no se vuelvan agresivos, tengan rabietas o rompan cosas. Permite que tus hijos expresen su ira por las vías positivas y constructivas que se detallan en este capítulo. Cuando manifiesten que están muy enojados con su padre o su madre por el hecho de que no se haya presentado, simplemente acéptalo y di: «Creo que es correcto que estés enfadado dada la situación. Cuando lo superes, te sentirás mejor».

La mayoría de nosotros aprendimos los bloqueos emocionales que nos impiden expresar la ira a partir de la interacción con nuestros padres (o alguno de ellos). Se nos castigaba cuando estábamos enojados, o no se nos permitía estarlo, o nos mandaban a nuestro cuarto cuando mostrábamos ira... Nos sentimos rechazados a causa de ello; nos retiraban el amor. Es mucho mejor que los niños aprendan que la ira es un componente de nuestra humanidad y que es correcto expresarla de formas positivas.

¿CÓMO LO LLEVAS?

Compruébalo con la ayuda de las declaraciones siguientes antes de continuar. ¡Acuérdate de ser honesto contigo mismo!

❑ Puedo comunicarme con mi expareja de forma tranquila y racional.
❑ Me siento cómodo cuando veo a mi expareja y hablo con ella.
❑ Ya no tengo ganas de descargar mis sentimientos de dolor y rabia sobre mi expareja.
❑ He dejado de esperar que mi expareja esté sintiendo tanto dolor emocional como yo.
❑ Ya no me siento tan enojado con mi expareja.
❑ Ya no es importante para mí que mi familia, mis amigos y mis conocidos estén de mi lado en lugar de estar del lado de mi expareja.
❑ He superado la necesidad de vengarme de mi expareja por haberme lastimado.
❑ Ya no culpo a mi expareja por el fracaso de nuestra relación.

- ❑ He dejado de tratar de dañar a mi expareja por medio de hacerle saber lo muy dolido que estoy.

- ❑ He superado mi ira y he empezado a aceptar aquello que ha estado haciendo mi expareja.

- ❑ Ahora expreso mi enfado de formas positivas, que no sean destructivas para mí o para quienes tengo alrededor.

- ❑ Cuando me siento enojado soy capaz de admitirlo; ya no tengo por qué negarlo.

- ❑ Entiendo los bloqueos emocionales que me han impedido expresar mi ira de maneras positivas.

- ❑ Ahora puedo expresar mi enojo de forma constructiva en lugar de descargarlo de maneras inapropiadas.

- ❑ Estoy alcanzando el estado del perdón en lugar de permanecer enojado.

SOLTAR

Es difícil desimplicarse

Debes dejar de invertir emocionalmente en tu anterior relación de pareja. Y es más fácil que puedas soltarla si el cubo de tu vida está lleno en lugar de vacío. Los dejadores tienden a soltarla más rápido, a menudo porque se han ido incluso antes de irse. La incapacidad de soltar la relación puede ser indicativa de que la persona no está afrontando algunos sentimientos dolorosos.

Stella:	Harry me dejó hace cuatro años y se volvió a casar enseguida.
Terapeuta:	Veo que aún llevas el anillo de casada.
Stella:	Sí, es muy importante para mí.
Terapeuta:	Y me extendiste un cheque para la terapia que tenía aún el nombre de Harry como titular de la cuenta bancaria.
Stella:	Supongo que lo que ocurre es que no puedo soltar la relación.

¿Alguna vez has tenido una canción en la cabeza que no podías dejar de canturrear una y otra vez? ¿En cuántas canciones puedes pensar que tengan que ver con soltar? He aquí algunas de ellas, para empezar:

- *Hello*, de Adele.
- *Yesterday*, de los Beatles.
- *Nothing Compares 2 U*, de Sinead O'Connor.
- *Somebody That I Used to Know*, de Gotye.
- *You'll Think of Me*, de Keith Urban.
- *He Stopped Loving Her Today*, de George Jones.

La mayoría hemos vivido el final de una relación de pareja en un momento u otro de nuestras vidas, aunque fuese en la adolescencia. Es interesante el hecho de que este fenómeno tan habitual haya merecido tan poca atención científica. Parece ser que dependemos en gran medida de los poetas y los compositores de canciones para aprender acerca del final de nuestra relación de pareja.

¿QUÉ SIGNIFICA *DESIMPLICARSE*?

Empecemos por tener una idea clara de lo que significa *soltar*. Prueba a hacer esto: junta las manos, entrelaza ligeramente los dedos y luego tira de ellas mientras los dedos siguen entrelazados. Esto constituye una descripción vivencial de lo que queremos decir con *desimplicarse*. Conlleva el doloroso abandono de todos los sentimientos fuertes que se albergan hacia el otro.

La sensación de estar enamorado no es la única a la que es difícil renunciar. También están los sentimientos de ira, amargura y venganza. Si alguien sigue hablando mucho de su expareja, ya sea en tono cariñoso o enojado, no ha soltado sus fuertes sentimientos por esa persona.

Es habitual que uno diga, durante la fase de «luna de miel» del proceso de separación, que quiere seguir siendo amigo del otro. Después, cuando la culpa del dejador y la ira del dejado empiezan a instalarse, el deseo de seguir siendo amigos se va diluyendo. Pero muchos se esfuerzan tanto por conservar la amistad que no pueden soltar la relación, y tampoco permiten que acuda la ira y los ayude a hacerlo. Debido a esto, es aconsejable no mantener la amistad durante las primeras etapas; esperad hasta haberos desimplicado. De otro modo, el proceso de adaptación puede alargarse, y ponéis en peligro la posibilidad de ser amigos más adelante. Esto no significa que no debáis ser educados, incluso cordiales, con el otro; pero no os mostréis amigables.

Otro aspecto que cabe mencionar es el *síndrome del fugitivo*. La mayoría de los separados, en algún momento del proceso, tienen un fuerte deseo de huir. Quieren mudarse a un nuevo vecindario, que esté alejado del lugar de residencia de la expareja, para evitar el dolor de encontrarse con ella o con amigos comunes.

Coleen había estado casada con un profesor universitario que la dejó por una estudiante. Un día que iba conduciendo por la calle, lo vio en su coche con esa mujer más joven. Vomitó antes de tener tiempo de aparcar. Huelga decir que es muy doloroso ver a tu ex con otra persona...

En el caso de que quieras apresurarte *hacia* algo (como un nuevo trabajo, tu anterior hogar —en el que vas a contar con familiares o amigos que te apoyen— o cualquier cosa que signifique un avance en tu vida), tal vez es aconsejable el traslado. Pero si lo que quieres es *evitar* tener que lidiar con lo desagradable de la situación, deberías pensártelo mejor. Ya estás viviendo en una situación de estrés, y una mudanza no haría más que agravarlo.

Por más difícil que sea (probablemente), tiene sus ventajas el hecho de permanecer en el vecindario actual y afrontar los sentimientos dolorosos que suscita el hecho de ver al excónyuge y a sus amigos («¿Así que estabas casada con el presidente de la cámara de comercio? Lo conozco bien»). Las personas que cambian de domicilio tal vez no estén haciendo más que enterrar y negar el proceso de soltar. Lo más probable es que quienes se quedan y aguantan puedan llegar antes al punto de poder ver a su expareja y hablar con ella sin alterarse emocionalmente. Se trabaja de forma más eficaz con el bloque de reconstrucción de la desimplicación por medio de afrontar los hechos.

Hay tres bloques de reconstrucción fundamentales que parecen estar conectados: *negar* el final de la relación amorosa, *llorar* la pérdida (es decir, pasar por el proceso del duelo) y *soltar* la relación acabada. Al subir el sendero, puede ser que trabajemos con los tres a la vez.

NO ALARGUES EL PROCESO INNECESARIAMENTE

Vamos a dirigirnos a los dejadores por un momento. (Los dejados podéis escuchar si queréis, porque ¡vamos a hablar de vosotros!).

Los dejadores acostumbran a querer «ser amables» con los dejados para evitar sentirse culpables, pero esto solo hace que el proceso de adaptación se alargue. Si vas a ser un dejador, actúa con fuerza, coraje y firmeza. Esto es mucho más beneficioso que ser blando.

Richard pensó que iba a ser un buen dejador, por lo que se propuso llevar a Barbara (la dejada) a cenar cada semana, para hacerla sentir mejor, supuestamente. Pero cada vez que lo hacía era como darle unas migajas a un gato hambriento. Evitó que el gato encontrara otros lugares donde comer, a la vez que le hacía pasar hambre. Barbara se negaba a soltar mientras pareciese haber alguna esperanza de reconciliación. La franqueza puede ser mucho más recomendable que la «amabilidad» para el dejado. Richard solo estaba siendo «amable» consigo mismo, pues no hacía más que aliviar sus sentimientos de culpa.

Hay otras situaciones que prolongan el período de «soltar». Por ejemplo, las largas audiencias en los tribunales. El hecho de que los niños y las mascotas tengan que pasar de un padre a otro a intervalos regulares también puede alargar el proceso, como puede hacerlo seguir viviendo uno cerca del otro (está bien vivir en el mismo pueblo o ciudad, ¡pero no puerta con puerta!). Un negocio conjunto que os obligue a mantener el trato es otro factor de retraso. A menudo, los asuntos empresariales dificultan la desimplicación; sopesad cuidadosamente todas las decisiones que toméis en esta área. Consultad con vuestro abogado y vuestro asesor fiscal.

Otro problema a la hora de soltar tiene que ver con las relaciones establecidas con la familia del excónyuge. El divorcio generalmente incluye separarse también de dicha familia. No obstante, si bien en la mayoría de los casos estos vínculos se rompen o aflojan mucho en el momento de la separación, la ruptura puede tener el efecto opuesto. En algunos casos, los lazos afectivos con el yerno o la nuera pueden mantenerse más fuertes que con el hijo o la hija.

En el caso de Estados Unidos, los cincuenta estados disponen de leyes que otorgan a los abuelos el derecho a visitar a sus nietos, independientemente de quién tenga la custodia. Sin embargo, no es algo que esté tan garantizado. En el año 2000, la Corte Suprema anuló una ley del estado de Washington que otorgaba a los abuelos unos mayores derechos de visita. En la actualidad, una veintena de los estados cuentan con leyes que restringen las visitas, por lo general bajo el criterio de «lo más conveniente para el niño». Incluso en estados con leyes más permisivas puede ser que los abuelos deban solicitar a los tribunales el acceso a sus nietos menores de edad si los padres se oponen. Es probable que los derechos de los abuelos se definan más claramente —y tal vez se restrinjan más— en el futuro. Mientras tanto, aconsejamos a los abuelos que contemplen las visitas como un privilegio, no como un derecho. Si este tema ocasiona problemas en tu familia, consulta qué dice al respecto la ley vigente en tu estado o en tu país.

ES DIFÍCIL DESIMPLICARSE

Con o sin todas estas complicaciones, la gran pregunta sigue siendo: «¿*Cómo* se hace para soltar?». En el caso de muchos de nosotros, la pregunta difícil es: «¿Cómo puedo dejar de amar a esta persona?». Es mucho más fácil que puedas soltar, por supuesto, si cuentas con determinados elementos a tu favor. Un buen trabajo, un buen sistema de apoyo, amigos y familiares que te ayuden y alienten, algún tipo de plenitud interna en lugar de una sensación de vacuidad..., todo ello te ayudará a llenar el vacío que se crea cuando la persona amada ya no está.

Hay varias acciones que puedes llevar a cabo para que te sea más fácil soltar. Empieza por hacer un repaso a la casa y quitar de tu vista todo aquello que te incite a seguir pensando en tu expareja. Puedes deshacerte de ciertos cuadros, los regalos de boda, los regalos de cumpleaños y recuerdos similares para que no te sigan suscitando recuerdos. Es posible que necesites disponer de otra forma los muebles de la casa, tal vez incluso hacer que esta presente un aspecto totalmente diferente del que tenía cuando estabais casados. El lecho matrimonial suele constituir un símbolo especialmente importante: tal vez debas cambiar el cubrecama, o bien desplazar la cama a una nueva ubicación dentro del dormitorio, ponerla en otra habitación, venderla o incluso regalarla.

Puedes reunir todos los recordatorios de tu anterior relación y guardarlos en el garaje o el sótano, metidos en una caja. Algún fin de semana puedes optar por llevar a cabo un *duelo implosivo*: saca todos esos recuerdos y resérvate un tiempo para expresar tu aflicción con toda la contundencia posible. Este período de duelo probablemente será muy deprimente, y te sugerimos que tengas a alguien cerca que pueda apoyarte. El hecho de descontrolarte tanto como puedas en tu duelo puede ayudarte a soltar más rápido. Al aumentar la intensidad de la aflicción, el duelo implosivo puede acortar el número de semanas o meses que necesites para desimplicarte totalmente de la relación.

Otro ámbito problemático para muchas personas es el concerniente a lidiar con las llamadas telefónicas, las cartas y las visitas de (o a) la expareja. Si es evidente que esta se está aferrando, tal vez te sientas irritado. Pero el hecho de que sigas permitiendo que esto suceda puede ser indicativo de que tú tampoco has soltado. Este juego requiere dos jugadores. Si tú te niegas a jugar, desimplicarse será más fácil para todos a largo plazo. Tendrás que ser asertivo; tal vez deberás colgar el teléfono o devolver las cartas sin responderlas ni abrirlas.

También puedes tomar la decisión de controlar los pensamientos y las fantasías que tengas en relación con tu expareja. Siempre que te encuentres llorando por esa persona, piensa en algo doloroso o desagradable que hubiese en vuestra relación. Esto te llevará a dejar de centrarte en ella. Como alternativa, puedes elegir concentrarte en otra imagen u otro tema, en lugar de seguir enfrascado en el amor pasado.

SOLTAR LOS MIEDOS

Muchas veces, el problema del soltar incluye factores más abstractos. A menudo, un patrón de comportamiento obedece en última instancia a un sentimiento específico, como la culpa, el miedo al rechazo, el miedo a no ser amado o la baja autoestima y la falta de confianza. ¡Es sorprendente la frecuencia con que organizamos nuestras vidas de tal manera que acabamos experimentando justo los sentimientos que más tememos! Si tenemos miedo al rechazo, nos ponemos en una situación, de forma consciente o inconsciente, en que vamos a ser rechazados. Si tenemos la necesidad de sentirnos culpables, nos metemos en situaciones que nos induzcan culpabilidad.

Cuando Teresa y Patrick acudieron a buscar consejo matrimonial, el patrón de conducta de él era buscar el rechazo y el de ella sentirse culpable. Estas necesidades neuróticas se complementan perfectamente. Llevaban años de matrimonio en que ella se sentía culpable porque él se sentía rechazado. Ella dispuso las razones por las que sentirse culpable y alimentó así los sentimientos de rechazo de él.

Cuando nuestras relaciones de pareja llegan a su fin, tendemos a responder con el sentimiento que está en la raíz de nuestro comportamiento. Si es el rechazo, nos sentimos rechazados; si es la culpa, nos sentimos culpables. Desafortunadamente, este sentimiento puede ser tan grande que tal vez no seamos lo bastante fuertes como para soportarlo y dejarlo ir al mismo tiempo.

Si te está costando soltar, pregúntate esto: «¿Cuál es el sentimiento que experimentaría con mayor fuerza si me desapegara de mi expareja?». Tal vez tu renuencia a soltar está encubriendo tu incapacidad de hacer frente a otra emoción dolorosa. Por ejemplo, acaso temas soltar porque esto te obligaría a lidiar abiertamente con tu miedo a estar solo; de modo que evitas sentirte solo por medio de no soltar. Probablemente deberás afrontar ese sentimiento directamente antes de poder desapegarte de la relación. Pide ayuda a un amigo o a un terapeuta si sientes que necesitas apoyo.

INVIERTE EN TI MISMO

La finalidad del trabajo con este bloque de reconstrucción es que inviertas emocionalmente en tu propio crecimiento personal en lugar de hacerlo en la difunta relación. No recibirás ningún beneficio por invertir en el cadáver emocional en el que se ha convertido. El mayor beneficio posible lo obtendrás de invertir en ti mismo.

AYUDAR A LOS NIÑOS A SOLTAR

Los hijos de padres separados lidian con este bloque de reconstrucción por medio de soltar el concepto que tenían de que las familias son biparentales. De pronto están en una familia monoparental, en que uno de los padres tiene la custodia y el otro no. Y si la custodia es compartida, deben manejarse con dos estilos de vida distintos en dos hogares diferentes. Ojalá no tengan que soltar la *calidad* de la relación que mantienen con ambos progenitores...

A los niños puede costarles, en cualquier caso, lidiar con la dificultad de sus padres relativa al soltar. Este bloque de reconstrucción puede ser significativo para ellos si no paran de escuchar, de boca de alguno de los padres, todas las cosas buenas o malas que está haciendo el otro. Si los padres no han soltado la relación, los niños tenderán a quedar atrapados en los sentimientos positivos o negativos que haya entre ambos. Esto hará que su proceso de adaptación sea más largo.

¿CÓMO LO LLEVAS?

Tómate ahora un tiempo en el sendero para pararte y sacudirte los sentimientos del pasado que hacen que sigas invirtiendo en tu anterior relación. Da unos saltos para sentirte fuerte por dentro, quítate la pesada carga que llevabas en la espalda (la difunta relación) y experimenta la sensación de libertad derivada de ello.

Finalmente, evalúa cómo lo llevas por medio de valorar las afirmaciones siguientes. ¿De veras has soltado?

- ❏ Ahora solo pienso en mi expareja ocasionalmente.
- ❏ Rara vez fantaseo con volver a estar con mi expareja.
- ❏ Ya no me altero emocionalmente cuando pienso en mi expareja.
- ❏ He dejado de tratar de complacer a mi expareja.
- ❏ He aceptado el hecho de que mi expareja y yo no volveremos a estar juntos.
- ❏ He dejado de buscar excusas para hablar con mi expareja.
- ❏ Rara vez hablo de mi expareja con los amigos.
- ❏ He superado cualquier sentimiento de amor romántico por mi expareja.
- ❏ Ya no deseo seguir manteniendo relaciones sexuales con mi expareja.
- ❏ He renunciado a mi compromiso emocional con mi expareja.
- ❏ Puedo aceptar que mi expareja tenga una relación amorosa con otra persona.
- ❏ Me siento como una persona soltera y ya no como alguien comprometido en una relación amorosa con mi expareja.
- ❏ Ya no estoy enojado con mi expareja.

AUTOESTIMA

«¡Tal vez no estoy tan mal, después de todo!»

Puedes aprender a sentirte mejor contigo mismo, si es el caso. Es algo positivo, y te permite fortalecerte con el fin de adaptarte mejor a las crisis. Y cada vez que superes una crisis ¡te sentirás aún mejor contigo mismo! Si estás experimentando una crisis de identidad, o una rebelión, puede ser que estés tensando seriamente tu relación de pareja.

> Cuando era niño, mi padre siempre me advirtió acerca de ser un «engreído» y de estar muy «pagado de mí mismo». Después fui a la iglesia y aprendí que había nacido pecador. En la escuela, eran los deportistas y los cerebritos quienes recibían toda la atención. Finalmente, me casé para que hubiera alguien que pensara que yo valía la pena. Me hacía sentir bien el hecho de importarle a alguien. Pero luego se convirtió en una profesional de señalar mis defectos. Finalmente, llegué a un punto en que empecé a creer que era realmente un inútil. Fue entonces cuando decidí dejar el matrimonio.
>
> CARL

¡Guau! Esta parte del sendero, la de la autoestima, está llena de gente que parece incapaz de proseguir con la subida. Hay personas sentadas en las rocas, desanimadas, sin energía para seguir. Otras están tumbadas en el suelo como felpudos, esperando que todos caminen por encima de ellas. Las caras de algunos individuos muestran los efectos de las críticas y de los sentimientos de inutilidad. Algunos parecen casi invisibles, como si los rodeara un escudo de camuflaje.

¡Mira esas personas que tienen una nube negra encima que las sigue a todas partes! La lluvia cae sobre ellas, pero no sobre quienes tienen alrededor. Esa mujer de allí parece haber extraviado su nube negra. Mira ansiosamente por encima del hombro y tropieza con las rocas; ¿puede ser que esté buscándola? Efectivamente, la nube la alcanza y vuelve a dejar caer lluvia sobre ella. Ahora, la mujer parece más contenta.

LA IMPORTANCIA DE LA AUTOESTIMA

En esta parte de la ascensión, nuestro principal objetivo es aprender más sobre la autoestima y las formas de mejorarla. La autoestima hace referencia al modo en que uno se ve a sí mismo, a sus creencias centrales sobre su valor como ser humano. Un asunto serio.

De niño, Bruce pensó que solo él sufría una dolencia llamada *complejo de inferioridad*; no se daba cuenta de que esta expresión se usaba muy a menudo debido a que hay muchas personas que se sienten inferiores. (De hecho, ¿no nos hemos sentido todos así en algún momento?).

Cuando se pide a los participantes del seminario de Fisher que levanten la mano si quieren mejorar su autoestima, normalmente se levantan *todas* las manos. ¿Ves lo importante que es este bloque de reconstrucción?

¿Te has preguntado alguna vez si nacemos con una determinada autoestima o si la adquirimos después? Hoy en día, los psicólogos creen que ocurren ambas cosas, en un cincuenta por ciento. Aparentemente, nacemos con ciertas tendencias, y luego aprendemos mucho sobre cómo nos sentimos, durante los primeros años, de la gente importante que nos rodea (los padres y los hermanos, otros familiares, los profesores, los entrenadores y los terapeutas). Este nivel básico de autoestima se ve posteriormente muy influido por los compañeros, especialmente durante la adolescencia. Cuando somos adultos, la pareja pasa a ser una fuente de validación y retroalimentación muy importante, de modo que la relación que tengamos con ella afecta en gran medida a nuestros sentimientos de autoestima.

Muchos matrimonios que terminan en divorcio desarrollaron un patrón de interacción destructivo de la autoestima de uno de los miembros de la pareja, o de ambos. De hecho, a veces el patrón se vuelve tan destructivo que puede ser que las partes no sean capaces de poner fin al matrimonio: «¡Ni siquiera me merezco el divorcio!». Por ejemplo, una esposa maltratada puede pensar que *merece* que abusen emocional y físicamente de ella. Es posible que sea incapaz de arriesgarse a abandonar a su compañero porque está convencida de que no podría manejarse por su cuenta. Muchas personas sufren una grave erosión de su autoestima en el seno de relaciones perjudiciales antes de decidirse a buscar alivio en la separación.

Pero cuando llega el momento de la separación física y acaba la relación amorosa, el nivel de la autoestima alcanza mínimos históricos. La persona ha implicado tanto su identidad en la relación de pareja que cuando esta falla su identidad se resiente.

En una ocasión, Bruce hizo que un grupo de separados respondiera un test psicológico concebido para medir los sentimientos de autoestima, conocido como la *escala de la autoestima de Tennessee*. Sería difícil encontrar otro grupo de personas cuya puntuación media fuese tan baja como la que arrojó este. El final de una relación de pareja puede ser devastador para el concepto que uno tiene de sí mismo. De hecho, en estos momentos, los sentimientos de autoestima pueden hallarse en el nivel más bajo que haya experimentado nunca la persona. Un bajo concepto de sí mismos inmoviliza a algunos individuos en el ámbito emocional, lo cual hace que sean incapaces de manejarse bien en el trabajo, en el ámbito de la crianza de los hijos o en sus interacciones con los demás.

Un examen más profundo de las puntuaciones del grupo de personas mencionado mostró que aquellas que tenían un buen concepto de sí mismas eran más capaces de adaptarse al final de su relación de pareja. Las investigaciones confirman lo que nos dice el sentido común: que un buen concepto de sí mismo hace que sea más fácil superar las crisis de la vida.

Obviamente, los sentimientos de autoestima tienen una gran repercusión sobre nuestra forma de vivir. Puesto que el final de la relación de pareja suele ser perjudicial para el concepto que tiene uno de sí mismo, la mayoría necesitamos mejorar lo que sentimos en relación con nosotros mismos después de experimentar una crisis tan importante como esta. Es reconfortante saber que puede hacerse. ¡Podemos reaprender, crecer y cambiar!; ¿no es esta una visión emocionante y optimista? No tienes por qué seguir cargando con tus viejos sentimientos de baja autoestima.

ONCE PASOS HACIA UNA MAYOR AUTOESTIMA

A lo largo de las diez semanas del seminario de Fisher, los cambios que tienen lugar en cuanto al concepto que tienen de sí mismos los participantes figuran entre los logros que ellos mismos destacan como más significativos. ¿Qué técnicas se utilizan? ¿Por qué experimentan cambios tan drásticos los asistentes? Vamos a compartir contigo algunas herramientas que puedes usar para mejorar tu autoestima. No son mágicas, y tu actitud hacia ti mismo ciertamente no cambiará de la noche a la mañana, pero confiamos en que vas a probarlas. Creemos que te verás gratamente sorprendido.

Paso 1: toma la decisión de cambiar

Este paso parece evidente, pero suele pasarse por alto. Hace años, parecía que a varios de los clientes de Bruce los seguían pequeñas nubes negras —como a la mujer que nos encontramos antes en el sendero—. Cuando la terapia daba lugar a algunos progresos, estas personas se sentían incómodas, buscaban la nube y esperaban la lluvia.

Frustrado, Bruce decidió efectu
ta el cañón del río Big Thompson,
del punto más alto del sendero habí:
la presencia de un abeto de Douglas
llevaba tanto tiempo tumbado que e
había doblado hacia arriba y seguía
sol. De hecho, ese extremo ya habí
tura, más o menos. Puesto que las r
completamente fuera de la tierra, c
guir creciendo ese árbol a lo largo de tantos años. De la parte superior
del tronco salían varias ramas que también buscaban el cielo; una de
ellas medía más de nueve metros.

Bruce hizo esta reflexión: «Mientras examinaba ese abeto, pensé
que estaba desarraigado de la misma manera que una persona se encuentra desarraigada a raíz de una crisis como puede ser un divorcio.
Pero el árbol seguía buscando realizar su potencial, que era crecer y
alcanzar el cielo. Me conmovió mucho la visión de ese árbol. Me di
cuenta de que hay una fuerza dentro de cada uno de nosotros que nos
ayudará a alcanzar nuestro pleno potencial después de que una crisis
haya desarraigado nuestras vidas. El continuo avance del árbol hacia
el cielo me llevó a desarrollar la convicción de que es posible cambiar
el concepto que uno tenga de sí mismo».

Necesitamos encontrar y escuchar esa fuente interna de energía
emocional que estimula el desarrollo de nuestro potencial. Si entras
en contacto con esa fuente (llámala como quieras: *alma* desde una
perspectiva religiosa, *yo* desde una perspectiva psicológica, *fuente interior* o *fuerza vital*), serás capaz de llevar a cabo los cambios que desees.
Busca esta fuente en tu interior, la fuente de tu fuerza emocional, y
úsala para convertirte en la persona que te gustaría ser.

Si tomas la decisión de mejorar el concepto que tienes de ti mismo, casi todas las facetas de tu vida se verán afectadas: tu trabajo, tus
relaciones con los demás, tu manera de ejercer la paternidad o la maternidad, tus criterios a la hora de elegir a tu próxima pareja y, sobre
todo, la forma en que te sientes en relación contigo mismo. Puedes

cambios enormes en tu personalidad y en tu vida
mejorar el concepto que tienes de ti mismo. Tomar
hacerlo es el primer paso, y quizá el más difícil. Si tu
so es firme, te será mucho más fácil lidiar con los pasos que

Paso 2: cambia la forma en que te ves a ti mismo

La mayoría de las personas pueden enumerar fácilmente veinte cosas que no les gustan de sí mismas. ¿Por qué no hacer una lista con veinte cosas que *te gusten* de ti? Cuando se les da esta tarea a los participantes en el seminario de Fisher, se oyen lamentos y comentarios del tipo «¿qué tal dos en lugar de veinte?». En una ocasión, un participante llamó por teléfono a altas horas para decir:

—¡Maldita sea! He llegado a casa después del seminario y me he puesto con la lista de cosas que me gustan de mí mismo. He tardado una hora en dar con la primera. He tardado casi lo mismo en encontrar una segunda. ¡Ya son las once de la noche y solo he apuntado cinco cosas en la lista!

Esta fue, para él, la tarea más significativa que llevó a cabo en las diez semanas.

Estos «deberes» son importantes; tómate el tiempo que necesites para llevarlos a cabo. Asegúrate de hacer la lista antes de continuar con el siguiente paso.

Paso 3: léele los enunciados positivos que has escrito sobre ti mismo a alguien, en voz alta

Es más fácil escribir en silencio los aspectos positivos que vemos en nosotros que decirlos en voz alta, porque todas las viejas voces que tenemos dentro empiezan a gritar: «¡No seas engreído y presumido!». Ignóralas; toma tu lista y comparte su contenido con un amigo. Ten el valor de hacerlo y rompe así con un patrón negativo. Es *correcto* que formules comentarios positivos sobre ti mismo; ahora bien, necesitarás coraje para enunciarlos en voz alta. ¡Recuerda que cambiar el concepto que uno tiene de sí mismo *no* es fácil!

Estas voces que claman dentro de nosotros son especialmente fuertes si recibimos la influencia de una persona crítica en nuestra infancia. Russ se resistió a cumplir con este paso y explicó que sus padres le habían advertido a menudo que «no debía ser engreído». Fue un buen deportista en la escuela secundaria y pudo haber construido la confianza en sí mismo sobre esta base, pero las voces de sus padres sonaban más fuertes que su deseo de sentirse bien consigo mismo. Había aprendido a ser «humilde». Ahora que era adulto, no podía decir nada positivo de sí mismo en voz alta, porque aún temía disgustar a sus padres. Esto te puede parecer ridículo a ti, pero no lo era para Russ. Finalmente pudo leer su lista en voz alta a su grupo del seminario —aunque con una expresión de dolor en el rostro—. Cuando terminó, todos aplaudieron:

—¡Vaya! ¡Me siento bien! —dijo.

Paso 4: reexamina las relaciones que tienes con los demás y efectúa cambios que te ayuden a romper patrones destructivos y a desarrollar un «nuevo tú»

Este paso es difícil. En gran medida, validas el concepto que tienes de ti mismo a partir de la retroalimentación que obtienes de los demás. Piensa en tus relaciones. ¿Cuáles ejercen una influencia constructiva sobre el concepto que tienes de ti mismo? ¿Cuáles son más dañinas que beneficiosas? Si ves que algunas de tus relaciones con otras personas tienen un efecto destructivo sobre tu concepto de ti mismo, elige ponerles fin o haz que pasen a ser más productivas y positivas para ti. Los patrones de interacción viejos y establecidos son difíciles de cambiar; sin embargo, permanecer en una relación cómoda pero que refuerza el pobre concepto que tienes de ti mismo es optar por conservar un obstáculo importante en tu camino de crecimiento.

Cuando trabajó como oficial de custodia, Bruce solía oír el comentario de que cualquier joven que se hubiese metido en líos solamente necesitaba «encontrar un nuevo grupo de colegas» o «dejar de salir con la gente equivocada» para ver resueltos todos sus problemas. En realidad, no es tan simple. Los adolescentes problemáticos generalmente necesitan cambiar tanto su grupo de amigos *como* los sentimientos que albergan hacia sí mismos. Tienden a buscar la retroalimentación por parte de personas que, básicamente, estén de acuerdo con su autoconcepto. Las relaciones con los grupos de compañeros refuerzan poderosamente el nivel de autoestima que tenga el sujeto en esa etapa de su vida. Esto sucede en parte porque el individuo eligió a ese grupo debido a que reflejaba el concepto que tenía de sí mismo: «Con esta gente, me siento como en casa».

Cambiar tus relaciones puede resultarte muy difícil a causa de tu tendencia a seguir los viejos patrones y a buscar relaciones que refuercen tu actual nivel de autoestima. Pero si deseas sinceramente sentirte mejor contigo mismo, tendrás que invertir en relaciones positivas, ¡aquellas que te ayudan a sentirte bien siendo tú!

Paso 5: deshazte de los pensamientos negativos que se repiten en tu cabeza

Todos oímos mensajes repetitivos en nuestras cabezas. En gran medida, pueden tener su origen en nuestros padres, en nuestros profesores o en otros adultos que fueron significativos para nosotros: «Que no se te suban los humos a la cabeza», «Estás siendo egoísta», «Te crees muy listo, ¿verdad?». Estos mensajes son destructivos y te impiden mejorar el concepto que tienes de ti mismo. En su origen, fueron concebidos para disciplinarte y controlarte. Desafortunadamente, resulta que no son útiles ni productivos.

Como adultos, nos corresponde elegir si queremos seguir escuchando esos mensajes o no. Recítalos en voz alta y grábalos o anótalos. Piensa acerca de si son apropiados. Analiza estos mensajes «parentales» o «infantiles» desde tu punto de vista adulto para ver si son sensatos y saludables en este momento de tu vida. A continuación, líbrate de aquellos que te impiden avanzar hacia sentirte mejor contigo mismo.

Es posible que necesites expresar estos sentimientos de no ser alguien adecuado en una sesión de asesoramiento o terapia, delante de algún «amigo salvavidas» o tal vez por tu cuenta. De alguna manera necesitas «sacar la basura emocional del pasado» con el fin de dejar de tolerar que esta siga controlándote y agobiándote. Permítete airear, desahogar, expresar y verbalizar los viejos mensajes de inadecuación. A continuación, líbrate de ellos; aléjalos de tu camino hacia la mejora del concepto que tienes de ti mismo.

Paso 6: escribe notas positivas para ti y colócalas por toda la casa en lugares destacados, como en un espejo o en la nevera

Estas notas pueden contener elogios; por ejemplo, una de ellas puede decir que tienes una bonita sonrisa. Puedes hacer estas notas a partir de la lista de veinte aspectos positivos que te gustan de ti. Tal vez te parezca una actividad intrascendente, pero a Tammy le sirvió para cambiar.

Tammy acudió a un seminario un fin de semana y parecía un cadáver emocional. Tenía muchas dificultades para prestar atención, pero por alguna razón este ejercicio le activó un resorte. A la semana siguiente dijo que había escrito unas cien notas para sí misma; ¡incluso puso una de ellas en el inodoro! Se convirtió en una persona diferente; su autoestima mejoró de una forma casi milagrosa. Al parecer, el hecho de escribirse notas tuvo un gran efecto en ella. Un cambio tan drástico no es frecuente, pero muestra el poder que puede tener el *esfuerzo activo*.

Paso 7: ábrete a escuchar comentarios positivos por parte de los demás

Las personas tienden a oír solo lo que quieren oír. Si tienes la autoestima baja, solamente escucharás los comentarios negativos que hagan otras personas. Cuando alguien te elogia, niegas el mensaje, lo ignoras o lo racionalizas diciéndote: «Solo lo ha dicho; en realidad no lo siente». Algunas personas se protegen de oír todo lo que sea positivo porque estos comentarios no están en sintonía con el concepto básico que tienen de sí mismas.

La próxima vez que alguien te elogie o te haga un cumplido, trata de absorber el mensaje en lugar de quitarle toda importancia. Esto puede ser difícil de hacer, pero es muy importante que rompas tu patrón de escuchar solamente lo negativo. Cuando te permitas prestar atención a los comentarios positivos, te sentirás mejor contigo mismo.

Paso 8: lleva a cabo un cambio específico en tu comportamiento

Elige una parte de tu personalidad que quieras cambiar. Tal vez te gustaría decir «hola» a más gente, o llegar a la hora al trabajo o a la escuela, o dejar de posponer pequeñas tareas —como hacerte la cama por las mañanas—. Decide cambiar ese comportamiento todos los días durante una semana, desde hoy. Elige un cambio fácil, para poder efectuarlo y sentir que has tenido éxito. No te predispongas al fracaso por medio de decidir tener un cambio de comportamiento increíble la primera semana.

Cada día que cumplas tu objetivo, si quieres puedes trazar una marca de verificación en el calendario para recompensarte un poco y hacer un seguimiento de tus progresos. Cuando se haya cumplido la semana, puedes mirar hacia atrás y decir: «¡Lo logré! ¡He cambiado algo! Soy diferente *en cuanto a este aspecto* de mi personalidad». Una vez que hayas efectuado este primer cambio, elige otro para la semana siguiente. Si haces esto varias semanas consecutivas, te darás cuenta de que puedes llevar a cabo cambios significativos que mejorarán tu autoestima.

Paso 9: ¡da y recibe más abrazos!

Este paso es divertido. Sin embargo, en nuestra sociedad tendemos a ser muy reticentes a tocar a los demás para mostrarles nuestro afecto. Ello obedece probablemente a distintas razones, como el temor al rechazo, la preocupación por invadir el espacio personal del otro y las connotaciones sexuales. Muchas personas no son conscientes de lo distintos que son el contacto cariñoso y el contacto sexual, por lo que evitan totalmente tocar y abrazar a los demás. Otras sociedades nunca han tenido esta obsesión, o la han superado, de modo que la gente que vive en ellas se siente más cómoda con el contacto cariñoso.

Un abrazo cálido y significativo por parte de un amigo es mucho más fortalecedor de lo que puedan serlo las palabras. Los abrazos ayudan a sanar heridas emocionales y pueden contribuir a una rápida mejora del autoconcepto. Nos liberan, nos calientan por dentro, incrementan nuestros sentimientos de autoestima. «¡Soy lo suficientemente valioso como para ser abrazado!» puede ser uno de los mejores mensajes que podamos escuchar procedentes de nuestro interior. Si superas cualquier miedo que tengas en relación con el contacto físico, e incluso si pides un abrazo cuando lo necesites, darás un gran paso hacia la mejora de tu autoestima ¡y disfrutarás del proceso!

Paso 10: esfuérzate en mantener una comunicación significativa con otra persona
Hay individuos que experimentan un crecimiento muy significativo, tras divorciarse, a partir de la comunicación que establecen con sus amigos cercanos. Pídele al otro que sea muy honesto contigo, y selo tú también. Dile cosas que nunca le habías dicho a nadie antes. Expresa tus opiniones de forma sincera. Este diálogo te proporcionará un espejo que te permitirá verte tal como te ven los demás.

Paso 11: acude a un terapeuta profesional si necesitas ayuda adicional para mejorar el concepto que tienes de ti mismo
El contexto terapéutico te brinda seguridad para poder hablar de lo que quieras. El consejo de un terapeuta profesional puede acortar el tiempo que necesites para cambiar tu autoconcepto.

Si te aplicas diligentemente en todos estos pasos, es probable que tu autoestima posdivorcio mejore sustancialmente. Todo lo que puedes perder es la pobre visión que tienes de ti mismo. Haz que esta parte del sendero constituya una faceta importante de tu crecimiento. Este bloque de reconstrucción probablemente afectará a más aspectos de tu vida en general que cualquiera de los otros.

LOS NIÑOS SON QUIENES TIENEN LA AUTOESTIMA MÁS FRÁGIL
Ten en cuenta que la separación también puede ser muy perjudicial para el autoconcepto de los niños. De repente, su vida se ha visto desarraigada. Se sienten rechazados, solos, marginados y tal vez culpables —pueden estar preguntándose qué hicieron para provocar el divorcio de sus padres—.

La adaptación de los niños al divorcio puede complicarse aún más a causa de las etapas de crecimiento que están atravesando, las cuales, en sí mismas, pueden perjudicar su autoestima. Como ejemplo paradigmático, hay indicios de que los años correspondientes a la educación secundaria son los más difíciles para la mayoría de los niños en términos de crecimiento y desarrollo. A lo largo de los años, hemos oído hablar a muchos adultos de las dolorosas dificultades que atravesaron en esa etapa. La pubertad hace que el cuerpo experimente cambios drásticos en cuanto a la altura, el peso, las características sexuales, el vello corporal y la voz. De repente, la identidad de los adolescentes —quienes *creían* que eran— resulta cuestionada. Experimentan nuevas actitudes y sentimientos, como la atracción sexual. Las relaciones con los compañeros se vuelven mucho más importantes. Este período de cambios rápidos supone una auténtica presión para el concepto que tienen los jóvenes de sí mismos, incluso bajo las mejores condiciones. Por lo tanto, cuando los adolescentes que están pasando por estos cambios extremos se enfrentan simultáneamente con el estrés derivado del divorcio de sus padres, es más probable que sus autoconceptos se vean afectados.

Así pues, comparte los pasos de este capítulo con tus hijos. Hacer juntos los ejercicios no es solo una buena manera de incrementar la comunicación familiar, sino que a medida que tú sigues los pasos conducentes a la mejora de tu autoestima puedes ayudarlos a ellos a mejorar la suya.

¿CÓMO LO LLEVAS?

Aquí está el cuestionario de autoevaluación correspondiente a esta parte del sendero. Una vez más, tómate el tiempo que necesites para lidiar con este bloque tan importante. Cuando te sientas cómodo con la mayor parte de las declaraciones que siguen, probablemente estarás listo para reanudar la subida.

❑ Estoy dispuesto a trabajar duro para mejorar mi autoestima.

❑ Quiero mejorar mi autoestima, aunque entiendo que ello cambiará muchos aspectos de mi vida.

❑ Me gusta ser la persona que soy.

❑ Siento que soy una persona atractiva.

❑ Me gusta mi cuerpo.

❑ Me siento atractivo y sexualmente deseable.

❑ Me siento seguro de mí mismo la mayor parte del tiempo.

❑ Me conozco y me entiendo.

❑ Me siento bien siendo mujer/hombre.

❑ Ya no siento que soy un fracasado por el hecho de que mi relación amorosa haya acabado.

❑ Me siento capaz de construir relaciones profundas y significativas.

❑ Soy el tipo de persona que me gustaría tener como amiga.

❑ Estoy tratando de mejorar mi autoestima siguiendo los once pasos que se exponen en este capítulo.

❑ Siento que lo que yo diga puede ser importante para otros.

❑ Siento que tengo una identidad propia.

❑ Tengo esperanza y fe en poder mejorar mi autoestima.

❑ Estoy seguro de que puedo resolver los problemas a los que me enfrento.

❑ Estoy seguro de que puedo superar esta crisis.

❑ Puedo escuchar las críticas sin enojarme ni ponerme a la defensiva.

TRANSICIÓN

«Estoy despertando y desprendiéndome de lo que me sobra»

Las primeras experiencias influyen extraordinariamente en nuestras vidas. Las actitudes y los sentimientos que desarrollaste en la infancia —y en tus relaciones con la familia, los amigos y los amantes— no pueden por menos que trasladarse a tus nuevas relaciones. Algunos de estos sentimientos y actitudes son útiles; otros no. «Remanentes» de la infancia y la adolescencia que suelen ocasionar problemas en la edad adulta son la necesidad no resuelta de rebelarse contra las limitaciones previas (como las reglas parentales) y las luchas de poder por ejercer el control. Te conviene reconocer los remanentes valiosos para poder conservarlos y fomentarlos, y trabajar en cambiar los que se interponen en tu camino.

> Cuando era niño, hablaba como un niño, comprendía como un niño y pensaba como un niño; pero cuando me hice un hombre, deseché las cosas infantiles.
>
> San Pablo
> (Corintios 1, 13:11)

Ya estamos a medio camino en nuestra ascensión, y es hora de que inspeccionemos cuidadosamente nuestras mochilas antes de seguir subiendo. Es posible que muchos de nosotros estemos cargando con un peso extra, innecesario. Bob (coautor de este libro) recuerda su primera excursión con mochila, en que cargó con un litro de agua hasta un campamento de las montañas de Sierra Nevada (California) ubicado a unos 3.350 metros de altura. Cuando llegó ahí, ¡se dio cuenta de que había estado cargando con un kilo extra a lo largo de ocho kilómetros de ascenso entre la nieve!

¿Estás cargando con el peso innecesario de los remanentes inútiles del pasado? Acaso estés llevando un peso extra procedente de tu anterior matrimonio, o tal vez procedente de la relación que tenías con tus padres, tus amigos de la escuela u otras personas presentes en tu infancia. Es hora de que te desprendas de estas cargas. En este capítulo examinaremos los remanentes más habituales, su origen y cómo lidiar con ellos.

Hemos observado que la mayoría de los que se enfrentan a una separación no reconocen la importancia y el poder de estos cuatro remanentes clave del pasado: los problemas que había en su familia de origen, la influencia de las experiencias de la niñez, el confuso período de rebelión y la frustración y la desesperanza derivadas de las luchas de poder. Estos factores suelen contribuir directamente al final de la relación amorosa.

Estas cuatro influencias se superponen y es difícil distinguir unas de otras, pero podemos dividirlas más o menos de esta manera: los hechos que tuvieron lugar en tu familia antes de tu nacimiento son las influencias *de la familia de origen*. Los hechos que acontecieron desde el momento en que naciste hasta que abandonaste el hogar parental constituyen las *influencias de la infancia* (incluyen también los eventos que viviste fuera del hogar, como en la escuela, en la iglesia y en la sociedad en general). El período de *rebelión* viene marcado por tu intento de encontrar una identidad individual separada de las expectativas de la familia y la sociedad. Y las *luchas de poder* constituyen una combinación de todas las cuestiones no resueltas en estos tres ámbitos.

LAS INFLUENCIAS DE LA FAMILIA DE ORIGEN

Tu *familia de origen* es aquella en la que creciste. Tus padres, hermanos, abuelos y tíos te influyeron de forma importante a la hora de configurar tu visión en cuanto a «cómo debe ser una familia». La mayor parte de las ideas que adquiriste durante esos años fueron probablemente saludables, aunque no todas.

Ahora piensa en los inicios de tu relación de pareja. Si pudieras imaginar al progenitor que fue más relevante para la novia casado con el progenitor que fue más relevante para el novio, podrías hacerte una idea de cómo sería tu matrimonio en los años venideros (Bruce, por ejemplo, imaginó que su padre se había casado con la abuela de su ex. ¡Nunca se conocieron, pero si lo hubieran hecho, habría sido un enlace desastroso!). Por otra parte, es posible que lo que veas es que son «tus propios padres, morando en tu interior» los que se están divorciando o se han divorciado de tu pareja. Pero hay esperanza: podemos madurar más allá de los patrones de interacción existentes en nuestra familia de origen.

Bruce preguntó a participantes de muchos países:

—¿A cuántos de vosotros os gustaría tener un matrimonio que sea, básicamente, como el de vuestros padres?

Menos del cinco por ciento levantaron la mano. Así pues, si no queremos tener un matrimonio como el de nuestros padres, ¿qué tipo de matrimonio deseamos?

Algunas de las influencias de la familia de origen son fáciles de ver y entender. Tendemos a ser del mismo partido político que nuestros padres, a unirnos a la misma organización religiosa, a vivir en la misma comunidad. Algunos nos rebelamos; decidimos hacer las cosas a nuestra manera y elegimos un camino muy distinto. Incluso en este caso, sin embargo, la familia de origen sigue siendo un elemento importante.

La familia ejerce muchas otras influencias sutiles. Bruce comentó lo siguiente:

—Mi pareja provenía de una familia de mujeres fuertes y yo venía de una familia de hombres fuertes. Uno de los problemas que arrastrábamos de nuestras familias de origen era que necesitábamos determinar cuál de los dos sexos iba a llevar la voz cantante. Ella dice que gané yo y yo digo que ganó ella.

Otro tema es el relativo a la gestión del dinero. Una vez más, esta fue la experiencia de Bruce:

—Mi madre venía de una familia en que los hombres gestionaban las finanzas de forma muy irresponsable, de modo que aprendió a custodiar el dinero y controlar los gastos. Por supuesto, manifestó las influencias de su familia de origen casándose con un hombre que era, como aquellos entre los cuales creció, demasiado poco responsable a la hora de gestionar el dinero.

Muchas personas se casan pensando que están escapando de las influencias familiares y acaban por descubrir que las están perpetuando.

Tal vez estés pensando: «Esto no parece encajar. Si el padre era la personalidad dominante y más fuerte, ¿por qué era la madre la que controlaba el dinero?». La respuesta a esta pregunta la revelan los estudios sociológicos de las familias y tal vez pueda aplicarse a lo que ocurría incluso en tu propia casa. La «mujer de la casa» solía tener más poder del que aparentaba, si bien lo ejercía *de manera sutil e indirecta*. En otras palabras, el padre parecía estar al cargo, pero la madre manejaba las finanzas.

Puede ser confuso pensar que te casaste con el padre o la madre que no tuviste y que acabaste desempeñando el papel de padre o madre de tu cónyuge. ¿Recuerdas la explicación que dábamos a esto cuando hablábamos de los patrones del comportamiento adaptativo en el capítulo 4? La mayoría de nosotros aprendimos a adaptarnos cuando no lográbamos satisfacer nuestras necesidades en los años de formación de la infancia. A menudo, el comportamiento adaptativo consistió en convertirnos en un «padre» o una «madre» que daba a los demás lo que esperábamos conseguir nosotros mismos.

¿No te acabas de creer lo de las influencias de la familia de origen? He aquí un ejercicio que te resultará útil. Haz una lista de las formas en que el progenitor que fue más relevante para ti lidiaba con distintas emociones humanas: la ira, la culpa, el rechazo, la soledad, el miedo, la intimidad... A continuación, haz una lista similar referida a ti. Cuando compares las listas, tendrás una idea más clara de lo influenciado que estás por ese progenitor. Mientras no cuestionemos la influencia de nuestras familias de origen y crezcamos más allá de ellas, tenderemos a lidiar con las emociones de la misma manera en que lo hacía el progenitor que fue más relevante para nosotros.

Por cierto, cuando se les pide a las personas que han hecho esas listas que identifiquen a su «progenitor más relevante», las que están pasando por un proceso de separación suelen mencionar a un adulto distinto de la madre o el padre. Cuando uno de los padres no estaba allí física o emocionalmente, muchos de nosotros encontramos un «pseudopadre» para compensar la pérdida.

Quienes no recibimos una crianza lo suficientemente buena tendemos a provocar que nuestras parejas se hagan cargo de nosotros. Todos tenemos una parte que quiere que nuestra pareja nos ofrezca la maternidad o la paternidad que no recibimos por parte de nuestra madre o nuestro padre. En el caso de algunas personas, esta parte de sí mismas es grande; en el caso de otras, es pequeña. Cuando se instala esta dinámica en el seno de la relación de pareja, he aquí uno de los factores que acabarán por desembocar en el fin de la relación. Pocos compañeros sentimentales se alegran de hallarse en la tesitura de tener que compensar la paternidad o la maternidad que no recibió el otro en la infancia.

Los problemas de la familia de origen son, por supuesto, extremadamente complejos, y calan hondo en nuestras vidas. Una discusión completa del asunto trasciende el ámbito de este libro. Cuestiones como el orden de nacimiento, el chivo expiatorio, los límites, los triángulos familiares, los rituales y las tradiciones, los secretos, el abuso de sustancias y muchas otras ejercen una gran influencia sobre quiénes somos y cómo nos relacionamos con nuestras parejas. Por ahora, aceptemos que todos debemos tomar conciencia de los importantes efectos de estos remanentes de la familia de origen y aprender cómo lidiar con ellos en nuestras relaciones futuras.

Sanar las influencias de la familia de origen

Linda ofrece un ejemplo típico de una cuestión de familia de origen no resuelta. Cuando empezó a darse cuenta de que se había casado con Noah porque era como el padre con el que no había terminado de hacer las paces, eso fue el principio del fin de la relación. Este concepto puede expresarse de dos maneras. Linda podría haberse casado con alguien que era como el padre que le desagradaba porque esa relación le resultaba cómoda y familiar, a pesar de ser estresante y dolorosa. O tal vez *no* se casó con alguien que era *como* su padre, pero cuando empezó a llevar a cabo el proceso de sanar esa relación parental «puso a Noah en el escenario» para poder trabajar con ese asunto inacabado. Le dijo:

—¡Siempre me estás diciendo qué debo hacer, como mi padre!

Es posible que esto no fuera cierto; tal vez fue su viejo enojo hacia su padre por ser tan dominante lo que le hizo ver a Noah como un mandón.

Cuando uno de los miembros de la pareja, o ambos, empiezan a despertar y se dan cuenta de que su matrimonio es muy parecido a los de sus padres, tienen un problema. O bien deben aceptar los matrimonios de sus progenitores (en lugar de despreciarlos) o bien deben hacer que su matrimonio sea más como ellos quieren. Si no hacen una cosa ni la otra, probablemente sentirán que su matrimonio es un fracaso. (En realidad, no es el *matrimonio* el que ha fallado, sino que el proceso de sanación de las influencias de la familia de origen no se llevó a cabo con éxito).

LAS INFLUENCIAS DE LA INFANCIA

En los primeros años de vida adoptamos muchas creencias sobre nosotros mismos, sobre el mundo y sobre las relaciones. Descubrimos cómo nos sentimos acerca de nosotros mismos y nuestra autoestima. Descubrimos si el mundo es un lugar seguro y si podemos confiar en la gente que nos rodea. Aprendemos a sentirnos amados y cuando sentimos que no nos quieren lo suficiente, aprendemos a adaptarnos. Es posible que desarrollemos el miedo al rechazo y al abandono. Descubrimos si somos «aceptables» o si no lo somos.

¿Alguna vez has intentado hacerle un cumplido a una persona que no se siente aceptada —alguien con una baja autoestima—? Por lo general, la conversación se desarrolla de esta manera:

—Me gusta tu pelo.

—¡Qué dices! Si solo me lo he lavado y me lo he arreglado como he podido.

—Pues se te da bien.

—¡Qué va! Lo que me he hecho se lo puede hacer cualquiera.

Estas personas se sienten incómodas con los cumplidos, porque su niño interior no está de acuerdo con ellos. Adoptaron, a una edad temprana, la creencia de que no son sujetos «aceptables».

En algún nivel, en el contexto de tus relaciones adultas, intentarás crecer en cualquier área en la que no acabaras de desarrollarte durante tu infancia. Las personas que aprendieron a tener una baja autoestima a una edad temprana quieren mejorar el concepto que tienen de sí mismas en sus matrimonios. Pero evitan aprender lo que quieren aprender porque no se creen la opinión positiva que merecen en sus parejas: «Me dices que te gusta mi pelo, pero solo lo dices para hacerme sentir bien».

Se necesitan más que algunos elogios para cambiar las creencias que alberga el «niño interior» de una persona. Si la baja autoestima es un tema central para tu niño interior, esperamos que hayas prestado especial atención al capítulo 11. Quizá te convenga regresar a ese punto del sendero y trabajar un poco más en el asunto (y te instamos a llevar a cabo las tareas que allí se indican).

Otro ejemplo de influencia duradera de la infancia es el vínculo emocional que tiene lugar en el primer año de vida del individuo (idealmente). Los padres que se sienten cómodos con la intimidad y que son capaces de mantener continuamente a sus bebés cerca y los miran a los ojos ayudan a sus hijos a ser personas capaces de intimar. En cambio, los individuos que no aprendieron, a una edad temprana, a establecer ese vínculo emocional están tratando de culminar el proceso con sus parejas adultas. Pero puede ser que ni siquiera sean conscientes de lo que es la vinculación emocional, de modo que, en realidad, puede ser que guarden las distancias con el compañero que trata de intimar con ellos. Quieren intimidad, pero se alejan —de una manera u otra— cuando empiezan a experimentarla.

La sanación de las influencias de la infancia

Hay muchos ejemplos de intentos de sanar las influencias negativas de la infancia. Por ejemplo, un hombre que haya permanecido infantil y demasiado poco responsable puede estar resentido con el comportamiento maternal de su pareja, de modo que encuentra otra relación o empieza a tener un romance. Pero cuando se examina la situación detenidamente se ve que encontró en su matrimonio la figura de otra madre que atendiese la necesidad de atención materna que no había recibido en la infancia. No es probable que una relación con una tercera persona sea la solución para este hombre, sino que debe enfocarse en su incapacidad de sanar las necesidades insatisfechas de su niño interior.

Si quieres saber más sobre cómo los problemas de la familia de origen y las experiencias de la infancia temprana nos influyen en la edad adulta, te recomendamos encarecidamente el libro de Virginia Satir *Nuevas relaciones humanas en el núcleo familiar*, una obra de referencia.

LA REBELIÓN: EL CAMINO PEDREGOSO HACIA LA ADULTEZ

Uno de los remanentes que solemos llevar más habitualmente procedentes de nuestras experiencias de la infancia es la necesidad no resuelta de establecernos como personas independientes por medio de rebelarnos contra nuestros padres y las reglas que nos impusieron. Si tú o tu pareja llevasteis esta carga en particular a vuestra relación, se pueden haber comprometido seriamente vuestras posibilidades de éxito.

Todo adolescente pasa por un período de rebelión en el que busca tener una identidad individual. Esto, si bien es una parte necesaria del desarrollo de los jóvenes adultos, causa unas tensiones tremendas en las relaciones familiares. Echemos un vistazo a estas etapas de desarrollo por las que todos debemos pasar en nuestro camino hacia la adultez independiente. Las hemos etiquetado como la *etapa de la cásca-ra*, la *etapa de la rebeldía* (que tiene dos componentes, la rebeldía *exterior* y la *interior*) y la *etapa del amor*.

La etapa de la cáscara

Esta etapa tiene lugar cuando somos aún muy niños; nos adaptamos a lo que nuestros padres esperan de nosotros y tratamos de complacerlos. Durante estos años, los niños tienen los mismos valores morales y políticos que sus progenitores, siguen sus mismos patrones sociales y se comportan más o menos de las maneras que estos esperan de ellos. El niño que se halla en la etapa de la cáscara es básicamente un reflejo de sus padres. Es similar al huevo que pone la gallina: no tiene una identidad propia.

En esta etapa, el lenguaje se presenta lleno de inhibiciones: «¿Qué pensará la gente? Debo tener cuidado de hacer lo que se supone que tengo que hacer. Debo seguir las reglas de la sociedad. Debo ajustarme a lo que se espera de mí».

En la adolescencia (a veces más tarde), empieza un período de rebeldía, en que el individuo sale de la cáscara. Este proceso incluye cambiar los patrones de comportamiento, hacer lo que uno «no debe» hacer, forzar los límites y tratar de averiguar hasta dónde se puede llegar. Es una etapa muy experimental, en que la persona prueba con distintos tipos de comportamientos. Nuestro «pollito interior» está creciendo: está empezando a tener una vida propia y a elegir su forma de proceder fuera de la cáscara.

En este punto conducente a la etapa rebelde, el lenguaje es: «Tengo que hacerlo por mí mismo. No necesito tu ayuda. Si no fuera por ti, sería capaz de ser la persona que quiero ser. ¡Por favor, déjame en paz!». Hay dos formas de rebeldía, la exterior y la interior.

La etapa de la rebeldía exterior

La rebelión de la crisis de identidad suele comenzar cuando la persona empieza a sentirse abrumada por la presión y el estrés internos que experimenta —llega al punto en que ya no puede seguir soportando la carga de los «deberías» de su familia de origen, la infancia y la sociedad—. Al haber aprendido comportamientos tales como la hiperresponsabilidad, el perfeccionismo, el complacer a los demás o la evitación de los sentimientos, el sujeto parece Atlas: tiene la sensación de que está cargando con el mundo sobre sus hombros. Está harto de todo. El amante que se halla en la etapa de la rebeldía externa quiere huir y puede actuar como el adolescente desafiante que está en busca de una identidad distinta de la que los padres y la sociedad le han dado.

El comportamiento de las personas que están en rebeldía es predecible. (¿No es interesante el hecho de que la rebeldía contra tener que encajar sea tan predecible que se ajuste tanto a un patrón?). Estos son algunos de los comportamientos típicos de la rebeldía exterior:

- Estas personas se sienten infelices, estresadas, asfixiadas y enjauladas. Creen que sus parejas son responsables de su infelicidad y lo reflejan diciendo cosas del estilo «cuando cambies, seré feliz». Proyectan su infelicidad sobre los demás, especialmente sobre sus parejas.
- Les gusta hacer todo aquello que antes les incomodaba. Empiezan a divertirse y no entienden por qué la gente no aprecia lo que están haciendo, porque se sienten muy bien realizando esas actividades o teniendo esos comportamientos. Sus parejas dicen: «No es la persona con la que me casé».
- Les gusta ser irresponsables después de sentirse tan excesivamente responsables durante toda la vida. Aceptan empleos que les exijan menos responsabilidades o, si pueden, dejan de trabajar. La pareja de una persona que presentaba estas características dijo: «Tengo cuatro hijos, y estoy casada con el mayor».
- Encuentran una o varias personas con las que pueden hablar fuera del matrimonio. Les dicen a sus parejas: «Nunca podría hablar contigo. Pero encontré a alguien que me entiende y me escucha de veras». Normalmente, el sujeto confidente es más joven y un amante potencial. Parece que se trata de una

aventura, pero quienes están en situación de rebeldía exterior acostumbran a negarlo. Aunque otras personas puedan creer que es una relación sexual, suele ser de tipo platónico.

- El lenguaje de la rebeldía exterior suele ser este: «Me importas, pero no te amo. Pensé que sabía lo que era el amor, pero ahora no lo sé. No estoy seguro de haberte amado nunca»; «Necesito salir de esta relación para poder encontrarme. Necesito contar con espacio emocional, lejos de ti. Necesito encontrar mi propio mundo; no quiero seguir viéndome succionado dentro del tuyo. Quiero ser yo»; «Me recuerdas a mis padres, y no quiero estar con nadie que tenga una actitud paternal. Puedo oler a un padre a un kilómetro de distancia».

Si tienen lugar todos estos comportamientos en el seno de una relación amorosa, ¿es de extrañar que la relación termine? La pareja de quien está en rebeldía suele creerse cualquiera de los comportamientos anteriores, se lo toma como algo personal y se desespera emocional y psicológicamente. Lo que debe hacer en lugar de ello es sentarse a contemplar el espectáculo y tomar conciencia de los muchos cambios que puede estar experimentando su amante. Debe darse cuenta de que este está pasando por un proceso de crecimiento que tiene muy poco que ver con él. Los rebeldes están tratando de deshacerse de las personas y las relaciones del pasado, pero muchas veces se deshacen de sus parejas en el proceso.

La etapa de la rebeldía interior

Si los sujetos que están en rebeldía llegan a tener el coraje y la perspicacia suficientes como para mirarse realmente a sí mismos, pasan a la fase de la rebeldía interior. Esto ocurre cuando se dan cuenta de que en realidad la batalla se libra dentro de sí mismos; se trata de la guerra que tiene lugar entre lo que «deberían» hacer y lo que «quieren» hacer. Se dan cuenta de que están tratando de separarse de las expectativas de su familia de origen y de la sociedad, y de que la resistencia que oponen no es en realidad contra sus parejas y otras figuras parentales.

El amante del individuo que está en rebeldía a menudo decide esperar a que la situación cambie; alberga la creencia de que el rebelde «recobrará la cordura» y de que la relación volverá a funcionar. Considera que el rebelde es un «paciente», pero no acepta ninguna responsabilidad en cuanto a hallar un remedio para la dificultad.

Por otro lado, las parejas de los rebeldes pueden alcanzar un estado de agotamiento emocional a causa de los comportamientos desafiantes de sus amantes, a quienes culpan de la situación. No reconocen que la relación amorosa es de doble sentido y que comparten la responsabilidad de los problemas que haya en ella. Quienes adoptan esta actitud acostumbran a no tener el valor y la fuerza emocional necesarios para llevar a cabo el trabajo personal que se requiere para salvar la relación.

La rebeldía no es accidental. La pareja del sujeto rebelde suele ser alguien «paternal» o «maternal», alguien que ha encontrado a algún nivel, tal vez inconscientemente, un compañero que necesita la presencia de una figura parental: «¡Sé lo que le conviene más a mi pareja; ojalá me escuchara!». La necesidad de control que tienen estos individuos hace que les resulte difícil aceptar al rebelde cuando parece «descontrolado».

En lugar de limitarse a esperar que la tormenta amaine, la pareja del sujeto rebelde también debe mirar hacia dentro, aprovechar esta oportunidad para experimentar el máximo crecimiento personal posible.

La etapa del amor

Con el tiempo, los rebeldes empiezan a tener una identidad individual. Fruto de ello, acaban por ser capaces de llevar a cabo elecciones de vida basadas en el amor en lugar de en lo que piensan que «deberían» hacer. Sienten más amor por sí mismos y por los demás, especialmente sus padres.

El lenguaje de la etapa del amor incluye palabras de aceptación y comprensión: «Mis padres lo hicieron lo mejor que pudieron. Cometieron errores, y muchas veces me enojé y molesté con ellos, pero se esforzaron, y los entiendo y acepto tal como son».

Este período de la adultez se llama la *etapa del amor* porque el individuo tiene ahora una identidad independiente y es capaz de amar a otra persona como un adulto en lugar de hacerlo como alguien que tiene unas expectativas infantiles.

En la etapa de la cáscara, uno hace lo que *debe hacer*; en la etapa rebelde, uno hace lo que *no debe hacer*, y en la etapa del amor, uno hace lo que *quiere hacer*. Muchas veces, en la etapa del amor, el comportamiento es similar al de la etapa de la cáscara, pero la motivación que hay detrás es totalmente diferente. En lugar de tratar de complacer a alguien, ahora la persona está tratando de complacerse a sí misma.

LAS ETAPAS DE LA CÁSCARA, DE LA REBELDÍA Y DEL AMOR: UN RESUMEN

La figura 12.1 recoge una síntesis de la progresión por estas tres etapas, con algunas de sus características típicas: el lenguaje, los comportamientos y los pasos de crecimiento que tal vez puedas encontrar útiles. Pero ten en cuenta que cada cual vive estas etapas a su manera; aunque haya unos patrones, la experiencia de cada individuo es única.

En los seminarios de Fisher hemos sido testigos, con los años, de muchos ejemplos del fenómeno de las tres etapas. Eloise, por ejemplo, una noche acudió a la clase muy enojada porque su ex, Larry, estaba pasando por la etapa de la rebeldía y causándole mucha infelicidad. Larry había sido director de escuela cuando estaba en la etapa de la cáscara; pero buscó una menor responsabilidad administrativa y volvió a enseñar a tiempo completo. Empezó a cultivar una relación en la que la comunicación era muy fluida; aquella mujer lo estaba ayudando a averiguar «quién era». Larry, por supuesto, estaba muy entusiasmado. Cuando su joven hijo fue a visitarlo, al final del encuentro Larry lo mandó a casa con una maleta llena de ropa y una nota en la que le explicaba a Eloise lo maravillosa que era su nueva relación. Huelga decir que Eloise se enojó soberanamente. La semana en la que ocurrió esto estábamos hablando de la etapa de la rebeldía en el seminario. Eloise comenzó a entender lo que pasaba con Larry: estaba intentando crecer y dejar atrás algunos de sus antiguos remanentes. Esta comprensión le permitió soltar algo de ira.

	CÁSCARA	REBELDÍA	AMOR
Lenguaje	• «¿Qué debo hacer?». • «Haré todo lo que quieras». • «Cuídame». • «Lo eres todo para mí». • «Solo quiero que seas feliz».	• «Si no fuese por ti...». • «¡No necesito tu ayuda!». • «¡Déjame solo!». • «Lo haré de todos modos». • «¡Si te hace sentir bien, hazlo!».	• «He pensado en las alternativas». • «Asumiré la responsabilidad de mi decisión». • «Tal vez no funcione, pero quiero intentarlo». • «Tanto tú como yo podemos pasarlo bien».
Comportamiento	• Complaciente, obediente. • Cuidador [obligado]. • Coherente, predecible. • Prudente, no arriesgado. • Obligaciones; no elecciones.	• Egocéntrico, egoísta. • Irresponsable, culpa a los demás. • Variable, impredecible, negligente. • Infantil, «juega» con gente joven. • Coches deportivos, ropas llamativas, sexo.	• Se mejora a sí mismo, respeta a los demás. • Responsable, flexible, abierto. • Dispuesto a arriesgarse, aprende de los errores. • Toma las decisiones basándose en los hechos.
Pasos de crecimiento — **Uno mismo**	• Empieza a confiar en ti mismo. • Empieza a asumir riesgos. • Empieza a comunicarte abiertamente. • Empieza a aceptar tus responsabilidades. • Empieza a probar comportamientos nuevos.	• Prueba actividades de crecimiento positivas: clases, ejercicio, amistades, aficiones, actividades recreativas, participar con la comunidad. • Acude a terapia (tal vez con tu cónyuge). • Habla con tu cónyuge, con un amigo, con un terapeuta. • Mantiene un equilibrio moral, ético.	• Trabajad con la autoconciencia. • Trabajad con la autoaceptación. • Trabajad por una comunicación honesta, abierta. • Tened amigos cercanos, no románticos.
Pasos de crecimiento — **Compañero**	• Estimula el crecimiento de tu pareja. • Reduce tu dependencia respecto de tu pareja. • Colabora en la terapia si es necesario. • Prepárate para las turbulencias cuando empiece la «rebelión».	• Conserva la estabilidad y la paciencia. • Permite que tu pareja crezca. • Estate disponible para hablar con tu pareja. • Anima a tu pareja a ir a terapia juntos. • ¡Reconoce que tu pareja se está rebelando contra la cáscara, no contra ti!	• Expresad vuestro enojo de forma asertiva. • Mantened el equilibrio entre la independencia y la interdependencia en las relaciones cercanas.

Figura 12.1. Convertirse en adulto en tres etapas no tan fáciles.

Gretchen se emocionó mucho cuando expusimos el concepto en clase. Su marido había sido profesor universitario y había huido con una de sus alumnas mientras estaba en la etapa de la rebeldía. A Gretchen le pareció un comportamiento demente, hasta que escuchó la teoría del crecimiento y el desarrollo a través de las etapas de la cáscara, la rebeldía y el amor. Cuando reconoció que Charles estaba tratando de liberarse de sus expectativas del pasado y establecer su propia identidad, Gretchen fue capaz de ver que había cierta cordura en lo que le había parecido que era locura. Esto no salvó el matrimonio, pero al menos sintió que entendía lo que había sucedido.

Bill le dijo al grupo que su matrimonio había sufrido una crisis tres años atrás, mientras su esposa estaba pasando por la etapa de la rebeldía. Cuando él y Charlotte fueron a recibir terapia matrimonial, la terapeuta quiso poner fin a la etapa rebelde de Charlotte y la instó a «comportarse como era debido». De hecho, le vino a decir que debía permanecer en la etapa de la cáscara. Bill aseguró que en ese mismo momento supo que estaba cometiendo un error. El matrimonio duró otros tres años, hasta que, repentinamente, las presiones de crecimiento de Charlotte y su necesidad de rebelarse surgieron de nuevo, y ella se volvió «completamente irresponsable»; dejó el matrimonio y el hogar sin ni siquiera llevarse ropa. Su marido no supo nada de ella en tres semanas. Al evocar esos eventos dolorosos, Bill hizo la observación de que tal vez la gente debería discernir en qué etapa de crecimiento y desarrollo están ¡sus terapeutas!

Muchas personas preguntan: si tantos matrimonios terminan cuando uno de los cónyuges está pasando por la etapa de la rebeldía, ¿hay alguna manera de hacer que la relación se sostenga mientras ocurre esto? El rebelde que puede enfocarse en su interior y darse cuenta de la interacción que se produce entre él y las figuras parentales de su pasado tal vez sea capaz de lidiar directamente con los «deberías» y las expectativas. Hablar de la propia rebeldía en lugar de manifestarla tiene unos efectos mucho menos destructivos sobre las personas queridas y cercanas.

Es posible que una persona encuentre, *dentro* del matrimonio, el espacio emocional que necesita para rebelarse, tal vez por medio de acudir a terapia o a clases universitarias, de prestar servicio comunitario, de apuntarse a programas recreativos o deportivos o de implicarse en otras actividades creativas. El rebelde necesita contar con oportunidades para experimentar con su comportamiento, probar nuevas formas de relacionarse e interactuar con personas que no sean su cónyuge. Si los dos miembros de la pareja pueden entender lo que está ocurriendo (que el rebelde está lidiando con un conflicto interno que tiene poco que ver con el cónyuge), esto puede permitir que el sujeto lleve a cabo su tarea de crecimiento y desarrollo en su interior, en lugar de que se produzcan tensiones en la relación amorosa.

Los compañeros del individuo rebelde deben aceptar que su proceso de rebelión es interno y que no incumbe a otras personas. Han de trabajar en sanar a su propio «niño interior», porque sus patrones de comportamiento paternales y controladores derivan de sus necesidades insatisfechas.

LOS MARES TEMPESTUOSOS DE LA LUCHA POR EL PODER

Muchas parejas discuten sobre la forma correcta de apretar el tubo de la pasta de dientes y de desenrollar el papel higiénico. Y las cuestiones sobre las que discuten nunca se resuelven, incluso cuando creen que se han puesto de acuerdo. Ambos compañeros sienten que no tienen poder en la relación, o el control de esta. Los dos se sienten desesperados, indefensos y cansados de pelear. La guerra que se está librando puede ser intensa y manifestarse como gritos continuos, peleas y maltrato verbal; o puede tratarse de una guerra fría, en que las estrategias son hacerse el vacío, salir de la casa o hacer pucheros, entre otras fórmulas pasivas que tienen por objeto intentar ganar poder y tener el control.

Los dos implicados han dejado de hablar de sentimientos o de compartirlos. En lugar de ello, se cruzan reproches. Han renunciado a encontrar cualquier intimidad distinta de la pseudointimidad que experimentan mientras luchan. Ninguno de los dos quiere perder, por lo que cada cual se sirve de las estrategias que puede para ganar la guerra.

La lucha por el poder es como una olla que está hirviendo en un fogón. Los ingredientes del guiso son todas las cuestiones no resueltas de cada compañero que se proyectan en la relación. El calor que hay bajo la olla es la creencia de que otra persona es la responsable de la propia felicidad o infelicidad. Los dos individuos se casaron con la creencia de que vivirían felices para siempre. Funcionó bien mientras duró la «luna de miel» y fueron felices. Pero cuando la luna de miel se hubo acabado y dejaron de estar contentos todo el rato, la persona que era la responsable de su felicidad pasó a serlo de su infelicidad. Cada uno renunció a su poder cuando delegó esta responsabilidad en el otro.

CALMAR LAS AGITADAS AGUAS DE LA LUCHA POR EL PODER

La lucha por el poder se convierte en dolores de crecimiento cuando cada persona se apropia de los asuntos no resueltos que alberga en su interior. Estos temas pueden tener que ver con las etapas de la cáscara, la rebeldía y el amor de las que hablábamos anteriormente, pero pueden proceder de cualquier aspecto de la vida o de la personalidad. Se trata, verdaderamente, de una lucha de poder interna en que los problemas que cada uno es incapaz de afrontar y superar se proyectan en la relación. Y la olla sigue hirviendo.

La lucha por el poder se mitiga cuando:

- Ambos compañeros aprenden a hablar de sentimientos.
- Ambos empiezan a utilizar las formulaciones en primera persona que denotan asunción de responsabilidad en lugar de las formulaciones en segunda persona, inculpadoras.
- Cada uno se apropia de sus propios asuntos no resueltos.
- Se ven el uno al otro como maestros de los que aprender en el ámbito de las relaciones.
- Cada sujeto se esfuerza por aprender más sobre sí mismo, en lugar de proyectar sus heridas y su culpabilidad sobre el otro.

DEJAR ATRÁS LOS REMANENTES

Como ocurre con cualquier transición de la vida, esta etapa de la subida es muy desigual y bastante difícil. Despertar y entender por qué acabó la relación amorosa no suele ser un proceso fácil; incluso puede ser muy doloroso: es mucho más sencillo para mí ver la paja que hay en tu ojo que la viga que hay en el mío.

Cuando Bruce trabajó como oficial de custodia de jóvenes, cada semana acostumbraba a enviar a una familia a que recibiese apoyo psicológico. Cuando los miembros de la familia acudían al consejero para descubrir qué era lo que podían aprender y cambiar en *sí mismos*, el asesoramiento era generalmente útil y fructífero; pero cuando acudían albergando la creencia de que eran *otros* miembros de la familia quienes necesitaban cambiar, el asesoramiento solía resultar ineficaz.

La próxima vez que veas a alguien en el sendero que se comporta como un adolescente (que se muestra rebelde y está siempre enojado con las figuras de autoridad), sé comprensivo. Ahora ya sabes que el rebelde está tratando de crecer emocionalmente, de obtener una identidad independiente y de liberarse de las expectativas y los controles del pasado. Aunque quieras mostrarte paternal y decirle cómo debe comportarse, tal vez te contendrás, tendrás un comportamiento adulto y dirás: «Creo que es probablemente lo mejor dado el punto en que se encuentra ahora mismo». De hecho, tal vez tú aún estés en la etapa de la cáscara y necesites emprender tu rebelión para mejorar tu sentimiento de autoestima y encontrar una identidad mejor.

¿Te das cuenta de que estás avanzando en la subida de la montaña? El hecho de que seas capaz de enfrentarte a los remanentes y gestionarlos es indicativo de que estás adquiriendo una perspectiva mucho más amplia de la vida y de ti mismo. Probablemente no podrías haber hecho mucho por ocuparte de los remanentes cuando estabas al pie de la montaña tratando de sobrevivir emocionalmente.

LOS NIÑOS Y LA TRANSICIÓN

La mayoría de los niños tendrán algunas dificultades con los remanentes de sus padres: los problemas procedentes de la familia de origen, las experiencias infantiles, la rebeldía y las luchas de poder. La visión que tiene un niño de las acciones de los demás está condicionada por sus pocos años de vida y el repertorio limitado de sus experiencias.

Una influencia muy fuerte que reciben los niños durante este proceso es la sensación de dolor interno. Aquellos que están en la fase de crecimiento interactuarán con otros adultos importantes para ellos como aprendieron a hacer con sus padres, hasta que tenga lugar un aprendizaje sanador. (Los niños están, después de todo, pasando por sus propias experiencias en relación con su familia de origen y su infancia). Si un nuevo padrastro entra en escena, por ejemplo, el niño tenderá a tener los mismos problemas con este adulto que los que tuvo con su padre natural. Esto solo cambiará cuando aprenda —tal vez gracias al apoyo amoroso de adultos comprensivos— cómo gestionar eficazmente esas viejas emociones (sin incurrir en comportamientos adaptativos destructivos) y cómo cultivar nuevas formas de relacionarse con los adultos.

TAREAS PARA UNA TRANSICIÓN MÁS FÁCIL

Para que la transición resulte más sencilla, puedes adoptar las siguientes acciones y responder a las siguientes preguntas:

- Describe cómo sería la relación entre el progenitor más relevante de tu expareja y tu progenitor más relevante. ¿Se parecía en algo tu relación amorosa a esta relación imaginaria?
- ¿Cómo afectaron las influencias de tu familia de origen al final de tu relación de pareja?
- Haz una lista de las formas en que tu familia de origen reaccionaba a la ira, el amor, el miedo, la culpa, el rechazo, la intimidad y el conflicto. Haz una lista de las formas en que tú reaccionas frente a estas mismas emociones y situaciones.
- ¿Percibes que tu expareja es como uno de tus padres? ¿Empezó tu matrimonio a parecerse al de tus padres? ¿Quieres que tu matrimonio sea diferente del de estos? ¿Cómo harías para crear un matrimonio así?

- ¿Crees que estuviste emocionalmente unido a tus padres durante tu infancia? ¿Te sientes cómodo estando en intimidad con otra persona? ¿Desarrollaste buenos sentimientos de autoestima en la infancia? ¿Tuviste una buena relación con tus padres? ¿Se parece o parecía en algo tu relación de pareja con la que tuviste con uno de tus padres o con ambos?
- Este capítulo ha identificado las fases de la rebelión como la etapa de la cáscara, la etapa de la rebeldía (exterior e interior) y la etapa del amor. ¿En cuáles de estas etapas se encuentran tus padres? ¿Y en cuál se halla tu expareja? ¿Y tú?
- ¿Tuvo algo que ver el proceso de rebelión con el final de tu relación amorosa?
- ¿Sosteníais tu pareja y tú una lucha por el poder cuando pusisteis fin a la relación? ¿Creíste que cuando te casaras ibas a vivir feliz para siempre? ¿Crees que otra persona es responsable de tu felicidad o infelicidad? ¿Has identificado alguna de las cuestiones no resueltas dentro de ti que contribuyeron a que tu pareja y tú mantuvierais una lucha de poder? Por ejemplo, ¿empezaste a plantarle cara a tu compañero como desearías haberle plantado cara a tu padre? ¿Empezaste a ser responsable de ti mismo en lugar de permitir que tu pareja te asfixiase o te hiciese de madre o padre?
- ¿Con qué elementos de los expuestos en este capítulo has visto que tienes que trabajar antes de poder crear una relación sana en el futuro?

¿CÓMO LO LLEVAS?

Una vez que te hayas asegurado de estar preparado tras responder el cuestionario de autoevaluación que te mostramos a continuación, prosigue con la siguiente parte del viaje. Después de hablar de la importancia que tiene mantener una comunicación abierta y honesta, echaremos un vistazo a ese fenómeno escurridizo pero siempre presente que es el amor.

- ❑ Soy consciente de los remanentes que cargo procedentes de relaciones del pasado.
- ❑ Estoy trabajando con mis remanentes en lugar de culpar a otros por ellos.
- ❑ Estoy construyendo relaciones que me ayudarán a eliminar mis remanentes.
- ❑ Entiendo que tendré que cambiar mis actitudes y mi conciencia para librarme de los remanentes.
- ❑ He identificado si estoy en la etapa de la cáscara, la de la rebeldía o la del amor en mi proceso de crecimiento y desarrollo.
- ❑ He pensado en el crecimiento y el desarrollo de mi cónyuge en términos de las etapas de la cáscara, la rebeldía y el amor.
- ❑ He pensado en el desarrollo de mis padres en términos de las etapas de la cáscara, la rebeldía y el amor.
- ❑ He identificado formas positivas de rebeldía en contraste con maneras más negativas y destructivas de rebelarse.
- ❑ Puedo entender y aceptar los elementos del comportamiento de mi cónyuge que tenían que ver con la etapa de la rebeldía.
- ❑ Me doy cuenta de que puede ser que tenga que pasar por las etapas de la cáscara, la rebeldía y el amor varias veces en mi vida.
- ❑ Estoy tratando de cuidar de mí mismo lo necesario para permanecer fuerte y estable.
- ❑ Trataré de deshacerme de tantos remanentes como sea posible antes de iniciar otra relación amorosa a largo plazo.

APERTURA

«Me he estado ocultando detrás de una máscara»

Una máscara es una cara falsa, un sentimiento que proyectamos a los demás diferente de lo que estamos sintiendo en realidad. Algunas máscaras son apropiadas; otras son inapropiadas. Las máscaras pueden protegerte del dolor emocional que sientes o temes sentir, pero usarlas requiere invertir en ello una gran cantidad de energía emocional. Las máscaras te distancian emocionalmente de los demás, lo cual te impide edificar relaciones íntimas. Cuando te quitas tu máscara de forma adecuada, encuentras la intimidad, en lugar del dolor emocional.

> Después de divorciarme, buscando maneras de conocer gente nueva, acepté un breve papel en una pequeña producción teatral. Una noche en que estábamos ensayando, de repente me di cuenta de que eso era lo que había estado haciendo en mi matrimonio: recitar un guion. No era yo mismo; era un personaje de una tragicomedia romántica.
>
> SCOTT

En este punto de la ascensión, la mayoría hemos aprendido mucho sobre nosotros mismos y nuestras relaciones amorosas anteriores. Probablemente tengas una idea clara de lo que sucedió y esperamos que estés empezando a pensar en cómo evitar cometer el mismo tipo de errores en el futuro.

Un elemento clave en las relaciones amorosas que funcionan es la apertura. ¿Eras sincero con tu pareja? ¿Eres realmente honesto contigo mismo? ¿O sueles esconderte detrás de la máscara del «todo está bien»?

MÁSCARAS Y APERTURA

Todos nos ponemos máscaras en ocasiones. A veces sencillamente no quieres que los demás sepan lo que estás sintiendo, y una «máscara» constituye una forma adecuada de ocultar lo que está sucediendo en tu interior —es un escudo protector—. Por lo tanto, la máscara proyecta una actitud o un sentimiento diferente a la superficie, lo cual te protege del dolor que hay por debajo. Este dolor puede ser el miedo al rechazo, a no gustarle a alguien o a sentirte incompetente; o tal vez no es más que la sensación de no importarle a nadie.

Los niños pequeños no usan máscaras como los adultos; esta es una de las razones por las que es agradable y entrañable estar con ellos. Desarrollamos nuestras máscaras a medida que maduramos y pasamos a estar «socializados». Sin embargo, no llevamos a cabo el esfuerzo consciente de engañar; la idea es simplemente que las máscaras nos ayudarán a interactuar con los demás de manera más efectiva.

No obstante, algunas máscaras no nos ayudan a conectar con los demás, sino que nos mantienen a una distancia emocionalmente segura. La apertura, después de todo, puede ser bastante aterradora en ocasiones...

¿QUÉ MÁSCARA LLEVAS?

Pongamos algunos ejemplos de las máscaras de las que estamos hablando. Hay algunas personas que, a medida que te acercas emocionalmente a ellas, enseguida empiezan a bromear y contar chistes: se ponen la *máscara del humor*.

Una máscara similar es la *cara de muñeca Barbie*. Cada vez que empiezas a mostrarte como realmente eres con una persona así y comienzas a hablar de algo importante, inmediatamente te encuentras con una cara feliz, sonriente, inmutable, parecida a la de una muñeca Barbie.

Muchas personas que pasan por el divorcio se ponen la *máscara de la fuerza*. Proyectan una imagen que dice «soy muy fuerte». Mantienen el control en todo momento y no muestran nunca ninguna debilidad, pero por debajo están la confusión y la impotencia.

Como casi todos los divorciados, Connie había sentido en algún momento la calidez de la intimidad emocional. Cuando se casó con Chris, él se la proporcionó. Posteriormente, la calidez se convirtió en fuego, y el fuego la quemó. A partir de ese momento, tuvo miedo de volver a recibir calor por parte de nadie. Ahora aleja emocionalmente a la gente con todo tipo de recursos sofisticados. Lleva puesta una *máscara de enojo* que advierte a los demás que no se metan con ella, una máscara por la que es famosa en varios kilómetros a la redonda —realmente, le resulta muy eficaz para mantener a la gente a distancia—.

¿QUIÉN ESTÁ OCULTANDO QUÉ DE QUIÉN?

Algunas máscaras no son muy productivas. Al llevarlas, luchamos contra lo mismo que anhelamos: la cercanía, la intimidad, la sensación de estar a salvo con otra persona. Puesto que hemos sido heridos, tenemos miedo de esta misma intimidad y cercanía.

Marian proyectaba una máscara y pensaba que estaba engañando a la gente, que los demás no sabían lo que realmente sentía. Descubrió, sin embargo, que las otras personas no solo veían a través de su máscara, sino que la veían más claramente de lo que ella se veía a sí misma. Esta es una de las características que tienen las máscaras: a menudo nos engañamos a nosotros mismos más de lo que engañamos a los demás. La máscara a través de la cual Marian creía que nadie podía ver permitía que otras personas supieran, mejor que ella misma, el dolor que esa máscara pretendía ocultar.

Una máscara puede evitar que te conozcas a ti mismo, más que impedir que alguien te conozca. Cuando llevas una, en realidad estás negando ante ti mismo tu propio sufrimiento. Haces como el avestruz, que, al meter la cabeza bajo tierra, piensa que nadie puede verlo solo porque él no puede ver a nadie.

LAS MÁSCARAS PUEDEN SER UNA CARGA

A veces invertimos una gran cantidad de energía emocional en nuestras máscaras.

Estás llevando una gran carga a cuestas todo el tiempo al tratar de actuar de la manera en que piensas que «debes» actuar en lugar de limitarte a ser tú mismo. La energía emocional que se invierte en llevar una máscara puede llegar a ser casi abrumadora. Gastas más energía cargando la máscara de la que dedicas a aprender sobre ti mismo, a tu crecimiento personal o a hacer algo más productivo.

Piensa en lo solo que se está detrás de una máscara grande y gruesa. El sujeto vive más o menos en su propio mundo, y no hay nadie que realmente conozca y entienda a esa persona, que sepa lo que alberga en lo más profundo de su ser. A menudo, cuanto más solo se siente alguien, más se oculta detrás de una gruesa máscara. Parece haber una conexión directa entre la intensidad de la soledad que uno siente y el grosor de la máscara que lleva.

Cualquiera que haya llevado una máscara realmente pesada y después se la haya quitado —en terapia o compartiendo y hablando con un amigo— descubre una gran sensación de libertad tras desprenderse de la carga. Esa persona pasa a tener mucha más energía disponible para hacer otras cosas en la vida.

Jeff empezó a llevar una máscara en la infancia. No tardó en descubrir que debía exhibir ciertos comportamientos «aceptables» para obtener el amor, los mimos o la atención que necesitaba. Aprendió a cuidar de otras personas cuando lo que él quería realmente era que lo cuidaran. Aprendió a destacar en la escuela, a pesar de que en realidad no le importaba sacar o no sobresalientes. Aprendió a mantener todos sus sentimientos en su interior en lugar de abrirse y revelarse a los demás. Jeff creció con la idea de que el amor no guardaba relación con ser él mismo, pues lo recibía cuando llevaba puesta la máscara de «buen chico». No cabe duda de que aprendió bien a no otorgar valor al hecho de abrirse.

Concebimos la mayor parte de las máscaras porque no nos sentimos amados incondicionalmente por el solo hecho de ser nosotros mismos.

«SALGAMOS A COMER JUNTOS: MI MÁSCARA LLAMARÁ A TU MÁSCARA»

Imagina a alguien tratando de besarte mientras llevas puesta una máscara. Esta es una buena imagen de lo difícil que es sentirse cerca de otra persona cuando cualquiera de las dos está llevando una máscara. Da una idea de lo que le hace la máscara a la comunicación entre dos sujetos. Piensa en todos los mensajes indirectos y retorcidos que se envían a causa de las máscaras. ¡Es demasiado para que pueda haber una comunicación franca!

Hay máscaras apropiadas y las hay inapropiadas, por supuesto. Una máscara apropiada es la que usas en el trabajo cuando tratas con otras personas. Proyectas una sensación de eficiencia, de competencia, de «estoy aquí para servir». Esta uniformidad y esta serenidad hacen que el trabajo que realizas junto con otros sea más eficaz. Pero cuando sales del trabajo y vuelves a casa para estar con un amigo o un ser querido, la misma máscara se vuelve inapropiada. Te distancia emocionalmente de tu pareja, evita la comunicación directa, mata la apertura y no permite que ni tú ni el otro seáis vosotros mismos. Esta máscara puede ser apropiada cuando necesitas estar un tiempo a solas, pero resulta dura en la intimidad.

CUESTIÓN DE ELECCIÓN

Una máscara que *elijas* llevar es probablemente una máscara apropiada, pero la máscara *que te elige a ti* es probablemente inapropiada. Te elige porque no eres libre de exponer los sentimientos que albergas. En este sentido, te controla. En muchas ocasiones no eres consciente de que llevas este tipo de máscara.

¿ESTÁS LISTO PARA QUITARTE LA MÁSCARA?

¿Cómo decide alguien quitarse una máscara? En algún momento durante el proceso de separación, será apropiado que te quites algunas de las máscaras que has estado llevando y que pruebes a abrirte. ¿Ha llegado la hora?

¿Qué sucedería si te quitases las máscaras? ¿Por qué no intentarlo con algunos amigos con los que te sientas seguro? Quítate una de ellas y comprueba cuántas veces hallas su aceptación en lugar del rechazo que esperabas. Observa cuántas veces te acercas más a alguien en lugar de verte herido. Advierte cuántas veces te sientes más libre de lo que te sentías antes.

Pongamos un ejemplo de cómo quitarnos una máscara ante un amigo de confianza. Podrías decirle algo así: «¿Sabes?, ha habido momentos en los que no he sido muy sincero contigo. Cuando te acercas a mí, me convierto en un bromista. La máscara del bromista es un escudo que utilizo para evitar que me hieran. Cuando tengo miedo de que me lastimen o siento que estoy a punto de que eso ocurra, empiezo a hacer bromas. Cuando las hago en momentos inapropiados, esto me impide conocerte y evita que tú me conozcas. Quiero que sepas esto de mi máscara. Al contártelo, pierde algo de poder. Estoy tratando de quitarme un poco la máscara al compartir esto contigo». (Más adelante, en este capítulo, te daremos un ejercicio para que te «levantes» la máscara).

Puede ser que algunos amigos te lastimen cuando te la quites, porque no son capaces de afrontar los sentimientos que has estado cubriendo con ella. Pero si pudieras elegir, ¿qué escogerías? ¿Seguir usando la máscara y no llegar a conocer a las personas? ¿O quitártela, mostrarte franco y correr el riesgo de verte herido o rechazado? Si te hallas en un punto emocional en el que puedas pensar en una posible relación de pareja en el futuro, ¿qué tipo de relación te gustaría tener? ¿Una que incluyera la apertura, la intimidad y la confianza, u otra en la que ambos llevarais máscaras de algún tipo? ¡La decisión es vuestra!

Si llevas una máscara para tapar tu dolor, una parte del proceso de eliminación de la máscara debe ser hacerle frente. Como terapeutas, preferimos ayudar a nuestros clientes a que traten de ponerse en contacto con el dolor que hay detrás de su máscara y a expresarlo y verbalizarlo.

Cuando Sharon estaba pasando por el proceso del divorcio, trataba de ser la persona fuerte, la que siempre tenía el control. Su terapeuta la animó a hablar del dolor y la confusión que sentía, y ella lo hizo, vacilante. Aprendió que tal vez es apropiado sentirse confundido cuando se pasa por una situación confusa y que quitarse la máscara y lidiar con esa confusión resulta productivo. Necesitó varias sesiones de terapia para reconocer plenamente su dolor y para elaborar algunas estrategias constructivas de superación que le permitieron permanecer sin la máscara.

Muchas de las personas que han sido lastimadas al final de una relación amorosa se ponen más máscaras que anteriormente. En parte, subir la montaña de los bloques de reconstrucción consiste en aprender a quitarse algunas de las máscaras que uno pudo haberse puesto para tapar el dolor derivado del final de la relación de pareja.

TU YO DETRÁS DE LA MÁSCARA

Todos tenemos un yo bien definido dentro de nosotros, el auténtico ser que mora en lo profundo de nuestro interior. Todos desarrollamos nuestras personalidades —el rostro que mostramos al resto del mundo— alrededor de esta esencia, y aunque nos comunicamos desde ese yo esencial, siempre lo hacemos a través de esa personalidad que hemos desarrollado. Sin embargo, lo ideal sería que esa comunicación bidireccional se estableciera directamente entre nuestro auténtico yo y el de los demás.

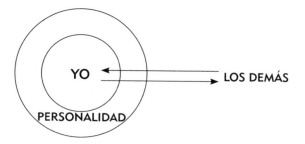

Cuando desarrollas un grueso caparazón o una gruesa máscara para «proteger» tu yo interior, tu comunicación se ve bloqueada por esa máscara. Los mensajes, en lugar de ir del yo a los demás y de vuelta al yo, van de la máscara a los demás y de vuelta a la máscara. (¡Por supuesto, las otras personas también pueden estar usando máscaras!).

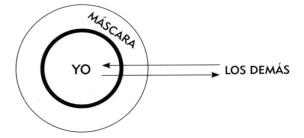

En esta situación, tu yo no está realmente implicado en la comunicación. Si sigues con la máscara puesta, tu yo interior pasa hambre, nunca ve el sol y jamás encuentra nada que le ayude a crecer. Tu yo interior se reduce —o, como mínimo, pasa a ser menos influyente—, hasta que es tan pequeño que puede ser que ni siquiera seas capaz de encontrar tu propia identidad. Mientras tanto, el caparazón que te rodea es cada vez más grueso y más duro.

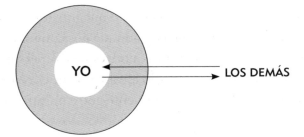

Este tema presenta otra variación: puede ser que enmascares ciertas áreas de tu personalidad pero no otras. En la siguiente ilustración hay barreras a partes de tu personalidad que impiden la comunicación a través de ellas, pero hay otras partes de tu personalidad a través de las cuales te comunicas con otras personas.

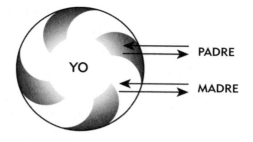

Para tomar otro ejemplo de los días en que Bruce era oficial de custodia, encontró que le era muy fácil trabajar con algunos jóvenes, mientras que otros estaban muy a la defensiva con él. Después de un tiempo, se dio cuenta de que se estaba manifestando un patrón: los jóvenes con quienes era fácil trabajar tenían, por lo general, una buena relación con sus padres y eran capaces de comunicarse bien con su oficial de custodia, que venía a ser una figura paterna. Pero si un joven se sentía incómodo con Bruce, probablemente también se sentía así con su padre. Ese joven había desarrollado una fuerte máscara protectora que impedía la comunicación entre su yo interior y los hombres adultos que tenían autoridad. Podía ser que a ese joven le resultase más fácil trabajar con *una* oficial de custodia, especialmente si había aprendido a relacionarse bien con su madre.

¿QUIÉN ERES TÚ?

¿Te conoces a ti mismo? ¿Estás bastante seguro de cuál es tu propia identidad? Muchas personas usan máscaras porque carecen de un sentido de la identidad. No pueden estar abiertas porque no saben quiénes son ni qué sienten realmente. Empiezan a llevar máscaras, las cuales se van haciendo cada vez más gruesas, y el yo interior se vuelve aún más difícil de identificar. Muy pronto, estas personas han perdido todo contacto con su identidad. Carecen del apoyo y el estímulo necesarios para que sus identidades crezcan.

Si quieres quitarte las máscaras, debes sacar a la luz el máximo de sentimientos que puedas. Cuando compartes algo sobre ti que no has compartido antes, te estás quitando una máscara. Y cuando pides su opinión a otras personas, sueles descubrir cosas sobre ti que no sabías antes, y esto también hace que caiga una de las máscaras que has estado utilizando para evitar conocer a tu yo.

Para deshacerte de algunas de las máscaras inadecuadas e improductivas que estás llevando, empieza a abrirte lo más posible a otras personas. Relaciónate con algunos sujetos que ofrezcan una comunicación muy abierta, *significativa* —es decir, que no hablen todo el rato de sí mismos—. Estas conexiones te ayudarán a quitarte las máscaras, permitirán que tu yo interior crezca y ubicarán todas tus relaciones en un contexto de honestidad y apertura —contigo mismo y con las personas que te importan—.

Hay muchos individuos cuyo niño interior se halla extremadamente asustado y temeroso de salir. Si estás experimentando este tipo de miedo, te resultará útil obtener orientación psicológica profesional. La consulta es un lugar seguro en el que dejar salir a nuestro niño asustado, es decir, en el que abrirnos a nosotros mismos.

TAREAS PARA AYUDARTE A PASAR DE LAS MÁSCARAS A LA APERTURA

Las siguientes tareas pueden resultarte útiles para desprenderte de las máscaras y llegar a un espacio de apertura:

- Siéntate y haz una lista de todas las máscaras que usas. Examínalas y determina cuáles son apropiadas y cuáles no. Identifica aquellas que te gustaría eliminar porque no te están prestando un buen servicio.
- Enfócate en tu interior e intenta ponerte en contacto con tus sentimientos. Comprueba si puedes localizar el miedo o el dolor que está por debajo de las máscaras que llevas. ¿Por qué es importante que te protejas de experimentar intimidad con los demás? Es probable que las máscaras escondan algún tipo de miedo. Mira esos miedos y examina si son racionales o si se trata, tal vez, de temores que desarrollaste a partir de interactuar con algunas personas de maneras improductivas.

- Encuentra un amigo o un grupo de amigos con los que te sientas seguro porque confíes en ellos. Descríbeles este ejercicio y hazles saber que vas a intentar compartir algunas de tus máscaras con ellos. Explícales que el hecho de revelarles tu máscara hará que esta no tenga el mismo poder sobre ti que tenía antes. Comparte con estos amigos algunos de los miedos que te han impedido mostrarte abierto, honesto y cercano con los demás. Pídeles a ellos que hagan lo mismo contigo. Una comunicación abierta y significativa entre tú y tus amigos te ayudará a liberarte de las máscaras que has estado llevando y a recuperar parte de la energía emocional que han requerido por tu parte.

LAS MÁSCARAS DE LOS NIÑOS

¿En qué medida eres abierto y honesto con tus hijos? ¿Has compartido con ellos los eventos importantes que acontecen en tu relación que los afectan directamente? Cuando estabas listo para separarte de tu pareja, ¿cómo se lo dijiste? ¿Con qué constancia has estado con ellos? ¿Pueden confiar en que harás lo que dices que harás? En pocas palabras, ¿pueden fiarse de ti?

En un taller que realizamos para hijos de padres divorciados, le preguntamos a una niña de trece años qué tipo de animal sentía que era:

—Esto es fácil –respondió–. Cuando estoy con mi padre, soy una persona. Cuando estoy con mi madre, soy otra persona. Trato de complacer a ambos para que no se disgusten. Así que soy un camaleón.

Nos resulta muy difícil escuchar realmente a nuestros hijos cuando estamos atrapados en nuestro propio dolor. En este caso, es fácil que nos sintamos heridos y disgustados por sus comentarios. Así pues, no es extraño que caminen sobre una fina capa de hielo y tengan cuidado con lo que dicen y lo que hacen. A menudo se sienten muy responsables de nosotros, muy comprensivos con nosotros, muy temerosos de disgustarnos aún más.

Debería animarse a los niños a decir su verdad y a manifestar sus pensamientos y sentimientos, incluso cuando nos resulte difícil oírlos. Si no puedes escucharlos sin juzgarlos, criticarlos o sentirte molesto, ayúdalos a encontrar a otra persona con quien puedan hablar —alguien más desapegado y objetivo—.

A raíz del divorcio, todo su mundo ha sido destruido y se preguntan qué ocurrirá a continuación. Cuando tienen una comunicación abierta y honesta con sus padres —o, al menos, con un adulto comprensivo—, empiezan a sentirse parte de la solución en lugar de parte del problema.

¿CÓMO LO LLEVAS?

Antes de proseguir con el siguiente tramo de la subida, responde el cuestionario de autoevaluación:

- ❑ Estoy empezando a reconocer las máscaras que he estado llevando.
- ❑ Me gustaría mostrarme más abierto con las personas que me importan.
- ❑ Estoy dispuesto a enfrentarme a los temores que hay detrás de mis máscaras, aunque me dé miedo hacerlo.
- ❑ Me he arriesgado a compartir con un amigo de confianza un miedo que he estado ocultando.
- ❑ Le he pedido a un amigo de confianza que me dé alguna opinión sincera sobre mí mismo.
- ❑ Estoy empezando a entender el valor de la apertura en las relaciones.
- ❑ Cada vez me resulta más natural abrirme.
- ❑ Puedo elegir usar una máscara apropiada cuando es importante hacerlo.
- ❑ Mis máscaras ya no me controlan.

AMOR

«¿Podría importarle realmente a alguien?»

Muchas personas necesitan reaprender a amar, con el fin de hacerlo de una forma más madura. Tu capacidad de amar a los demás está estrechamente relacionada con tu capacidad de amarte a ti mismo. Esto último no denota egoísmo y vanidad, sino que es lo mejor que puedes hacer por el bien de tu salud mental. Y puedes adoptar una serie de medidas concretas con el fin de amarte más.

> El amor es como un ramo de rosas: no recuerdas lo que te costó conseguirlas; solo recuerdas el amor en los ojos de ella cuando las recibió.
> El amor es como estar sentado de espaldas a la chimenea: se puede sentir el calor sin ver el fuego.
> El amor es el regalo más grande que puedes recibir. Pero tienes que dártelo a ti mismo.
>
> Ed

A medida que seguimos subiendo la montaña, observamos grafitis en las rocas, escritos por poetas que hablan del amor. La mayor parte de lo que aprendemos sobre el amor proviene de los poetas. ¿A quién le pusieron alguna vez, en la escuela, deberes relacionados con la naturaleza del amor? ¿Te tomarías tiempo ahora mismo para hacer algunos «deberes» al respecto? En el espacio de abajo, escribe tu definición del amor (estamos hablando del amor entre dos personas en una relación romántica, no del amor de los padres, el amor espiritual o el amor por la humanidad).

El amor es:

_____

_____

_____

_____

_____

_____

_____

_____

_____

_____

Les hemos pedido a miles de personas que hiciesen este ejercicio y lo que hemos descubierto es que, si bien se trata de una tarea difícil para cualquiera, lo es especialmente para las personas divorciadas. Un comentario típico es: «Pensé que sabía lo que era el amor, pero supongo que me equivocaba». Muchas personas sienten que no dan la talla a la hora de definir el amor. Pero el amor tiene múltiples facetas, como los diamantes. Puede verse desde muchas perspectivas, y no hay una manera correcta o incorrecta de definirlo. Lo único relevante es lo que sentimos respecto a él.

En nuestra sociedad, muchas personas tienen asumido el estereotipo de que el amor es algo que hacemos por alguien o a alguien. Muy pocas han aprendido que es algo que debe estar *centrado en uno* y que la base para amar a los demás es el amor que sentimos por nosotros mismos. La mayoría reconocemos el mandato bíblico de «amar al prójimo como a nosotros mismos», pero ¿qué ocurre si uno no se ama a sí mismo?

He aquí una definición un poco cínica, sobre la que se basan muchas relaciones: «El amor es el cálido sentimiento que experimentamos hacia alguien que satisface nuestras necesidades neuróticas». Esta es una definición de la necesidad más que del amor. Puesto que no somos personas completas y plenas, sino que tenemos carencias emocionales, tratamos de llenar estas por medio de «amar» a otro sujeto. Esperamos encontrar en él lo que nos falta. En otras palabras: muchos de nosotros somos «medias personas» que están tratando de amar a alguien para llegar a estar completos. El amor procedente de una persona completa es más maduro y es más probable que sea duradero.

ENAMORARSE DEL AMOR

En inglés existe una expresión que podría traducirse por «suaves señuelos con anzuelo». Un *suave señuelo* podría ser un gesto agradable que tenemos con alguien, como cuando le decimos «te quiero». Lamentablemente, muchos de nosotros aún estamos luchando para llegar a estar completos. Si nuestro propio cubo está casi vacío cuando le decimos «te quiero» a otra persona, probablemente lo que en realidad estamos diciendo es «por favor, quiéreme». La otra persona se topa con el señuelo, se lo traga y se engancha al anzuelo. Decir «te quiero» desde un cubo vacío tiende a ser un comportamiento manipulador, mientras que el amor que se proyecta desde un cubo lleno permite a los demás ser ellos mismos y ser libres.

Otro problema que presenta el amor en nuestra sociedad es que enamorarse es la razón más aceptable por la cual casarse. Sin embargo, «enamorarse» puede tener más que ver con la soledad que con un sentimiento profundo por la otra persona. Enamorarse para superar la soledad no es una expresión del amor. Este más bien debería ser el resultado de romper las barreras que nos habían impedido tener intimidad con otras personas.

A veces uno no ama al otro, sino a la imagen idealizada que se ha hecho de él. Cuando se da cuenta de la diferencia, se desilusiona, se desenamora y la relación se disuelve. Si una pareja puede evolucionar más allá de la etapa del amor a la imagen idealizada que uno tiene del otro, existe la posibilidad de que los miembros de esa pareja puedan amarse con mayor madurez. En el caso de algunas parejas, esta evolución tiene lugar dentro de la relación, y el amor que sienten entre sí los compañeros madura; en el caso de otras, la madurez solo tiene lugar después de que la relación inmadura se ha disuelto.

Vemos a muchas personas que aman con un amor inmaduro: amar significa para ellos hacer algo a alguien o para alguien, amar significa cuidar a alguien; amar significa lograr; amar significa tener siempre el control; amar significa «no tener que decir nunca que lo sientes»; amar significa ser siempre fuerte; amar significa ser amable.

Shirley creía que el amor era esto último, por lo que estaba tratando de mejorar una relación amorosa malsana siendo amable. Ken le preguntó por qué creía que no le había funcionado. Shirley respondió: «Supongo que no lo fui lo bastante».

EL AMOR INCONDICIONAL: CON TODAS LAS IMPERFECCIONES

Muchos (¿la mayoría?) de nosotros no recibimos el suficiente amor *incondicional* en nuestra infancia —un amor, por parte de nuestros padres u otras personas, basado en lo que éramos; no un amor que nos tuviésemos que ganar por medio de ser «buenos»—. Puesto que no se nos amó incondicionalmente, adoptamos formas de amor *inmaduras* hacia los demás. Esta es una historia difícil de superar. Sin embargo, podemos llegar a comprender que el amor maduro hace referencia a amarse uno a sí mismo por ser lo que es y, de igual manera, amar a los demás por ser lo que son. Cuando podemos sentir este amor incondicional, no basado en el comportamiento de los demás, hemos aprendido qué es el amor *maduro*. Este último nos permite ser plenamente nosotros mismos en nuestras interacciones con el ser amado.

A muchas personas les resulta difícil renunciar a las formas inmaduras del amor. Esta es la manera en que siempre han obtenido mimos, atención y buenos sentimientos. Finalmente, sin embargo, reconocen que tienen que esforzarse cada vez más para obtener el amor que están buscando. Es como conformarse con menos y aceptar cualquier muestra de atención en lugar de llegar hasta el final para recibir auténtico amor aprendiendo a amarse a uno mismo.

La necesidad de ser amado incondicionalmente no se ve satisfecha muy a menudo. Los niños pueden ver el amor parental como incondicional. Después de todo, la mayoría de los padres son capaces de proporcionarles los elementos básicos que son la comida, la ropa, una vivienda, cuidado y afecto físico. La conciencia limitada del niño hace que esto le parezca amor incondicional; no tiene dudas de que este amor es infinito y omnipotente.

Sin embargo, con la edad, la madurez y una mayor conciencia reconocemos que cualquier ser humano puede dejar de amar a otro en cualquier momento por cualquier razón. También puede ocurrir que el amor se vea truncado por la muerte. Los adultos tienen dificultades emocionales para aceptar el amor *incondicional*.

Quizá puedas abordar el problema desde otro ángulo: aprendiendo a amarte incondicionalmente. ¿Te parece que esto es como levantarte tirando de tus propias orejas? En realidad, tan solo se trata de que te aceptes ti mismo por lo que eres: un individuo único, pues no hay nadie más que sea como tú. Puedes empezar a sentir que eres una buena persona y comenzar a experimentar amor hacia ti mismo.

Es difícil que puedas amarte si no fuiste amado de niño. A muchas personas, la creencia en un ser supremo o poder superior que les ofrece el amor incondicional que tienen dificultades para darse a sí mismas puede reportarles grandes beneficios. Sentirte amado por lo que eres —no por lo que le haces a alguien o por lo que haces por alguien— te puede brindar el potencial de amar a los demás de la misma manera.

El problema generalizado que son las enfermedades mentales nos da una perspectiva más sobre el amor. Una forma de ver los trastornos mentales es que todos ellos constituyen modos de compensar la falta de amor incondicional. Si pudiésemos llegar al núcleo de todos los diagnósticos psicológicos, encontraríamos que muchos problemas emocionales tienen su origen en un amor deficiente (tanto a la hora de amar como de ser amado).

Tendemos a enseñarles a nuestros hijos el mismo concepto del amor que aprendimos. Por lo tanto, si has desarrollado una forma inmadura de amor, es muy posible que tus hijos tiendan a hacer lo mismo. Si quieres mostrarles cómo amar de una forma madura y hacer que se sientan amados incondicionalmente, ¡tendrás que aprender a amarte a ti mismo! Será entonces cuando podrás desarrollar la capacidad de amar a tus hijos de tal manera que se sientan amados sin condiciones.

Estamos poniendo mucho énfasis en el amor incondicional porque es una cualidad vital para el crecimiento humano. El mayor regalo que puedes darte a ti mismo y que puedes ofrecerles a tus hijos es el conocimiento de que eres lo suficientemente valioso —por el solo hecho de ser tú— como para ser amado, con independencia de cómo actúes. (Por favor, entiende que no estamos abogando por una conducta irresponsable o antisocial, sino que estamos reconociendo la humanidad y las imperfecciones que nos caracterizan a todos y exhortándote a que aprendas a aceptarte plenamente, con todos tus defectos).

COMO TE AMES A TI MISMO

Lee la definición de *amor* que escribiste al principio de este capítulo. La mayoría de las personas incluyen en su definición algo que hace que el amor esté centrado en el otro —en la otra persona en lugar de en uno mismo—. Muchos individuos escriben que el amor consiste en cuidar a la otra persona, en darle y en hacerla feliz. Muy pocos incluyen una idea madura del amor por uno mismo.

Examinemos esta cuestión. Si el centro de tu amor está en tu pareja y la relación se disuelve, de pronto el centro deja de estar ahí; y como hemos visto anteriormente, esto hace que el divorcio sea aún más doloroso. ¿Qué tal si hubieses llegado a ser una persona completa y hubieses aprendido a amarte a ti mismo? Con la llegada de la ruptura, sentirías igualmente dolor y tendrías que recuperarte del trauma;

pero la experiencia no sería tan devastadora, porque seguirías siendo una persona entera.

La separación es especialmente traumática para aquellos que no han centrado el amor en sí mismos y no han aprendido a amarse. Acaban sintiendo que no pueden ser amados o que son incapaces de amar a otra persona. Muchos pasan una gran cantidad de tiempo y energía tratando de demostrarse a sí mismos que son dignos de amor. Puede ser que busquen otra relación de pareja inmediatamente, para que ello les ayude a sanar la herida. Tal vez se vuelvan sexualmente promiscuos y tengan todo tipo de relaciones con cualquiera que aparezca. Muchas de estas personas han confundido el sexo con el amor, y sienten que si salen y encuentran sexo, junto con él vendrá el amor que echan en falta y que necesitan. ¡A veces parece que sería más apropiado, en su caso, que dijeran «te deseo» en lugar de «te quiero»!

Como hemos discutido en capítulos anteriores (especialmente el 2 y el 6), es más inteligente no apresurarse a mantener una relación sentimental a lo largo del difícil proceso que es la superación del divorcio. Invierte en amistades en lugar de ello, hasta que hayas aprendido a amarte mejor a ti mismo (en el capítulo 16 se abunda en este tema).

Así pues, muchas personas no han aprendido nunca a amar y ser amadas. A veces parece más fácil amar a los demás y no permitir que lo amen a uno. Al «querer amar a otra persona», es posible que estés ocultando tu necesidad de ser amado.

¿CÓMO DE CÁLIDO ES TU AMOR?

Bruce recordó algo que ocurrió cuando estaba trabajando en su propio proceso del divorcio:

Estaba participando en un ejercicio de meditación. Nos sentamos con los ojos cerrados y meditamos para traer un flujo de energía a través de los distintos niveles de nuestros cuerpos, hasta llegar a nuestras coronillas. Pude seguir esta meditación y sentir un flujo de energía caliente en mi interior, que iba subiendo por mi cuerpo. Cuando llegamos al nivel del pecho, la monitora dijo:

—Muchos de vosotros, en este momento, sentiréis que el flujo de energía se está escapando por la parte delantera del pecho. Si sentís esta fuga, imaginad una tapa sobre esa parte del cuerpo, para que el flujo de energía caliente no se escape.

¡Describía exactamente lo que sentía! ¡Estaba impresionado!

Cuando hubo acabado la visualización guiada, le pregunté:

—¿Cómo sabías cómo me sentía cuando estaba ahí sentado con los ojos cerrados y sin hablar?

Respondió que mucha gente experimentaba la sensación que había descrito. Lo relacionó con la creencia de que el amor consiste en hacer algo a alguien o para alguien, de que está centrado en el otro en lugar de estar centrado en uno mismo. Es así como el flujo de energía se escapa hacia los demás. Si ponemos el amor en otros, en lugar de llenar el cubo de nuestra propia vida, nos drenamos emocionalmente.

Pensé mucho en esto y decidí que mi objetivo era aprender a amarme de una forma más adecuada. Decidí que me gustaría que mi amor fuese un cálido resplandor que ardiese en mi interior y me calentase a mí y a las personas con las que entrase en contacto. Mis amigos sentirían ese calor sin tener que demostrar que merecen ser amados; sencillamente, lo sentirían al estar cerca de mi fuego.

Dado que una relación amorosa especial y comprometida implica una gran proximidad, esa persona especial recibe un flujo extra de calor procedente de mi fuego.

¿Y tú? ¿Tienes una hoguera dentro de ti? ¿O se ha apagado? Es importante para nosotros que cuidemos de nuestro fuego interior y nos aseguremos de que tenemos una luz que nos calienta y que permite asimismo que quienes tenemos alrededor reciban calor.

FORMAS DE AMAR

Nuestras vidas expresan nuestra definición del amor. Exteriorizamos nuestra definición del amor a través de nuestro comportamiento. ¿Cómo has manifestado tu definición del amor? ¿Cuál ha sido tu prioridad importante en la vida? ¿Estás satisfecho con la definición del amor que muestras con tu comportamiento o quieres cambiar? Piénsalo.

Se da una paradoja interesante en el modo en que amamos a los demás. Si bien cada uno de nosotros tiene una forma única de amar, ¡cada persona tiende a creer que su estilo *es la única manera* de amar que hay! Nos resulta difícil ver que hay estilos diferentes a los nuestros.

Cuando empiezas una relación de pareja, es importante que seas consciente de cuál es tu forma de amar y cuál es la de la otra persona. Tal vez si examinamos algunos de estos estilos podremos comprendernos mejor a nosotros mismos y entender mejor a los demás. Estamos impresionados con el trabajo del sociólogo John Alan Lee, de la Universidad de Toronto, quien ha investigado bastante el tema y ha identificado nueve «tipos de amor». Hemos simplificado su lista y pasamos a ofrecerte seis, para que reflexiones sobre ellos:

1. El estilo **romántico** de amar contiene mucha efusión, sentimiento y emoción. Es el tipo de amor «eléctrico», que envía toda clase de sensaciones de cosquilleo por el cuerpo cuando se ve a la persona amada —en realidad, tienen lugar cambios fisiológicos en el organismo, como un aumento de la frecuencia cardíaca y de la temperatura corporal—. Tiende a ser un tipo de amor idealista, que nos lleva a buscar y encontrar la «sola y única» persona por quien podemos sentir esto. Muchas canciones populares se refieren a este estilo de amor. El amante romántico tiende a amar profundamente y a necesitar el sexo junto con el romanticismo. Privar del sexo a un amante romántico se compara a veces con privar de alimento a un bebé. Y es que el sexo es una parte importante de este estilo de amor. Puesto que está muy cargado de sentimiento y emoción, puede no ser un tipo de amor tan estable como algunos de los otros.

2. El amor de la **amistad** no está tan cargado de emoción y sentimiento. La relación comienza con un agrado mutuo, el cual de alguna manera crece para convertirse en algo más, que se

podría llamar *amor*. Es más frío que el amor romántico; carece de su pasión. El sexo no es tan importante para el amante amistoso; a menudo surge mucho después de que la relación haya comenzado. Este es uno de los estilos de amor más estables, y no es inusual que los individuos que aman de esta manera sigan siendo buenos amigos incluso si la relación de pareja se acaba. Su amor se basaba en el respeto mutuo y la amistad y no en fuertes sentimientos de índole emocional.

3. El amor tipo **juego** considera la relación amorosa como un juego en el que hay ciertas reglas que seguir. Los jugadores no están tan interesados en la intimidad como los amantes románticos. De hecho, pueden tener varias relaciones sentimentales a la vez con el fin de *evitar* la cercanía y la intimidad. El amor tipo juego se ve representado por la letra de una vieja canción que dice: «Cuando no puedas estar con la persona a quien amas, cariño, ama a la persona con la que estás». Los amantes-jugadores tienden a fijar sus propias reglas, y sus relaciones sexuales seguirán las reglas que crean más convenientes.

4. Hay un estilo de amor **necesitado** que tiende a estar lleno de posesividad y dependencia. Esta clase de amor es muy emocional, y la necesidad de ser amado hace que sea muy inestable. Las personas involucradas suelen presentar dificultades para mantener la relación; sienten muchos celos y mucha posesividad e inseguridad. Muchos de los que han pasado por un divorcio adoptan este estilo de amor porque refleja la necesidad que es fruto del dolor del divorcio. Es un tipo de amor que se da especialmente en la primera relación posterior a una separación: «Debo mantener otra relación de pareja para ser feliz». Este es un estilo inmaduro de amor, dependiente y posesivo.

5. El amante **práctico** echa una mirada realista a la pareja amorosa y decide, sobre una base racional e intelectual, si ese amor es apropiado. Este tipo de persona se cerciorará de que entre ella y el otro haya semejanzas en cuanto a las creencias religiosas, las creencias políticas, las formas de manejar el

dinero, el enfoque relativo a la crianza de los hijos... Puede buscar deficiencias en su familia y examinar su estatus socioeconómico, sus características y su constitución genética. El amante práctico elegirá amar a alguien a quien «tenga sentido» amar.

6. Los amantes **altruistas** pueden estar de alguna manera centrados en la otra persona y muy dispuestos a satisfacer sus necesidades. Llevado al extremo, el amante altruista puede convertirse en un mártir que trata de satisfacer las necesidades de su propio «cubo vacío». Hay, sin embargo, un amante verdaderamente altruista: aquel que tiene el cubo lleno y suficiente fuerza interior para poder amar a otra persona con gran altruismo.

Una pareja que acudió a recibir terapia matrimonial tenía grandes dificultades porque él era un amante amistoso y ella era una amante romántica. Ella sentía que el amor frío de él no era amor, y él sentía que el amor romántico de ella era inestable. Su forma de amarla consistía en cuidar de ella, satisfacer sus necesidades y permanecer con ella en el matrimonio; sentía que esto constituía la prueba del amor que le profesaba. En cambio, ella le pedía que le dijera «te quiero» y le ofreciera distintas muestras de romanticismo que la harían sentirse amada en plan romántico. El amor amistoso de él no mezclaba bien con el amor romántico de ella. Tenían dificultades para comunicarse y entender los puntos de vista del otro, porque sus creencias básicas acerca de lo que era el amor no eran compatibles.

En todas las personas, obviamente, estas formas de amor aparecen mezcladas, y no hay nadie que manifieste una sola de ellas en todo momento. Entender la propia mezcla de estilos es muy importante a la hora de establecer una relación amorosa con alguien.

APRENDER A AMARSE A UNO MISMO

A medida que las personas avanzan por el sendero del proceso de separación, a menudo surge esta pregunta: «¿Cómo aprendemos a amarnos a nosotros mismos?». Como hemos visto, la respuesta no es fácil. Presentamos a continuación un ejercicio que te *ayudará* a aprender a amarte a ti mismo.

Piensa en un momento de tu vida en que empezaste a realizar cambios. Pudo haber sido cuando comenzaste a tener dificultades en tu matrimonio, cuando te acababas de separar de tu ser amado o tal vez cuando empezaste a leer este libro. Haz una lista de los cambios que has llevado a cabo, del crecimiento personal que has experimentado desde ese momento y de lo que has aprendido sobre ti mismo, los demás y la vida. Piensa en el sentimiento de confianza que has adquirido al aprender todo esto y al lograr tener un mayor control sobre tu propia vida. Esta confianza es lo que te aporta los buenos sentimientos. Acaso te sorprenda lo larga que puede llegar a ser tu lista.

La prestigiosa psicoterapeuta Virginia Satir ideó otro método para ayudarnos a amarnos a nosotros mismos, que te recomendamos que apliques en este momento de tu viaje. Haz una lista de cinco adjetivos que te describan. Después de haberlos escrito, repásalos y pon un signo más (+) o menos (−) después de cada palabra para indicar si piensas que se trata de un rasgo positivo o negativo. A continuación, analiza los adjetivos marcados con el signo menos para ver si puedes encontrar algo positivo en relación con cada uno de estos aspectos de tu personalidad.

Una mujer anotó el adjetivo *geniuda*, y dijo que su marido solía llamarla así. Cuando empezó a hablar de ello, se dio cuenta de que lo que él consideraba «mal genio» ella lo reconocía como *asertividad* —una forma positiva de defenderse—. Una vez que comprendió esta relación, fue capaz de aceptar este rasgo como una parte de sí misma y sentirse bien al respecto.

Y en esto consiste amarnos a nosotros mismos: en aprender a aceptarnos por lo que somos. Como observó el reconocido psicólogo Carl Rogers, cuando aprendemos a aceptarnos tal como somos, nos damos permiso para crecer, cambiar y convertirnos en la persona que queremos ser. Pero mientras no aceptemos una parte de lo que somos tendremos problemas para cambiar esa parte. ¿Te parece una extraña paradoja?

Todos necesitamos descubrir que «está bien no llevar bien» ciertas áreas. Todos hemos tenido experiencias traumáticas que nos han dejado cierto tipo de heridas, todos nos hemos encontrado en situaciones en que no nos hemos sentido amados, todos hemos vivido acontecimientos que nos han dejado tocados. Pero esas experiencias forman parte de la vida y del vivir. No somos perfectos; somos seres humanos. Y cuando somos capaces de aprender a aceptar algunas de nuestras imperfecciones, podemos empezar a sentirnos mejor. Este es un paso hacia el amor por nosotros mismos.

¿Has pensado en cómo aprendemos a amar a alguien? ¿Qué es lo que ocasiona que empecemos a experimentar sentimientos de amor por esa persona —ya sea que surjan repentina o lentamente—? Quizá fue un acto amable y considerado por su parte; o tal vez te ayudó a sentirte bien al hacer algo que satisfizo tus necesidades.

¿Y si llevases a cabo actos amables y considerados para ti mismo? ¿Y si te reservas un tiempo mañana para hacer algo que realmente te apetezca y te haga sentir bien? Esta podría ser una manera de aprender a amarte de una forma más cabal y completa. ¡Después de todo, serías tú quien hiciera algo amable y entrañable por ti!

Tal vez la principal manera de aprender a amarse a uno mismo es *darse permiso* para hacerlo. Si puedes decidir que es correcto amarte a ti mismo —en lugar de ser una actitud egoísta o egocéntrica—, tal vez puedas permitirte proceder al respecto y alimentar sentimientos de amor hacia ti mismo.

El crecimiento que has obtenido no lo ha logrado nadie en tu lugar, así que nadie puede quitártelo. Tu vida está bajo tu control, a través del conocimiento que tienes de ti mismo y de otras personas. En este sentido, ya no estás a merced de los demás. Deja que los buenos sentimientos que son fruto de tu evolución penetren en tu cuerpo y permítete sentir la calidez de lo que has logrado. Permítete sentir amor por ti durante un rato. Es correcto amarse a uno mismo. No, es más que correcto: *¡es la forma en que se supone que tenemos que vivir!*

HAZ QUE TUS HIJOS SEPAN QUE SON AMADOS

Mientras todo el mundo está preocupado por lo que es el amor, los niños pueden sentir en alguna medida que no merecen ser amados, porque uno de sus progenitores se ha ido. Muchos sufren el miedo de perder también al otro progenitor. En el mismo momento en que los niños necesitan mucho amor parental, los padres están sufriendo su propio trauma, y a menudo son incapaces de darles todo el amor que quisieran. En esta etapa tan importante es necesario tomar conciencia de este problema y realizar esfuerzos especiales para superarlo —principalmente a través de conversaciones muy honestas con los pequeños acerca de lo que está ocurriendo, transmitiéndoles la seguridad de que sus dos progenitores los aman profundamente—.

Una madre contó una historia entrañable, una de esas pequeñas anécdotas de la vida que hacen que todo valga la pena. Su hijo de tres años bajó una mañana y se sentó en el sofá. Estaba allí sentado, se supone que pensando, y de pronto soltó: «¿Sabes qué?, parece que todo el mundo me quiere. ¿No es genial?».

Momentos como este son especiales en la vida. Como padres, una meta importante para nosotros debe ser tratar de ayudar a nuestros hijos a sentirse así, aunque estemos pasando por una fase en que nosotros mismos sintamos que no se nos puede amar.

¿CÓMO LO LLEVAS?

Comprueba qué grado de amor sientes por ti mismo antes de pasar al siguiente capítulo:

- ❑ Siento que merezco ser amado.
- ❑ No tengo miedo de ser amado.
- ❑ No tengo miedo de amar a otra persona.
- ❑ Tengo una comprensión de lo que creo que es el amor.
- ❑ Estoy llevando un estilo de vida que es congruente con mi definición de amor.

❑ Más que egoísta, me siento a gusto, satisfaciendo mis propias necesidades.

❑ Soy capaz de aceptar el amor de los demás.

❑ Soy capaz de expresar amor a los demás de una manera que hace que se sientan amados.

❑ Soy capaz de amarme a mí mismo.

❑ He experimentado un gran crecimiento personal desde que comenzó mi crisis.

❑ Estoy tratando de mejorar en cuanto al amor, de forma que cualquier componente de inmadurez, necesidad y dependencia que haya en mi modo de amar evolucione hacia una forma de amar más madura.

CONFIANZA

«Mi herida de amor está empezando a sanar»

S i dices: «¡No se puede confiar en los hombres o en las mujeres!», estás diciendo más sobre ti mismo que sobre el sexo opuesto. Habitualmente, las relaciones amorosas posteriores a una separación son intentos de sanar la herida de amor, por lo que muchas de ellas son de transición y a corto plazo. En tus nuevas relaciones con los demás, puede ser que estés reelaborando y mejorando la relación que tenías con tus padres. Si construyes un nivel básico de confianza dentro de ti mismo, puedes experimentar de forma satisfactoria las relaciones íntimas y emocionalmente cercanas.

> Me estaba yendo bien y estaba disfrutando. Luego dijo: «Te quiero».
> Me entró el pánico y le pedí que se levantara, se vistiera y se fuera a casa.
>
> ANN

En esta parte del sendero, la de la confianza, advertirás que hay personas que caminan a cierta distancia de los miembros del sexo opuesto. Son como los animales salvajes que se acercan con la esperanza de conseguir algo de comida, pero que corren a cobijarse en el momento en que uno se mueve hacia ellos. Estas personas hablan de las relaciones gran parte del tiempo y parece que quieren conseguir una cita; pero tan pronto como alguien hace un movimiento hacia ellas, salen corriendo mientras gritan: «¡No te acerques!». Llevan camisetas en las que pone: «¡No se puede confiar en los hombres!» (o «¡No se puede confiar en las mujeres!»). Tienen graves *heridas de amor*.

Una herida de amor es el dolor interno que se siente después del final de una relación amorosa, pero su origen puede encontrarse en una etapa muy anterior de la vida. Muchos de los jóvenes con los que Bruce había trabajado en su primer empleo sufrían heridas de amor. Habían aprendido que «el amor equivale a que te hieran». Si se los llevara a un hogar de acogida cálido y amoroso, huirían. Las personas que tienen heridas de amor dolorosas mantendrán a los demás a distancia desde el punto de vista emocional, hasta que su herida esté curada. Hay quien puede necesitar meses o incluso años para sanar —para poder volver a experimentar cercanía emocional—.

HAY RELACIONES... Y RELACIONES

Las relaciones son importantes para quienes acaban de vivir una ruptura. Cuando se pregunta a los participantes del seminario qué temas quieren abordar, todos los grupos eligen las «relaciones» como primera opción. (¿Has notado con qué frecuencia se usa la palabra *relación* en un encuentro de solteros? Una mujer sugirió que esta palabra fuera censurada con un pitido, ¡pues estaba harta de oírla! En este libro la usamos mucho porque no sabemos de una mejor que tenga el mismo significado).

A menudo se supone que la única manera de demostrar que lo estás llevando bien después de una ruptura es implicarte en otra relación amorosa. De hecho, algunos expertos en la materia consideran que casarse de nuevo es indicativo de haberse recuperado del divorcio. Un estudio en que se utilizó la escala de adaptación al divorcio de Fisher demostró que esta suposición no es adecuada. Hay una gran cantidad de personas que se han vuelto a casar que no se han recuperado del divorcio anterior.

La idea de que otra relación es «la prueba de que estás bien» lleva a muchos a empezar a buscar inmediatamente una nueva media naranja. Te instamos a que no lo hagas. Las relaciones tempranas posteriores al divorcio que son más saludables son las que tienen el objetivo de curar la herida de amor. Son relaciones de *transición* más que estables y duraderas (encontrarás más información al respecto en el capítulo 16).

Es posible que hayas oído este dicho: «Tienes que besar un montón de sapos antes de encontrar un príncipe». Sería más saludable reformularlo de esta manera: «Tienes que besar un montón de sapos antes de *convertirte* en una princesa (o en un príncipe)». Si podemos adaptar nuestra mentalidad a esta segunda versión, nos veremos capaces de liberar nuestras primeras relaciones posteriores al divorcio de expectativas, presiones y perspectivas de futuro. Prueba lo siguiente. En lugar de preguntarte: «¿Puedo vivir con esta persona el resto de mi vida?», pregúntate: «¿Podemos esta persona y yo beneficiarnos de estar algún tiempo juntos?».

Permite que tus nuevas relaciones fluyan en el presente y te ayuden a sanar tu herida de amor (y, quizá, también la herida de amor de la otra persona). Recuéstate y disfruta de las puestas de sol cada día, detente a «oler las rosas», permítete sanar y comprende que muchas de estas relaciones tempranas son a corto plazo, porque tienen lugar durante un momento de tu vida en que estás experimentando una necesidad. Permite que estas relaciones de transición tempranas te ayuden a aclarar tu confusión. Tendrás tiempo suficiente para cultivar otra relación permanente cuando hayas reconstruido una buena base dentro de ti mismo.

Se puede concebir que el proceso de recuperarse de una ruptura contiene dos pasos importantes. El primero es *aprender a ser una persona soltera*, preparada para afrontar la vida sola tras haber retirado los escombros del pasado. El segundo paso es el de *aprender a amar de nuevo* después de haber recuperado la fuerza que nos permita llevar la carga de una relación de compromiso a largo plazo. Si se completa el primer paso, ¡el segundo será más fácil!

ESTILOS DE RELACIÓN: UN EJERCICIO CON LAS «ESCULTURAS CORPORALES»

Presentamos un ejercicio que te ayudará a examinar tu forma de afrontar las relaciones. Proviene del trabajo con las esculturas corporales de Virginia Satir y necesitarás un amigo que te ayude. Las figuras que presentamos a continuación ilustran distintas posturas del cuerpo que muestran varios tipos de relaciones amorosas. Echa un vistazo a dichas figuras y reflexiona sobre los sentimientos correspondientes a cada estilo:

La relación de dependencia (en forma de A)

En la relación de dependencia, las dos personas se apoyan una en la otra. La dependencia respecto de alguien nos hace sentir bien a veces, pero de algún modo nos limita. Cuando uno de los sujetos quiere moverse, cambiar o crecer, disgusta al otro, que se está apoyando en él. Intenta adoptar esta postura con otra persona y manifiesta en palabras algunos de los sentimientos que experimentas mientras estáis así.

La relación asfixiante

Esta postura la vemos muy a menudo en las relaciones de los adolescentes. El lenguaje correspondiente a esta relación es: «No puedo vivir sin ti. Quiero pasar el resto de mi vida contigo. Me dedicaré por completo a hacerte feliz. ¡Me siento tan bien a tu lado!». Muchos amantes empiezan con la actitud asfixiante y van soltando progresivamente la opresión para permitirse mayor espacio para crecer. El patrón de la asfixia puede ser especialmente significativo durante la etapa de luna de miel de una relación. La actitud asfixiante hace sentir bien a los integrantes de la pareja durante un tiempo, pero acaban por sentirse aprisionados.

La relación del pedestal

Esta relación «de adoración» dice: «Te amo no por quien eres, sino por quien pienso que eres. Tengo una imagen idealizada de ti y me gustaría que estuvieses a la altura de dicha imagen». Se está en una situación muy incierta encima del pedestal, porque hay muchas expectativas con las que cumplir.

Pueden verse muchos problemas de comunicación en este caso. Enamorado de la imagen idealizada que tiene del otro, el adorador ve esta imagen y trata de comunicarse con ella en lugar de hacerlo con la persona real. Es inherente a esta relación una gran distancia emocional; a ambos miembros de la pareja les resulta difícil sentirse cerca del otro.

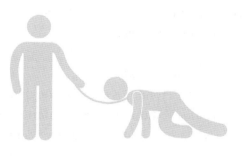

La relación del amo y el esclavo

El amo actúa y es tratado de acuerdo con estas ideas: «Soy el cabeza de familia. Soy el jefe. Voy a ser quien tome las decisiones». No supongas que esta relación implica necesariamente que el hombre es el jefe y el cabeza de familia; hay muchas mujeres que son las amas y toman todas las decisiones familiares.

En la mayor parte de las relaciones, uno de los miembros de la pareja tiene una personalidad que es al menos un poco más fuerte que la del otro, y esto no es necesariamente malo. Es cuando la relación se vuelve rígida e inflexible, y cuando uno de los dos se erige en el que toma prácticamente *todas* las decisiones, cuando tiene lugar el distanciamiento emocional y la desigualdad. El hecho de que uno de los sujetos permanezca como el amo y el otro como el esclavo tiende a requerir una gran cantidad de energía emocional y habitualmente da lugar a una lucha de poder que interfiere en la comunicación y la intimidad propias de la relación.

La relación de la casa de huéspedes (o de espalda contra espalda)

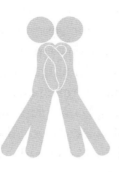

Agarrados por los codos, estos dos sujetos tienen algún tipo de contrato o acuerdo por el que viven juntos. En esta relación no hay comunicación. Es la típica de aquellos que llegan a casa y se sientan a ver la televisión mientras comen, y después se retiran a sus propios espacios durante el resto de la tarde-noche. No hay ninguna expresión de amor del uno hacia el otro.

Date cuenta, cuando estéis en esta postura, de que cuando uno de los dos se mueve hacia delante (es decir, cambia, crece, madura), la otra persona está vinculada a dicho movimiento. Una relación espalda contra espalda es muy limitante. Muchos reconocen que este era el patrón de su relación justo antes de que esta terminase.

La relación del mártir

Aquí tenemos al individuo que se sacrifica totalmente en su intento de servir a los demás. Siempre haciendo cosas para otras personas, nunca tomándose tiempo para sí, el mártir «pide» que lo pisen. ¡Pero no te dejes engañar por su postura! En realidad, es muy controladora.

Date cuenta de que cuando la persona que está en el suelo se mueve, la otra —la que tiene el pie sobre ella— pierde el equilibrio.

¿Cómo ejerce el mártir su control? Lo has adivinado: por medio de la culpa. ¿Cómo podemos enojarnos con alguien que lo hace todo por nosotros, que se ocupa de nosotros completamente? El mártir es muy eficaz a la hora de controlar a la gente. Es muy difícil vivir con uno, porque nos sentimos demasiado culpables como para expresar nuestras propias necesidades y nuestros sentimientos de enojo. Tal vez uno de tus padres es un mártir y puedes reconocer formas de tratar con él o ella por medio de comprender este tipo de relación.

La relación del amor saludable

Dos personas que estén enteras y completas albergan felicidad en su interior. Permanecen derechas y no se apoyan una en la otra o se enredan entre sí, y, de esta manera, pueden vivir sus propias vidas. Tienen una existencia abundante que compartir con la otra persona. Eligen permanecer juntas porque son libres de ser individuos que están compartiendo sus vidas. Pueden permanecer muy unidas y elegir la postura de la asfixia temporalmente; en ocasiones caminan tomadas de la mano —por ejemplo, a la hora de criar a los hijos—, y a veces proceden como individuos independientes que tienen sus propias profesiones, sus propias vidas y sus propios amigos. Su decisión de permanecer juntas parte del amor que se profesan mutuamente y no de sus necesidades insatisfechas. La relación amorosa saludable les da a ambos espacio para crecer y realizarse.

Como hemos dicho, te pedimos que adoptes estas distintas posturas con un amigo y compruebes cómo te sientes en cada caso. Habla o escribe sobre los sentimientos que has experimentado en cada postura. ¿Cuál de ellas describe tu anterior relación? No te sorprendas si te sientes identificado con más de una; muchas personas sienten que su relación de pareja pasó por casi todas las posturas corporales no saludables en algún momento.

¿Has descubierto más causas de ruptura gracias a este ejercicio? Las relaciones no saludables parecen sugerir que media persona está buscando otra media. A medida que te vas volviendo más *entero*

(¿alguna vez llegamos a estarlo del todo?), tus oportunidades de cultivar una relación saludable y sanadora se incrementan enormemente.

CONVERTIR LOS SENTIMIENTOS EN ACCIONES

Tendemos a manifestar nuestros sentimientos internos en nuestras relaciones. Si estás enojado, es probable que expreses enojo en tu relación de pareja. Si te sientes solo, es probable que tiendas a ser posesivo con el fin de evitar que la otra persona te deje y vuelvas a estar solo. Si experimentas un profundo dolor emocional, es probable que tengas una relación llena de dolor. Si tienes una herida de amor, mantendrás una distancia emocional con tu pareja para evitar que se agrave.

Muchos buscamos relaciones con personas que tienen cualidades que nos faltan. Si eres introvertido y quieres estar más a gusto entre la gente, puede ser que busques a alguien extravertido. Si te falta confianza, te sentirás atraído por alguien que emane confianza. Y si necesitas sentirte culpable, tendrás una relación con alguien que te haga sentir así.

Por supuesto, la moneda también tiene un lado positivo. Si te sientes feliz, confiado y digno de ser amado, exteriorizarás estos sentimientos en tu relación. Podemos aprender mucho acerca de nosotros mismos por medio de examinar nuestras relaciones. ¿Qué sentimientos estás expresando en estas? ¿Hay un patrón que se reproduzca? (Por ejemplo, ¿traes siempre «gatos extraviados» a casa?). ¿Reflejan tus relaciones los buenos sentimientos que albergas o reflejan tu necesidad?

¿SE REPITE TU HISTORIA?

Otro factor importante en los estilos de relación es uno que mencionábamos antes: la interacción que mantuvimos con nuestros padres. Aprendimos de ellos a responder al amor, la ira, el rechazo y la intimidad. Si tus padres se peleaban, es probable que te cueste mucho evitar las peleas. Si tus padres eran fríos y evitaban el contacto físico, puede ser que te cueste mantener el contacto físico con tu pareja y manejar las emociones. Muchos matrimonios no son satisfactorios porque los compañeros interactúan como lo hicieron sus padres.

Jeff lo expresó de esta manera:

El matrimonio es como una receta que nos gusta: si no nos sale bien la primera vez, seguimos preparándola hasta alcanzar el éxito. En mi primer matrimonio exterioricé los patrones improductivos que aprendí de niño. No cambié internamente después del divorcio, así que continué actuando de acuerdo con esos patrones en el segundo matrimonio.

Si puedes usar todas las relaciones para aprender sobre ti mismo y sobre cómo estás manifestando tus sentimientos internos en ellas, puedes aprovecharlas para convertirte en la persona que quieres ser. Es posible crecer con cada relación, y esta es una manera positiva de contemplar el hecho de haber tenido más de un matrimonio.

Tras divorciarnos solemos interactuar tal como lo hacíamos antes en la vida. Esto puede ser positivo: llegar a ser personas saludables desde el punto de vista emocional es como subir por un tobogán en el patio de recreo. Avanzamos hasta el punto en que no nos agarramos bien y nos deslizamos hacia abajo. La siguiente vez que lo intentamos somos capaces de llegar más arriba. Aunque cada relación que termina puede hacer que volvamos a encontrarnos en la parte inferior del tobogán, cuando subimos de nuevo sabemos cómo llegar a un punto más alto y estar mejor. En sus relaciones posteriores a una separación, muchas personas revisan los patrones de interacción que aprendieron de sus padres para hacerlos más productivos.

Esperamos que lo que hemos desarrollado en este capítulo acerca de varios tipos de relaciones te ayude a sacar los escombros y a liberar espacio para poder reconstruirte. El problema de la confianza es mucho más interno que externo, y comprender nuestro pasado nos ayuda a entender dónde estamos ahora. El primer paso del crecimiento es tomar conciencia de nosotros mismos, de nuestros patrones de interacción y de nuestras formas de relacionarnos con los demás.

Basta de cargar con los escombros; ¡emprendamos la reconstrucción!

«¿DÓNDE ENCUENTRO A ALGUIEN?»

Esta es una de las preguntas que formulan más a menudo las personas que han estado casadas. La respuesta es simple, casi absurda: «¡Allí donde estés!». La gente va a bares, grupos de solteros y clases de cerámica (es increíble cuántos divorciados hacen esto) en el intento de conocer gente. No tenemos problema en que acudas a lugares donde se reúnen quienes no tienen pareja. Pero ten cuidado. En los bares, por ejemplo, suele haber muchas personas solitarias que no pueden relacionarse hasta que están un poco ebrias. Y quienes frecuentan los bares suelen ser jugadores que están ahí con el fin de practicar y mejorar sus estrategias de interacción..., y el objetivo de su juego acostumbra a ser el sexo.

La pregunta «¿dónde encuentro a alguien?» suele indicar que quien la hace está buscando a alguien con quien comprometerse a largo plazo. Estas personas están tal vez un poco desesperadas, y lo transmiten con su lenguaje verbal, corporal y visual, de modo que tienden a alejar a los posibles candidatos —quienes temen verse absorbidos por la necesidad de estas personas; ¡hay quienes incluso las llaman «aspiradoras»!—.

¿Cuántas veces has oído aquello de «Ahí fuera no hay más que pavos»?* Por supuesto, esta afirmación contiene algo de verdad. Muchas personas divorciadas están sufriendo y no son, por lo tanto, opciones especialmente atractivas durante las fases más difíciles de la adaptación. Pero ¿has pensado en lo que harías si aterrizara un águila cerca de ti? ¡Probablemente echarías a correr como un loco! Una persona elegible —un cónyuge potencial— te causa pavor si tu herida de amor aún está fresca. ¿O acaso estás buscando pavos porque te hacen sentir seguro? ¿Tal vez aún estás sufriendo y eres un pavo tú mismo? Los pavos tienden a juntarse, ya lo sabes. Tal vez si «no hay más que pavos por ahí» es porque aún no has alcanzado la condición de águila.

---

* *There ain't nothing but turkeys out there.* Expresión coloquial utilizada en Estados Unidos.

Cuando tienes puestas las anteojeras y no ves más que cónyuges potenciales, ¿te das cuenta de cuántas personas no estás viendo? Cuando empieces a interesarte en conocer a la gente que te rodea, comenzarás a hacer amigos. Alguno de estos podría llegar a ser tu amante, pero *buscar* amantes mantiene tanto a estos como a los amigos a distancia.

Vale la pena repetirlo: tu objetivo (por ahora) es familiarizarte con la gente que te rodea y cultivar amistades a partir de ahí. No prestes atención a si son o no «solteros elegibles»; observa solamente si son *personas interesantes* a las que te gustaría conocer. Cultiva tantas relaciones positivas como puedas con personas de ambos sexos. Puedes conocer a estos amigos potenciales dondequiera que estés. Cuando uno, en el supermercado, envía vibraciones positivas y actúa interesándose por los demás, atrae a la gente como la miel a las moscas. En las fiestas, si te olvidas de tratar de encontrar un compañero de cama o a alguien con quien ir a casa después de la fiesta, es posible que conozcas varias personas interesantes. Si has encontrado la felicidad dentro y emanas esta vibración, a los demás les gustará estar contigo.

Hay una diferencia en cuanto al número de hombres y mujeres divorciados, y la relación es desigual: las estadísticas del censo de Estados Unidos relativas a los últimos años muestran que las mujeres representan más de la mitad de los adultos que no están casados. Por una parte, ocurre que las mujeres viven más tiempo que los hombres. Por otra parte, hay muchos hombres que vuelven a contraer matrimonio con alguien mucho más joven, a menudo una mujer que no ha estado casada. (La balanza está un poco descompensada en detrimento de las mujeres, pero es cierto que estas se adaptan a vivir solas mucho mejor que los hombres). Ginger planteó otro tema del que suelen hablar los recién separados:

—Cada vez que voy a un encuentro de solteros, termina con el juego de «¿en mi casa o en la tuya?».

Hay muchos solteros que no han aprendido a tratar con el sexo opuesto más que sexualmente, pero esto no significa que debas limitarte de la misma manera. Sigue desarrollando tu personalidad y expandiéndote. Cuantas más aficiones tengas, más gente interesante encontrarás. Y recuerda que siempre puedes decir «¡no, gracias!».

RECUPERAR LA CONFIANZA

Algunas ideas que han surgido en los seminarios de Fisher pueden ayudarte a superar los problemas de confianza.

Prueba con esta: *sé muy honesto la próxima vez que salgas*. Si estás sufriendo a causa de una herida de amor dolorosa, explícale a la persona que parece interesada en ti que quieres pasar tiempo con él o ella, pero que temes que vas a ser un aguafiestas. No intentes ponerte la máscara de «interesante y sofisticado» cuando en realidad estás muerto de miedo. Cuando expliques tus temores a otras personas, tal vez te sorprenderá descubrir que se están sintiendo o se han sentido de la misma manera. Al fin y al cabo, *todos* somos humanos. Y ambos estaréis aliviados de poder ser vosotros mismos en lugar de los tipos fantásticos que pensasteis que teníais que ser.

¿Te has planteado aprender a confiar en los amigos más que en los amantes? Si encuentras a alguien del sexo opuesto con quien poder trabar amistad, esta persona te ofrece mucha más seguridad que un amante. Cuando añadimos el romanticismo a los ingredientes de la amistad, se le da un plus de inestabilidad a la relación y nos resulta más difícil asumir riesgos y aprender a confiar.

Proyectamos nuestra falta de confianza en los demás. Muchos padres creen que no pueden confiar en sus hijos adolescentes. Los de Valerie, por ejemplo, temían que se quedase embarazada, por lo que no le permitían tener citas, aun cuando ya iba a la escuela secundaria. Resultó que su madre se había quedado embarazada de adolescente y estaba proyectando su falta de confianza en sí misma en Valerie.

Ocurre algo similar en el contexto de la terapia conyugal. Tess admitió que su marido, André, la controlaba para asegurarse de que no tenía una aventura. ¡Después descubrió que André tenía una aventura y estaba proyectando su falta de confianza en ella! Como ocurre con tantos otros sentimientos, la falta de confianza puede convertirse en una profecía autocumplida. Valerie dijo que sentía que *debía* quedarse embarazada porque eso era lo que sus padres parecían creer que iba a suceder. Y Tess sentía que *también podía* tener una aventura si eso era lo que André sospechaba de todos modos.

Una herida de amor grave conduce al miedo a confiar. Por más atractiva que pueda ser la calidez, acercarse es correr el riesgo de volver a quemarse. Después del divorcio, las relaciones aparecen controladas por esta falta de confianza, a pesar de que su propósito debería ser aprender a confiar de nuevo y sanar la herida de amor. Reiteramos que esta es la razón por la cual muchos de estos vínculos son a corto plazo. A menudo, tratar de convertirlos en relaciones a largo plazo no hace más que agravar la herida de amor y prolongar el proceso de adaptación.

Todos hemos aprendido de nuestras relaciones amorosas y de nuestros padres cómo interactuar. Como adultos, podemos optar por mejorar los estilos de interacción que aprendimos. Tomar conciencia de cuál es el propio estilo es un primer paso importante. También puede ser que necesitemos varias amistades y haber pasado por varias relaciones amorosas para que ello nos ayude a cultivar estilos más saludables.

Tenemos que correr riesgos para aprender a confiar. Arriesgarse puede ser contraproducente y conducir al rechazo o a malentendidos, pero es necesario si queremos volver a experimentar cercanía e intimidad. Vale la pena habida cuenta las recompensas que nos aguardan.

LA CONFIANZA Y LOS NIÑOS

El problema de la confianza es especialmente difícil para los niños a quienes los padres no hicieron saber que iban a divorciarse. A los niños les cuesta adaptarse a la ausencia repentina de un progenitor que no les comunicó sus intenciones. Si la madre, por ejemplo, deja el hogar sin explicarle a su hijo por qué se va o los problemas que estaba teniendo en el matrimonio, el niño puede sentirse abandonado y, a su vez, tener problemas para confiar en ella.

En realidad, los niños no son tan frágiles como crees y pueden gestionar internamente situaciones duras si los padres encuentran el tiempo y el coraje para comunicarse directamente con ellos. Los padres que ocultan sus cabezas bajo tierra o que sienten que no pueden compartir la verdad de su situación con sus hijos generan desconfianza en estos y pierden una fuente potencialmente valiosa de amor y apoyo en el proceso. A menos que sea muy pequeño, es muy raro que un niño no se dé cuenta de que sus padres van a divorciarse antes de que estos lo comuniquen a la familia. Cuanto más puedas comunicarte con tus hijos y tratarlos como iguales, más confiarán en lo que les digas.

¿CÓMO LO LLEVAS?

He aquí algunas declaraciones que tienen por objetivo ayudarte a ver cómo lo llevas y si estás listo para proseguir con la subida. Estamos cerca de la cumbre, así que ten cuidado de no apresurarte ahora —debes manejar bien este bloque de reconstrucción antes de continuar—.

- ❏ Puedo confiar en personas del sexo opuesto.
- ❏ He empezado a entender que los hombres y las mujeres presentan más semejanzas que diferencias en cuanto a sus respuestas a sentimientos como el amor, el odio, la intimidad y el miedo.
- ❏ Puedo confiar en mí mismo y en mis sentimientos.
- ❏ Confío lo suficiente en mis sentimientos como para actuar a partir de ellos.
- ❏ No tengo miedo de sentirme emocionalmente cerca de una posible pareja amorosa.
- ❏ Soy consciente de las maneras en que alejo a la gente.
- ❏ Estoy forjando relaciones que me ayudarán a sanar mi herida de amor.
- ❏ Estoy estableciendo relaciones sanadoras y de confianza con amigos de ambos sexos.
- ❏ Me comunico con otras personas acerca de mi estado emocional en lugar de darles mensajes contradictorios.
- ❏ Entiendo que no todo el mundo puede ser confiado.

❑ Soy capaz de confiar en alguien cuando es apropiado.

❑ Quiero sanar mi herida de amor y experimentar intimidad.

❑ Estoy tratando de vivir en el presente en mis relaciones.

❑ Me doy cuenta de que muchas de las relaciones tempranas que se tienen después del divorcio pueden ser a corto plazo.

❑ En mis relaciones, me estoy arriesgando a exponer mis auténticos sentimientos y pensamientos.

❑ Estoy verdaderamente interesado en los amigos que me rodean en lugar de estar buscando desesperadamente otra relación de pareja.

RELACIONES

«Cultivarlas me ayuda a reponerme»

Está bien que tengas una relación importante después de que tu relación principal haya terminado. Necesitas que el apoyo, el compañerismo y los comentarios de otras personas te ayuden a reconstruirte. Estas relaciones son a menudo a corto plazo, por lo que debes saber cómo ponerles fin de forma saludable. Debes enorgullecerte por el hecho de cultivarlas como parte de tu proceso de crecimiento. Y debes saber cómo puedes hacer que estén tan orientadas al crecimiento y a la sanación como sea posible.

¿Que si he tenido una relación de crecimiento? No una, sino cuatro. Cada una parecía más saludable que la anterior. Supongo que he aprendido algo de todas ellas.

SUSAN

Tuve una con una mujer que tenía un gran detector de estupideces incorporado. Cuando estaba intentando aclarar mis ideas, podía acudir a ella y me decía qué partes de mí eran auténticas y valiosas y cuáles eran pura basura. Creo que encontré la compañera perfecta con la que mantener una relación de crecimiento.

DAVID

Muchas de las personas que están subiendo la montaña deciden emparejarse para apoyarse en el difícil ascenso. Parecen disfrutar mucho de la compañía provisionalmente, pero la mayoría terminan por separarse y siguen subiendo solas.

Resulta útil contar con el apoyo de otra persona durante un tiempo, pero tarde o temprano uno o ambos se dan cuenta de que necesitan efectuar solos la ascensión. Cuando se separan, uno de ellos, o los dos, se sienten muy tristes temporalmente. Muchas veces tienen que volver a trabajar con algunos de los bloques que ya habían superado, como el del duelo y la ira. Ambos parecen progresar rápidamente mientras están juntos, pero cuando esta nueva relación termina, su avance se ralentiza considerablemente.

¿QUÉ ES UNA RELACIÓN DE CRECIMIENTO?

Nosotros llamamos *relaciones de crecimiento* a las uniones que acabamos de mencionar. Otros profesionales les han dado otros nombres: *relaciones de transición*, *relaciones de rebote*, *relaciones experimentales* y *relaciones sanadoras*. El psiquiatra Martin Blinder, por ejemplo, en su libro *Choosing Lovers*, describe con cierto detalle los distintos tipos de relaciones que hay de esta clase y afirma que cada tipo es único, en función de las necesidades específicas que tengan los compañeros. Más adelante, en este capítulo, hablaremos de dos de los más habituales.

Puesto que ayudan a abordar mejor la subida durante un tiempo, las relaciones de crecimiento pueden ser muy saludables para ambos compañeros. Pero no basta con dejar «que acontezcan». Es importante entenderlas y saber cómo funcionan, para que puedan ser más duraderas y potenciar más el crecimiento y —solo tal vez— para experimentar menos dolor cuando terminen.

Estas son algunas de las características típicas de las relaciones de crecimiento:

- Suelen tener lugar tras el fin de una relación conyugal o sentimental, pero pueden acontecer en cualquier momento.

- El compañero acostumbra a ser una posible pareja, pero también puede ser un amigo, un familiar, un terapeuta o incluso la pareja con la que hemos dejado la relación importante.
- Por lo general son temporales, pero pueden llegar a ser más duraderas y permanentes.
- Suelen ser muy sanadoras, pero pueden ser destructivas.
- Generalmente, se opta por ellas cuando se está pasando por un período de crecimiento o transformación personal.
- Constituyen un intento de encontrar nuevas formas de crear y cultivar relaciones con uno mismo y con los demás.
- Pueden acabar de forma saludable, y no de las formas dolorosas y destructivas que uno pudo haber vivido en el pasado.
- Normalmente tiene lugar una buena comunicación en su seno. Por lo general, las dos personas pasan mucho tiempo hablando sobre temas importantes, como el crecimiento personal y el sentido de la vida.
- Estas relaciones se basan en la honestidad y la apertura. Muchas veces, las personas revelan aspectos de sí mismas que nunca han compartido antes. En lugar de «vestirse con buena ropa» para ofrecer su mejor cara al nuevo compañero —como hicimos la mayoría dentro del viejo sistema del «cortejo»—, estas personas se desnudan y dejan a la vista sus aspectos emocionales fundamentales, para poder exponer su verdadera esencia de formas que les permitan sentirse entusiasmadas con su nuevo comportamiento.
- Están orientadas al crecimiento, de modo que no se quedan estancadas. Hay una diferencia entre este tipo de relación sanadora y la que no es más que una reposición de verano de un viejo espectáculo. Un ejemplo de este segundo tipo de dinámica: el hombre que necesita una madre se suele casar con una persona sobreprotectora e hiperresponsable. Muchas veces abandona la relación y se casa con otra persona que tiene estas mismas características (¡y a menudo el mismo nombre o un nombre similar!). Otro ejemplo: la mujer que necesita

cuidar de alguien puede casarse con otro «gato extraviado» para poder seguir manifestando su viejo patrón. En contraste, la finalidad de la relación de crecimiento es cultivar una forma distinta de relacionarse, no perpetuar viejos patrones —es un laboratorio destinado al crecimiento personal—.

¿ESTAMOS HABLANDO DE AVENTURAS?

A veces alguien con una relación de pareja consolidada tiene una relación con una tercera persona y considera que esta última es de crecimiento. Esta unión puede tomar la forma de una aventura. Hemos trabajado con clientes que han podido convertir su relación con la tercera persona en una experiencia de sanación: la han usado para enriquecer su relación consolidada y fortalecerla. Por lo general, esto solo es posible si el nuevo emparejamiento es una *amistad* más que un romance. Las relaciones románticas con terceras personas suelen tener consecuencias a largo plazo y es difícil que los sujetos implicados sanen el dolor del *affaire*.

Las viejas ideas que nos inculcaron nuestros padres en la infancia sobre el sexo y el matrimonio acuden a la mente de muchos, que preguntan: «Cuando habláis de relaciones ajenas al matrimonio que pueden incluir el sexo, ¿no estáis alentando las aventuras amorosas o la promiscuidad?». No necesariamente; estas relaciones no tienen por qué ser románticas o sexuales. Si tus valores —religiosos o morales— hacen que no quieras mantener una relación que incluya el sexo fuera del matrimonio, puedes tener aprendizajes y sanar en gran medida por medio de una amistad no sexual.

La relación de crecimiento debe ajustarse a tus valores morales y a la vez permanecer enfocada en las lecciones que necesitas aprender.

¿POR QUÉ HAY PERSONAS QUE SON MÁS PROPENSAS A TENER RELACIONES DE CRECIMIENTO?

Hay ciertos grupos de personas que tienden más a tener este tipo de relaciones:

- Tras divorciarse, los dejadores suelen entrar en otra relación con mayor prontitud que los dejados.

- Los hombres tienden a empezar otra relación más rápidamente, después de una separación, que las mujeres.

- Las mujeres son más propensas que los hombres a establecer una relación de crecimiento con una persona amiga.

- Los individuos extravertidos normalmente acuden más que los introvertidos a una relación de crecimiento para sanar. Investigaciones llevadas a cabo con el indicador de Myers-Briggs (un test psicológico que clasifica a las personas según su tipo de personalidad) revelan que los extravertidos sanan mejor junto con otras personas, mientras que los introvertidos sanan mejor solos.

- Es más probable que establezcan una relación de crecimiento las personas capaces de abrirse emocionalmente y mostrarse vulnerables que aquellas emocionalmente cerradas que no pueden hablar de sus sentimientos.

- Las personas que están en la etapa de la rebeldía suelen tener una relación de crecimiento (consulta el capítulo 12 para obtener más información sobre la rebeldía).

- Los individuos más jóvenes están más inclinados a cultivar relaciones de crecimiento que los de mayor edad.

- Las personas que pertenezcan a un grupo terapéutico de superación del divorcio o en algún grupo de apoyo cultivarán casi automáticamente relaciones de crecimiento con los otros participantes. Este es uno de los grandes «beneficios extra» que presenta participar en un grupo. Las amistades que ahí se hagan durarán probablemente mucho tiempo; tal vez se mantendrán para siempre. Y serán más saludables y beneficiosas para el crecimiento que muchas de las relaciones que se han tenido en el pasado. Por otra parte, uno puede forjar fuera del grupo el mismo tipo de relaciones que haya cultivado dentro del grupo.

Muchos no querrán implicarse en una relación de crecimiento porque puede ser más de lo que son capaces de manejar. Quieren una relación que no pueda llegar a ser problemática, que no se extienda a largo plazo. Es importante ser claro y comunicar las propias intenciones, necesidades y deseos directa y abiertamente al compañero potencial. Tú decides cómo controlar tu implicación futura y no tienes por qué permitir que la relación se convierta en lo que no quieres que sea.

Curiosamente, entre el quince y el veinte por ciento de los participantes en los seminarios de divorcio de Fisher no se inscriben después de que su matrimonio ha terminado. Se inscriben *después* del final de la relación de crecimiento que mantuvieron tras la separación. Generalmente, la primera relación posterior al final del matrimonio no dura mucho tiempo, pero el dolor emocional que se experimenta cuando termina suele ser mayor que el que se vivió con el final del matrimonio o la relación amorosa importante.

Las relaciones de crecimiento parecen formar parte de la miríada de transiciones que tienen lugar en el seno de la sociedad. Saber más acerca de ellas incrementará las posibilidades de que resulten más sanadoras. Con ese fin, echemos un vistazo a dos de los tipos de relaciones de crecimiento más habituales: la *apasionada* y la *terapéutica*.

LAS RELACIONES EMOCIONALES APASIONADAS

Quizá el más habitual de los varios tipos de relaciones de crecimiento que tienen lugar después del final de una relación amorosa importante es el tipo apasionado, con su acento en el amor romántico. ¡Por fin están presentes todas esas cualidades que faltaban en la última relación! (o eso parece): pasión, honestidad, buena comunicación, empatía, comprensión... No es de extrañar que los nuevos compañeros quieran que esta relación dure para siempre, agarrarse a ella con firmeza y hablar de un futuro en común.

Pero los compromisos a largo plazo podrían no ser sanadores para ninguna de las partes en esta etapa. Vamos a considerar algunos de los posibles peligros y ventajas de la relación emocional apasionada:

Peligro: *existe el riesgo de hacer a la otra persona responsable del propio entusiasmo y la propia pasión.* ¿Has hecho que esta nueva unión sea demasiado importante en tu vida? Te sientes tan bien en ella en medio del mar agitado de tu transición que quieres hacer que dure para siempre. Piensas que no podrías vivir sin esta nueva pareja. Lo que debes recordar es que *estás en medio del proceso de recuperación.* Asume la responsabilidad de crear esta relación tú mismo. Acabas de empezar a ser la persona que quieres ser; date el tiempo que necesitas para terminar el trabajo. Te sientes bien con esta compañía, pero no renuncies a todo tu poder por medio de hacer que otra persona sea responsable de tu felicidad.

Ventaja: *tu crecimiento personal es una razón importante para que tengas esta relación.* La lección que te corresponde aprender en ella es la de sanar, llegar a ser la persona en la que quieres convertirte, ser libre, ser tú mismo. Aprovecha la lección y atribúyete el mérito de lo que estás aprendiendo. Has creado un entorno en el que puedes crecer.

Peligro: *idealizar a la nueva pareja es una actitud miope.* Es casi seguro que este error limitará el potencial sanador de la relación. ¿Recuerdas la *relación del pedestal* del capítulo anterior? Prueba a realizar este ejercicio con tu nueva compañía: pídele que se ponga de pie sobre una silla, un taburete o una mesita mientras tú estás de pie en el suelo. Hablad entre vosotros. Daos un abrazo. Toma conciencia del sabor de la dinámica. Por lo general, la persona que está en el pedestal se siente sola, frágil e incómoda.

Peligro: *centrarse demasiado en el futuro limita la sanación.* Puesto que te sientes tan bien en la relación, empiezas a pensar en el futuro, en cómo sería estar casado con esta persona para siempre. Vivir en el futuro inhibe la sanación, mientras que vivir en el presente la maximiza. Vivir en el presente es indicativo de autorrealización. Es necesario que disfrutes de cada puesta de sol en esta relación. Necesitas vivir cada día como si fuese el último de tu vida. Necesitas comunicarte respecto a todo lo que estás sintiendo en estos momentos y dejar de soñar con el futuro o de preguntarte cuánto va a durar la relación.

Ventaja: *la comunicación suele ser buena en este tipo de relación.* Compartes aspectos de ti mismo a menudo. Una lección importante puede ser que aprendas a manifestarte íntimo y vulnerable. Recuerda que podrás disponer de las habilidades de comunicación y de la sensación de vulnerabilidad que estás aprendiendo ahora en otras relaciones.

Peligro: *crees que nunca volverás a tener otra relación con una persona tan maravillosa.* Uno de los motivos por los que te aferras tan estrechamente a esta relación es que ves a esa persona como tu pareja «única e incomparable» (¿tal vez debido a una expectativa social?). Cualquier otra te parecerá aburrida y poco emocionante después de esta. Hay algo de verdad en esto, pero la emoción que sientes no es debida a la otra persona, sino a tu propio proceso de crecimiento. Estás viviendo en el presente, siendo vulnerable, experimentando nuevos sentimientos. Gran parte de la emoción que sientes se debe al hecho de que estás saliendo de tu cáscara, encontrándote, «llegando a casa» en el sentido emocional.

Si bien puede ser que nunca vuelvas a sentir esta misma euforia —la de liberarte de tu cáscara—, tienes la posibilidad de experimentar la alegría y la emoción de la intimidad, de la cercanía emocional, de sentirte digno de amor y de ser amado en tus futuras relaciones. Y estas futuras relaciones pueden ser más significativas que esta en la que te encuentras ahora que estás saliendo de la cáscara.

Ventaja: *descubres lo bien que te sientes estando emocionalmente saludable.* A medida que creces y empiezas a ser tú mismo, puedes permitirte ser vulnerable, lo que facilita que experimentes una mayor intimidad y te sientas más seguro a la hora de manifestar tu propia identidad. La cuestión realmente importante que debes aprender en cuanto a esto es que *puedes sentirte de esta manera en muchas relaciones y con muchas personas.* Así que deja de creer que esta es la única persona con la que puedes tener una relación como esta. Podrás mantener otras relaciones saludables si así lo eliges, porque estás aprendiendo a tener una mejor relación contigo mismo. Es cierto que, posiblemente, las relaciones posteriores no te parecerán tan intensas, pero esto se deberá a que no estarás tan necesitado.

Ventaja: *una relación sanadora te permite experimentar con tu desarrollo personal.* Recordemos los temas de los capítulos 4 y 12: las influencias de la familia de origen y las de la infancia. Puedes volver a trabajar con aquello que aprendiste de niño y reaprenderlo. Esta relación puede ser un «laboratorio» tan bueno para tu desarrollo personal como cualquier otra que hayas tenido o que tendrás. Es muy probable que esta nueva relación sea muy diferente de las que estableciste con tu familia de origen y con tu expareja. Esto puede explicar en parte por qué te sientes tan bien en ella.

Peligro: *puede ser que haya un desequilibrio en tu inversión emocional.* Es muy fácil que inviertas el ochenta por ciento o más de tu tiempo y energía emocionales en esta relación y descuides invertir en ti mismo. Esto obstaculiza tu sanación y tu desarrollo personal, contribuye a que la relación termine y hace que este final sea mucho más doloroso. Si quieres sacar el máximo partido al potencial sanador de esta relación de crecimiento, disciplínate para seguir invirtiendo en ti mismo tanto como lo estás haciendo en la relación. Esto te ayudará a conservar tu identidad individual en lugar de que la pierdas en tu emocionante, nueva y apasionada relación amorosa.

Haz un seguimiento de cómo inviertes tu tiempo. ¿Cuánto de tu tiempo libre dedicas a mejorarte a ti mismo (a cultivar aficiones, asistir a clase y pasar tiempo solo o con los amigos)? Y ¿cuánto tiempo estás con la otra persona realizando actividades que tienen que ver con la relación?

Aprende todo lo que puedas, sana todo lo que puedas y deja de retener la preciosa mariposa entre tus manos con tanta firmeza que no pueda volar y ser libre. La energía que dedicas a agarrarte firmemente a la otra persona y a la relación te impide subir tu propia montaña y completar tu propia sanación.

LA AMISTAD Y LAS RELACIONES TERAPÉUTICAS

Una relación de crecimiento no tiene por qué establecerse con una pareja. De hecho, presenta enormes ventajas tener una relación de crecimiento con alguien que no sea un compañero sentimental.

Puedes experimentar el mismo tipo de sanación con un buen amigo o con un familiar de confianza. Con esta persona también puedes hablar de sentimientos, mostrarte vulnerable y compartir partes de ti mismo que no has compartido nunca con nadie. Esta amistad no contiene las mismas emociones ni la misma pasión que una relación de pareja, pero te brinda mayor seguridad, rara vez da lugar al dolor emocional característico del final de las relaciones románticas y puede ofrecerte una sanación igual de profunda. También puede servirte como laboratorio para tu desarrollo personal y permitirte cambiar patrones del pasado.

Los participantes en nuestros seminarios de reconstrucción se identifican fácilmente con este tipo de relación de crecimiento basada en la amistad. Se muestran abiertos y honestos entre sí, comparten aspectos importantes de sí mismos, experimentan cercanía e intimidad con los demás y se dan cuenta de que estas relaciones son especiales y a menudo más saludables y sanadoras que las que han conocido en el pasado. Aprender a cultivar relaciones basadas en la amistad puede ser una de las experiencias de aprendizaje más valiosas que se obtienen en los grupos de recuperación posdivorcio.

La relación entre un terapeuta y su paciente también puede convertirse en una relación de crecimiento, si el terapeuta y el estilo de la terapia lo permiten. Puede dar lugar al mismo tipo de desarrollo personal que las anteriores y ofrece la seguridad derivada de la existencia de unos límites claros, pues el cliente paga por la terapia, lo cual hace que el contexto no deje de ser profesional. Una relación terapéutica que te ayude a ser totalmente tú mismo puede ser una de las experiencias más valiosas que puedas llegar a tener.

¿PUEDE DURAR UNA RELACIÓN DE CRECIMIENTO?

¿Tienen que terminar todas las relaciones de crecimiento? Cada relación tiene unas bases únicas, en cuanto a la relación en sí y en cuanto al punto emocional en que uno se encuentra al emprenderla. Lo fundamental en una relación de crecimiento es el desarrollo personal y la sanación; este es su propósito. Y lo fundamental en una relación estable, a largo plazo, es la perdurabilidad. ¿Cuál es la diferencia?

Cuando mantenemos una relación de crecimiento, nos hallamos en medio de un proceso. Nuestro estado interno es inestable, pues estamos creciendo y cambiando continuamente, sanando las heridas del pasado. Hoy somos diferentes de como éramos ayer. Y mañana tampoco seremos los mismos. Durante este período de cambios rápidos, las bases en que nos apoyamos deben ser flexibles, adaptables, modificables, lo que nos permitirá amoldarnos a medida que cambiemos. Estas no son unas bases adecuadas para una relación a largo plazo.

Cuando empezamos la relación de crecimiento, probablemente no escribimos ningún «contrato», ni siquiera lo formulamos verbalmente, pero estaba ahí, y decía algo así: «Necesito esta relación para poder descubrir quién soy». Las bases de una relación a largo plazo son más estables y permanentes (aunque no deben ser rígidas). Las uniones a largo plazo requieren compromiso, un propósito compartido y estabilidad.

Si una relación de crecimiento va a ser a largo plazo, hay que levantarla de su base y ponerle unos nuevos cimientos debajo. Esto se puede hacer de varias maneras. Algunas parejas han acabado su relación de forma saludable, para que uno de los miembros o ambos pudieran pasar a ser el «potro joven» que corre por el pasto —es decir, para que se dedicaran a invertir en sí mismos en lugar de hacerlo en la relación—. Después pueden volver a juntarse y construir una relación sobre unos cimientos más estables.

El cambio del carácter de la relación también se puede llevar a cabo por medio de una buena comunicación. Ambos compañeros deben tomar conciencia de los costes y los beneficios derivados de convertir su relación sanadora a corto plazo en una relación de compromiso a largo plazo. Han de responsabilizarse de sus sentimientos, sus contribuciones y sus papeles en la nueva relación. Y la comunicación debe ser abierta y honesta. Si tú y tu pareja lo habláis a fondo, con conciencia y sentido de la responsabilidad, y decidís que queréis convertir la relación de crecimiento en otra más larga y estable, lo podéis hacer.

Pero quizá surja un problema. Si realmente estás cambiando, puede ser que ahora seas una persona diferente de la que empezó la relación. Tal vez lo que te atrajo de la relación, y lo que te hizo entrar en ella, fue estar con una persona que era completamente diferente de tus padres, de tus examantes y de tus antiguos amigos. Y si tu necesidad de estar con alguien que contrastase con todos ellos se ha visto satisfecha, tal vez ahora quieras relacionarte con personas que sean más como tus padres, tus examantes y tus antiguos amigos. Esto puede hacer que quieras poner fin a la relación. Muchos individuos que mantienen relaciones de crecimiento las dejan por distintas razones.

No te apresures demasiado para tratar de convertir una relación de crecimiento en un compromiso a largo plazo. Ambos debéis estar dispuestos a aceptar el punto en que os encontráis ahora y a avanzar hacia un futuro caracterizado por una mayor estabilidad.

«¿POR QUÉ DEBO TENER TANTAS?»

A veces la gente pregunta por qué deben tener tantas relaciones de crecimiento. Una muy buena pregunta. Hay varias explicaciones posibles:

- Algunas de estas relaciones no manifiestan todo el poder sanador que podrían tener para ti porque las cargas con expectativas de futuro en lugar de centrarte en el presente.
- No prestas suficiente atención a tu propio proceso de recuperación y sanación porque estás muy cautivado por lo genial que es la otra persona.
- Pones fin a la relación con mucho dolor porque aún no sabes cómo terminar las relaciones de forma saludable. (Este dolor incrementa tu necesidad de otra relación con el fin de sanar el dolor que te provocó acabar con la anterior).
- Necesitas llevar a cabo una gran sanación en cuanto a tus experiencias con tu familia de origen y tu infancia, y se requieren varias relaciones para lograr esto.
- Has estado trabajando con los temas que se describen en los capítulos anteriores pero aún no eres plenamente consciente

de cuáles eran esos temas. La conciencia aumenta en gran medida el potencial de sanación de la relación de crecimiento.

- Experimentas mucha pasión en tus relaciones de crecimiento. Estas se vuelven tan físicas que su verdadera enseñanza se diluye. Es muy fácil evadirse por medio del sexo apasionado y no despertar nunca consciencialmente.
- Tú y tu compañero no sois capaces de conectar eficazmente en el ámbito emocional. Si uno de vosotros, o ambos, no estáis viviendo en el presente, si no le dais toda vuestra atención a la relación, si evitáis la intimidad en lugar de buscarla, nunca alcanzaréis la cercanía, la conexión, la intimidad ni la sanación en la relación. Las personas pueden ser reticentes a poner fin a estas relaciones porque, en esencia, nunca han estado completas en el nivel íntimo.

Cada relación contribuye a tu crecimiento y te puede ser útil identificar aquello por lo que estar agradecido respecto a cada una de ellas, así como respecto a cada persona con quien las has compartido. Las tareas del final de este capítulo te acompañarán a explorar lo que has aprendido y cómo has sanado en tus relaciones de crecimiento.

Por favor, sé amable contigo mismo. Si tu crítico interior te golpea cada vez que comienzas una relación o la terminas, negarás la sanación. Felicítate por cada relación de crecimiento que hayas cultivado, y sácale el máximo partido a la sanación que te hayan aportado.

HACER DE LA RELACIÓN AMOROSA PRINCIPAL
UNA RELACIÓN DE CRECIMIENTO

Una de las maneras más emocionantes de vivir una relación sanadora es convertir tu matrimonio o relación amorosa importante en una relación de crecimiento. Cabe aplicar los mismos conceptos mencionados: vivir en el presente, una buena comunicación, no tener expectativas de futuro y responsabilizarse —individualmente, debéis haceros responsables de vuestros sentimientos y actitudes respectivos, y conjuntamente, debéis responsabilizaros de modelar juntos esta nueva relación—.

No es tarea fácil, pero muchas relaciones amorosas a largo plazo pueden energizarse y reforzarse por medio de ponerles unos cimientos más sólidos. Si estás interesado en crear una nueva relación dentro de tu matrimonio, puedes encontrar útiles las explicaciones sobre la rebeldía del capítulo 12 y sobre las separaciones sanadoras de los apéndices B y C. El libro que escribió Bruce con Nina Hart, *Loving Choices*, describe maneras de crear una relación de crecimiento dentro de una relación de pareja estable.

APRENDER BUENAS HABILIDADES COMUNICATIVAS

Una relación de crecimiento necesita que haya una buena comunicación entre las partes, y la forma más rápida en que puedes mejorar tus habilidades en este contexto es aprender a usar los mensajes en primera persona (de toma de responsabilidad) en lugar de los mensajes en segunda persona (inculpadores). Esta técnica de comunicación la dio a conocer por primera vez el doctor Thomas Gordon y ya hemos hablado de ella en este libro, especialmente en el capítulo 9, cuando nos referíamos a la expresión de la ira.

A modo de recordatorio: los mensajes en segunda persona, en este contexto, son como dardos envenenados que se le lanzan a otro, quien o bien se pone a la defensiva o bien empieza a pensar qué decir (qué arrojar) como réplica. En cambio, los mensajes en primera persona permiten saber a los demás que uno está asumiendo la responsabilidad de sus propios sentimientos y actitudes.

Puede resultarte difícil emplear los mensajes en primera persona si no has estado siempre en contacto con lo que ocurre dentro de ti. He aquí una manera fácil de comenzar a utilizarlos: empieza cada oración con un verbo conjugado en primera persona siempre que mantengas conversaciones importantes. Trata de usar estos cuatro tipos de mensajes: «Pienso _____», «(Me) siento _____», «Quiero _____» y «Voy a _____». Te resultará útil separar tus pensamientos de tus sentimientos y comunicarte de forma diferente según quieras expresar unos u otros. Piensa en lo que esperas conseguir con tu mensaje. Si no dices lo que quieres, probablemente no lo obtendrás. Y debes concluir la comunicación anunciando qué te comprometes a hacer respecto a lo hablado. Emprender acciones responsables que te ayuden a lograr lo que quieres es ser coherente con tus propias palabras.

A los hombres suele costarles acceder a sus sentimientos y hablar de ellos. Emplear frases empezadas por «(me) siento» puede ayudarles a superar este hándicap. Por otro lado, las mujeres muchas veces pueden decir lo que quieren o necesitan los demás, pero no lo que quieren o necesitan ellas.

LA FINALIZACIÓN SALUDABLE

Otro factor clave de las relaciones de crecimiento es la *finalización saludable*. Puesto que la mayor parte de estas relaciones finalizarán, estimularán más el crecimiento de ambas partes si se aprende a ponerles fin de forma sana. Un problema inherente a estas relaciones es tratar de hacer que duren más de lo que es saludable a causa de haber puesto en ellas expectativas de futuro.

Al intentar forzar que una relación a corto plazo se prolongue más allá de lo que es su «vida natural», le añadimos una tensión extra. Cuando la estiramos tanto que se rompe, se vuelve contra nosotros, como ocurre con las gomas elásticas, y experimentamos más dolor del necesario.

Si puedes hacer retroceder la relación al nivel de la amistad antes de estirarla demasiado, es más probable que podáis ponerle fin de forma saludable. Si vives en el presente, sabrás cuándo este ha dejado de ser tan significativo como antes. Cuando las necesidades que dieron lugar a la relación han cambiado, es hora de empezar a ponerle fin.

Manifiéstale al otro que, ahora, tus necesidades son otras. Responsabilízate de tus sentimientos ante él o ella, explícale cómo han cambiado tus necesidades y transmítele que has obtenido un aprendizaje valioso. Si la relación acaba así, de forma saludable, experimentaréis solamente una fracción del dolor que resultaría de intentar forzar la relación a ser lo que no es.

Las raíces de la finalización saludable son la apertura y la honestidad que mostrasteis ambas partes en cuanto a vuestras necesidades y deseos cuando emprendisteis la relación. Pete, consejero del ejército, lo formuló bien:

> Le dije que era un pequeño gatito mojado y que necesitaba a alguien que me cuidara y me lamiera para secarme, como hacen las gatas con sus crías. También le dije que no sabía si querría continuar con la relación una vez que estuviese seco. Pudimos terminar con un dolor mínimo porque nos habíamos mostrado abiertos y honestos desde el principio.

He aquí la lista de acciones que allanan el camino de la finalización saludable. Te animamos a trabajar con ellas en tus relaciones de crecimiento:

- Comunicarse de forma abierta y honesta.
- Vivir en el presente. Vivir día a día, en lugar de hacer planes para un «futuro» incierto juntos.
- Asumir la responsabilidad de los propios sentimientos y expresarlos abiertamente. Evitar juegos del estilo «estoy bien; no pasa nada».
- Asumir desde el principio que la relación será a corto plazo. El concepto de *compromiso* no es pertinente en la relación de crecimiento, a menos que se convierta en una unión a largo plazo.
- Hablar de las propias necesidades. Escuchar las necesidades de la otra parte. Estar atento a las pistas indicativas de que es hora de dejar correr la relación y hacerle saber al otro que estas señales han empezado a manifestarse.
- Planificar de antemano el más que probable final de la relación. Hablar de cómo lo gestionaréis cuando llegue el momento (por ejemplo: ¿hay que pensar en que hará falta otra vivienda?, ¿habrá que resolver cuestiones relativas al transporte?, ¿hay niños implicados?, ¿seguiréis como amigos?, ¿qué ocurrirá con los amigos que tenéis en común?...).

El concepto de finalización saludable es aplicable a todas las relaciones. Toda relación tiene su ciclo natural de desarrollo. Algunas son a corto plazo y otras son a largo plazo. No es fácil reconocer cuál debe ser el tiempo de vida de una relación. La apropiación (la aceptación por parte de ambos miembros de que son responsables de sí mismos, de sus sentimientos y de lo que les está sucediendo como individuos) es tremendamente útil a la hora de permitir que la relación siga su curso natural.

Gran parte del dolor que experimentamos en nuestras vidas es fruto de que nos aferramos a algo durante demasiado tiempo cuando tenemos que soltarlo. Si crees que tu felicidad es responsabilidad de otra persona, te costará permitir que tus relaciones lleguen a su final de manera natural.

¿NECESITAS UNA RELACIÓN DE CRECIMIENTO?

Hay maneras de sanar sin mantener una relación de crecimiento. Sin embargo, nos hace sentir bien tener una mano que agarrar mientras estamos despertando. Y alguien con quien hablar mientras estamos aprendiendo sobre nosotros mismos. Ello contribuye mucho a la sanación.

Si puedes entender que estas relaciones te brindan un contexto en el que poner en práctica todas las habilidades que has aprendido al leer este libro, tendrás más claras las ventajas que presentan. Esperamos que la conciencia que has adquirido por medio de la lectura —y de hacer los ejercicios que hemos sugerido— te ayude a buscar la verdadera sanación en este tipo de relaciones, en lugar de permitir que se reproduzcan viejos patrones en su seno.

LOS NIÑOS Y LAS RELACIONES

Es probable que tus hijos también cultiven relaciones de crecimiento. Súbitamente, pueden hacerse buenos amigos de otros niños cuyos padres están separados. Encontrarán que pueden hablar con ellos mejor que con sus amigos cuyos padres están casados.

Puede ser que te sorprenda descubrir que estás juzgando a los hijos de padres separados. Es posible que no desees tan siquiera que tus hijos se junten con ellos. ¡Sorpresa!: acabas de encontrar algunos de tus prejuicios relativos al divorcio. Recuerda que tus hijos también están pasando por el proceso del divorcio, y ten en cuenta que el hecho de hacer amigos que se hallen en una situación similar puede ayudarles. Como has descubierto, cualquier persona puede encontrarse con que tiene que afrontar una separación; no tiene sentido seguir teniendo actitudes críticas hacia quienes deciden poner fin a sus relaciones.

Si estás manteniendo una relación de crecimiento, ¿qué papel deben tener tus hijos en este contexto? Depende del tipo de relación del que se trate. Si mantienes una relación terapéutica, puede ser útil que compartas esto con tus hijos. Estarán más abiertos a hablar con otras personas si saben que tú estás hablando con alguien.

Si tienes la relación de crecimiento con un amigo o un familiar, puedes optar por implicar a tus hijos en ella por medio de compartir con ellos lo bien que sienta tener una persona especial con quien hablar.

Si tu relación de crecimiento es una aventura apasionada, sin embargo, debes decidir cuidadosamente hasta qué punto incluir a tus hijos en ella. Tus hijos han estado presenciando las discusiones entre tu ex y tú, por lo que podría ser bueno que los expusieses a una relación más pacífica y amorosa. No obstante, es muy fácil que el entusiasmo que experimentas por tu nueva relación nuble tu pensamiento y que quieras incluir a tus hijos más de lo que es adecuado en esta etapa. Por ejemplo, traer a tu nueva pareja a pasar la noche estando tus hijos en casa suele ser difícil para estos, y es probable que no sea una buena idea.

Como hemos visto en este capítulo, las posibilidades de que una relación de crecimiento sea duradera no son altas, pues suelen ser uniones de transición. Es muy probable que tus hijos tengan que lidiar con el final desgarrador de otra de tus relaciones. Ten en cuenta esto al reflexionar acerca de hasta qué punto quieres implicarlos.

Asume la responsabilidad de que tu relación de crecimiento se inscriba dentro de tu proceso de adaptación. Si tus hijos son conscientes de esto, pueden adoptar una mejor perspectiva respecto a la relación. Asumes el control de tu vida por medio de tomar decisiones más conscientes y amorosas, y tus hijos pueden seguir tu ejemplo —de hecho, lo seguirán—.

TAREAS RESPECTO A LA RELACIÓN DE CRECIMIENTO

Escribe las respuestas a las siguientes preguntas en tu diario o cuaderno:

- ¿Cuál es tu reacción a este capítulo? ¿Tiene que ver con tu experiencia lo que en él se ha tratado?
- Si has tenido una relación de crecimiento o más, descríbelas. ¿En qué aspectos te han resultado sanadoras? ¿En qué aspectos perjudiciales? ¿Qué has aprendido en cada una? Tus compañeros de relación ¿han sido amigos, amantes, terapeutas o familiares? ¿Cómo podrías hacer que tu próxima relación sea más sanadora y saludable?
- Si no has tenido una relación de crecimiento, ¿te gustaría tenerla? ¿Temes que se revele tu vulnerabilidad? ¿Eres incapaz de comunicarte? ¿Tienes miedo de que vuelvan a herirte?
- Si mantienes una relación de pareja importante y estáis procediendo a separaros de una forma sanadora, ¿crees que podrías experimentar una relación de crecimiento con tu pareja? ¿Es este un concepto nuevo para ti?

Bruce fue testigo de cómo cientos de parejas creaban una relación nueva y amorosa a partir de las dolorosas cenizas de una relación acabada. Si es este tu objetivo, una buena manera de empezar es que ambos leáis este libro y trabajéis con sus propuestas. Haced todas las tareas que podáis, entre las que se proponen. Alentaos y enriqueceos mutuamente, porque este proceso requiere compromiso, autodisciplina y confianza. Y no hay garantías de éxito.

¿CÓMO LO LLEVAS?

Antes de pasar al siguiente capítulo, responde el cuestionario de autoevaluación. Te ayudará a determinar si estás listo para proseguir con la ascensión.

- ❑ Estoy preparado para perdonarme por las relaciones que tuve en las que hice a la otra persona responsable de mi gozo y mi felicidad.
- ❑ Estoy haciendo una lista de lo que aprendí en cada una de mis relaciones de crecimiento pasadas.
- ❑ Elegiré, a partir de mi comprensión actual, qué tipo de relaciones de crecimiento quiero tener en el futuro.
- ❑ Asumiré la responsabilidad de cultivar relaciones de crecimiento como parte de mi proceso de sanación.
- ❑ Incorporaré los buenos sentimientos que experimente en mis relaciones de crecimiento; me estoy convirtiendo en la persona que he elegido ser.
- ❑ Voy a poner en práctica todas las habilidades que estoy aprendiendo en este libro respecto a las relaciones y las utilizaré en el futuro.
- ❑ Me estoy mostrando abierto y honesto, y estoy utilizando buenas técnicas de comunicación en mis relaciones actuales.
- ❑ Estoy probando nuevos comportamientos saludables, rompiendo viejos patrones y haciendo que mis relaciones me sirvan lo máximo posible para crecer y sanar.

SEXUALIDAD

«Me interesa, pero tengo miedo»

uando uno se acaba de separar, es normal tener miedo a las relaciones sexuales. Durante tu proceso de adaptación, puedes aprender a expresar tu sexualidad única de acuerdo con tus propias normas morales. Algunas personas separadas siguen el código moral convencional de no tener relaciones sexuales fuera del matrimonio; otras disfrutan la cultura de la soltería y adoptan el acento que pone esta en la autenticidad, la responsabilidad y la individualidad. Es hora de que descubras cuáles son tus creencias respecto a la sexualidad. (Decidas lo que decidas, recuerda que si vas a practicar sexo debe tratarse de sexo seguro).

Estar separada en la mediana edad es:

No sacar la basura por temor a perderte esa llamada telefónica obscena...

Estar parada en medio del aparcamiento oscuro y gritar: «¡Eh, atracadores, la atracada está aquí!»...

Decirle al tipo que te cacheó y te exigió que le entregaras todo el dinero que no llevas nada encima, pero que si te cachea de nuevo le extenderás un cheque...

Poner una señal en el portal que diga: «Todos los intrusos serán violados»...

Mirar debajo de la cama con la esperanza de que ahí haya alguien.

LOIS

Todo el mundo aguarda esta parte de la subida con grandes expectativas. Es posible que incluso hayas abierto el libro por este capítulo, para empezar aquí la lectura. O tal vez llevas esperando las explicaciones acerca de la sexualidad desde que presentamos los bloques de la reconstrucción en el capítulo 1. En cualquier caso, te instamos a que reduzcas la velocidad, respires hondo e intentes contemplar el sexo desde la perspectiva correcta (¡al menos comienza por leer el capítulo 1!).

ANTES DE EMPEZAR...

Nos gustaría abrir este capítulo reconociendo el amplio abanico de actitudes y creencias que tiene la gente respecto al sexo. Sabemos que estas abarcan un espectro que va desde *no tener nada de sexo fuera del matrimonio* hasta *si te hace sentir bien, hazlo*. La sexualidad y la moral están estrechamente conectadas en nuestra sociedad, y respetamos tanto a quienes han adoptado una postura moral fuerte como a quienes han elegido estilos de vida no convencionales.

Un gran porcentaje de los participantes en nuestros seminarios acude bajo los auspicios de una organización de carácter religioso, y muchas religiones sostienen que la unión sexual solamente es legítima dentro del matrimonio. Habrá personas que comulguen con esta postura que van a encontrar ofensivas algunas partes de este capítulo, seguramente. Lamentamos esta circunstancia, pero consideramos que sería irresponsable ignorar un tema tan central entre las preocupaciones que tienen quienes pasan por el proceso de recuperarse del divorcio.

Creemos que las decisiones en el ámbito de la moralidad sexual son muy personales, por lo cual hemos elegido no tomar partido al respecto. En resumen, no abogamos por las relaciones sexuales después del divorcio, ni las condenamos. Cualquiera que sea tu postura, encontrarás en estas páginas un examen esclarecedor de las cuestiones involucradas en el cultivo de las relaciones sexuales... o no (de todos modos, algunos lectores pueden preferir saltarse este capítulo).

VE PASO A PASO

He tenido un conflicto en cuanto a las relaciones sexuales estando divorciado. Una parte de mí dice que el sexo es importante para mi desarrollo personal, y la otra parte dice que me siento culpable de tener relaciones sexuales con una mujer con la que no estoy casado. ¿Qué debo hacer?

TOM

En esta parte de la subida de la montaña, querrás encontrar tu propio camino. Cada uno de nosotros tenemos una moralidad individual que determinará en gran medida la dirección que tomaremos. Puesto que en esta parte de la ascensión debemos realizar un esfuerzo no solo para subir sino también para encontrar nuestro camino, puede ser que nos sintamos más vacilantes y menos seguros. Tómate tu tiempo y asegúrate de que el camino que eliges se corresponde realmente con tu forma de pensar y de sentir. Por supuesto, podrás optar por otro camino si no te está yendo bien con el que has elegido. Pero algunas personas han pagado un precio enorme, emocional y físico, por haber experimentado con comportamientos que no eran realmente compatibles con sus propios valores.

Este bloque de reconstrucción contiene tres fases típicas: la *falta de interés*, la fase *ardiente* y el *regreso a la normalidad*. Cada una de ellas ejerce un gran efecto sobre el proceso de adaptación. Sin embargo, no todas las personas que atraviesan por un proceso de separación viven las tres fases. Algunas no pasan por la etapa de la falta de interés y otras no experimentan la etapa ardiente. De todos modos, cabe reconocer que las tres fases se dan muy habitualmente.

Tuviste una relación sexual —para bien o para mal— durante los años en que viviste en pareja, pero ahora tu compañero ya no está. Debes enfrentarte a todos los cambios emocionales y sociales que acarrea la finalización de una relación amorosa importante, incluidos los relativos al deseo sexual.

«QUERRÍA ESTAR SOLTERO»: ¿QUÉ PIENSAS AHORA?

Cuando estuviste casado, ¿te preguntaste si todos esos solteros «libres» eran las máquinas sexuales que se rumoreaba que eran? ¿Y fantaseaste con lo que sería tener una cita con una persona diferente y emocionante cada noche de la semana?

Pues bien, ahora estás soltero (confiamos en que, en este punto del sendero, ya hayas aceptado la realidad de tu situación). Mira las personas que te rodean. Muchas pasan las noches solas. Muchas fingen divertirse cuando en realidad están aburridas. Puede ser que te encuentres pasando una noche con alguien que haga que veas a tu ex como atractivo y deseable —¡y eso que pensaste que nadie podría ser peor que tu ex!—. Y todos tus conocidos parecen estar saliendo con alguien y rompiendo después con ese alguien, de modo que ni siquiera acabas de tener claro quién está saliendo con quién. El contraste entre la fantasía que tenías del estilo de vida desenfrenado del soltero y la forma en que realmente estás viviendo contribuye en gran medida al trauma posdivorcio.

«¿UNA CITA? BUENO, NO, SÍ...»

Anímate: la primera parte de la subida de la sexualidad es la más escarpada y difícil; se vuelve más fácil cuando uno se ha acostumbrado a estar soltero. No has tenido una cita en años, y la primera persona a quien se lo pides te rechaza. Asistes a una fiesta de solteros y te quedas petrificada si nadie te pide bailar —e igualmente petrificada si alguien lo hace—. En tu primer contacto con el sexo opuesto, te sientes como un adolescente torpe en su primera cita. Y si alguien intentase ligar contigo..., el solo hecho de pensarlo basta para que decidas quedarte en casa a solas, para siempre.

¿Cuál es el comportamiento apropiado para un adulto que no ha tenido una cita en años? Tal vez, cuando fuiste adolescente, hubo reglas y carabinas en tus citas. Probablemente, tus padres te dijeron a qué hora debías estar de vuelta en casa. Ahora no hay nadie que ponga los límites salvo tú mismo, y tus sentimientos son tan confusos e inciertos que ni siquiera puedes confiar en ellos. Y ¿qué decir de las cuestiones morales y de salud relacionadas con el sexo? Envidiabas la libertad de la soltería y ahora darías cualquier cosa por volver a contar con la seguridad del matrimonio.

Más adelante, en el proceso, cuando encuentres tu propio camino, las cosas serán más fáciles. Después de superar tu confusión e incertidumbre, encontrarás que puedes expresarte a través de las citas y relaciones con el sexo opuesto. Puede ser que cuentes con una libertad de la que no gozabas cuando eras un adolescente que hacía lo que se esperaba de él —o lo que no se esperaba—.

«ME ALEGRO DE QUE LO PREGUNTES»

El sexo puede ser, para muchas personas, un tema difícil, incluso incómodo, del que hablar. En los seminarios de Fisher, la sexualidad se aborda en una de las últimas sesiones, para que los participantes hayan tenido tiempo de llegar a sentirse cómodos a la hora de hablar de algo tan personal y que contiene tanta carga emocional. Para ayudarlos a sentirse más a gusto, se les pide que *escriban* las preguntas que tienen acerca de la sexualidad —ya sabes, las que siempre han querido hacer si bien tenían miedo de hacerlas— y es el facilitador quien las lee en voz alta, para asegurar el anonimato. Las preguntas que surgen con más frecuencia nos permiten hacernos una idea de qué es lo que más preocupa respecto a este tema después de una separación.

He aquí algunos ejemplos de preguntas formuladas por individuos recientemente separados:

- «¿Qué te parece atractivo y deseable en el sexo opuesto?».
- «¿Cómo podemos llamar al hecho de salir? ¡Odio la palabra cita!».

- «¿Cómo le digo a la persona con la que salgo que no quiero nada serio?».

Quienes han avanzado más en el proceso de recuperación hacen otras preguntas:

- «¿Qué pensáis de no tardar en tener sexo en la nueva relación?».
- «¿Cómo se sienten las personas que tienen más de una relación sexual al mismo tiempo?».
- «¿Por qué no vuelven a llamar después de acostarnos juntos?».
- «Me niego a considerar la posibilidad de tener relaciones sexuales fuera del matrimonio; ¿querrá alguien salir conmigo?».

Las adaptaciones resultantes de la transformación que está aconteciendo en el terreno de los roles sexuales ocasionan dificultades tanto a los hombres como a las mujeres:

- «¿Qué piensan los hombres de las mujeres que los invitan a salir?».
- «¿Qué quieren las mujeres? Sostengo la puerta abierta para que pase una mujer y se irrita. La siguiente mujer espera que le abra la puerta. ¿Qué se supone que debo hacer?».
- «Siempre me sentí cómodo haciendo cumplidos a las mujeres y pidiéndoles salir. Esta semana, una mujer me dijo que le gustaban mis piernas y me preguntó si me gustaría salir con ella. ¿Qué debo hacer?».
- «¿Quién creéis que debería pagar en la cita?».
- «¿De cuál de los dos es la responsabilidad de prevenir el embarazo?».
- «¿Soy el único que no se siente cómodo usando preservativos?».

Las preguntas sobre los niños también pueden ser difíciles:

- «¿Quién paga a la niñera?».
- «¿Quién lleva a la niñera a casa?».
- «¿Qué pensáis de que alguien se quede a pasar la noche habiendo niños en la casa?».
- «Mis hijos no quieren que salga con nadie. ¿Qué debo hacer?».
- «¿Qué le digo a mi hijo adolescente cuando me dice que llegue a casa temprano?».
- «¿Qué hago cuando su hijo responde al timbre, me ve y me cierra la puerta en las narices?».

Muchas personas divorciadas tienen miedo del sida y otras enfermedades de transmisión sexual (ETS):

- «Me gustaría mantener relaciones sexuales, pero tengo un miedo mortal a las ETS. ¿Cómo puedo estar seguro de evitar contraer una enfermedad?».
- «¿Cómo puedo saber si la otra persona puede estar infectada con el VIH antes de tener relaciones sexuales?».
- «¿Qué es el herpes? ¿Es realmente peligroso?».

Las personas que han estado casadas tienen muchas preocupaciones comprensibles acerca de la sexualidad. Estas preguntas reflejan solamente algunas de sus ansiedades. Dorothy expresó de esta manera el impacto emocional que experimentó en relación con la sexualidad:

Me sentí muy deprimida la semana pasada cuando me di cuenta de que tenía cuarenta años, estaba divorciada y nunca podría volver a tener sexo.

No pretendemos tener las respuestas a todas estas preguntas, pero creemos que este capítulo te ayudará a aclarar tus propias ideas en torno a la sexualidad.

«ESTA NOCHE NO, GRACIAS»

La primera fase del proceso, correspondiente a un estado de profunda aflicción, se caracteriza por la falta de interés en el sexo, o acaso la total incapacidad de practicarlo. Las mujeres tienden a no estar nada interesadas en él y los hombres suelen experimentar impotencia. Cuando uno está sintiendo mucho dolor emocional, el hecho de no estar interesado en el sexo o de ser incapaz de practicarlo acentúa el dolor. Muchos individuos dicen:

—Ya estaba sufriendo mucho, y ahora me encuentro además con que no puedo expresarme sexualmente. Siento que he tocado fondo.

Cuando descubren que es perfectamente normal y natural no tener interés en el sexo cuando se está en medio de una profunda aflicción, se sienten muy aliviados.

CONTACTO SEXUAL *VERSUS* CONTACTO FÍSICO

Pasé a estar tan caliente después de separarme que llamé a mi amiga para pedirle que me aconsejase acerca de lo que podía hacer. Tener relaciones sexuales con alguien con quien no estuviera casada estaba fuera de lugar para mí.

RAQUEL

En algún punto a lo largo del proceso de separación, tal vez cerca del final del bloque de reconstrucción de la ira, se pasa por la fase de no querer sexo o no ser capaz de expresarse sexualmente. En este punto, es probable que uno pase al otro extremo y llegue a la fase *ardiente*. Pueden experimentarse unos deseos sexuales más acentuados que nunca antes en la vida. Es casi aterrador. Puesto que las necesidades y los deseos son tan fuertes en esta etapa, es importante comprender los propios sentimientos y actitudes tanto como sea posible.

Entre los muchos sentimientos presentes en la etapa ardiente está la necesidad de demostrar que uno se siente bien, tanto desde el punto de vista personal como sexual. Es como si uno estuviera intentando resolver no solo sus problemas sexuales sino también los de todos los otros bloques de reconstrucción por medio del sexo. Uno está tratando de superar la soledad, de volver a sentirse merecedor de ser amado, de mejorar su autoestima, de trabajar con la ira, de cultivar amistades..., y todo esto se concentra en el impulso sexual. Es como si el cuerpo estuviera tratando de sanarse únicamente por medio del ejercicio del sexo. Algunas personas encuentran que su comportamiento en la fase ardiente es un tanto «compulsivo» por este motivo.

Las aventuras de una noche son una manera en que la gente trata de lidiar con esta etapa. Este enfoque lo vemos habitualmente reflejado en los libros y las películas dedicados al divorcio. La necesidad de salir y «demostrar que se está bien» puede ser tan grande que algunas personas pueden tener comportamientos sexuales que no han tenido nunca antes, sin pensar mucho en cuestiones de tipo moral ni concernientes a la salud.

Algo que es importante entender respecto a la fase ardiente es que existe una gran necesidad de contacto físico durante este período. A medida que pases por el proceso de separación, probablemente experimentarás una mayor necesidad de tocar y ser tocado. El tacto presenta unas cualidades sanadoras notables. Cabe suponer que tuviste mucho contacto físico con tu pareja en tu matrimonio —si bien esto depende de la calidez y cercanía que experimentaseis en la relación—. Cuando se produce el divorcio y este contacto deja de tener lugar, muchas personas tratan de satisfacer su necesidad al respecto por medio del sexo, sin darse cuenta de que hay una gran diferencia entre el contacto físico y el contacto sexual. Aunque no tengan nada que ver, se puede resolver gran parte de la necesidad de contacto sexual al obtener el contacto físico que se necesita por vías no sexuales —por ejemplo, por medio de abrazos, masajes, agarrarse de la mano y caminar tomados del brazo—.

Puedes resolver las necesidades que experimentes en la fase ardiente por vías distintas al contacto sexual directo. Si comprendes que, en parte, el impulso compulsivo que se experimenta en esta fase obedece al anhelo de demostrar que uno está bien y que vuelve a sentirse bien consigo mismo, podrás trabajar directamente con eso. El hecho de construir tu identidad y desarrollar tu autoconfianza, así como el hecho de saber que mereces ser amado, puede permitirte superar la soledad y quitarte de encima algunas de las presiones que se experimentan en esta etapa. Si puedes obtener tu «ración» de abrazos, esto también aliviará la tensión. El conjunto de estas medidas puede ayudarte mucho a resolver tus necesidades en este difícil período que estás atravesando.

El estereotipo según el cual las personas divorciadas son una «presa sexual fácil» surge de lo que ocurre en la fase ardiente. Durante este período, la persona divorciada puede ser realmente una presa fácil, ya que su impulso sexual es muy intenso. Muchos de los que pasan por el proceso del divorcio tienen relaciones sexuales más o menos promiscuas —lo cual no es recomendable en esta era en que el herpes, la clamidia, el VPH, el VIH y otras enfermedades y virus de transmisión sexual están generalizados—.

EL REGRESO A LA NORMALIDAD

> Nuestra vida sexual no era satisfactoria dentro del matrimonio, de modo que nos separamos y tuvimos relaciones sexuales con otras personas. Cuando nos volvimos a unir, nos sorprendió comprobar que gozábamos de un buen sexo entre nosotros. Parece que el hecho de separarnos y estar con otros nos liberó.
>
> MIKE Y JANE

Con el tiempo, superarás la fase ardiente y pasarás a la tercera etapa, en la que tu impulso sexual volverá a ser el que era normal en ti. (Por supuesto, el deseo sexual varía mucho de una persona a otra, y recuerda que no todo el mundo pasa por las tres fases). Puesto que la etapa ardiente es tan compulsiva y controladora, la gente suele experimentar alivio al regresar a su nivel normal de deseo sexual.

Durante las primeras fases del proceso de la sexualidad, uno hace lo que *debería* hacer; después pasa a lo que *quiere* hacer. La mayoría de las personas que se divorcian evolucionan hacia la libertad sexual, en el sentido de que de repente son conscientes de quiénes son y de cuál es su naturaleza en el ámbito sexual. Este es otro aspecto del crecimiento personal que se experimenta dentro del proceso del divorcio.

La mayoría de las personas eran sexualmente monógamas en el matrimonio porque creían que *debían* serlo. Después, cuando pasan por la fase ardiente, puede ser que tengan muchas relaciones sexuales. Finalmente, deciden volver a ser monógamas porque *quieren* serlo.

Piensa en el impacto de este proceso en las relaciones amorosas futuras. La necesidad de tener experiencias sexuales fuera de la relación estable es mucho menor cuando se llega a la tercera fase. Mientras se permanece en el modo *debería* de la sexualidad, siempre está presente la tentación de hacer lo que no *debería* hacerse. Pero cuando uno alcanza la tercera fase —la etapa en que uno hace lo que quiere hacer y expresa quién es en realidad—, la tentación de tener sexo fuera de la relación amorosa se ve muy reducida.

HAY MÁS EN LA VIDA

He estado de acuerdo con todo lo que habéis dicho hasta ahora, pero cuando declaráis que experimentar relaciones sexuales estando divorciado puede ser una experiencia de crecimiento personal, debo expresar mi profundo desacuerdo. El sexo es sagrado y debe tener lugar solamente entre dos personas que estén unidas en sagrado matrimonio.

PADRE JOHN

Le estamos dando una importancia desmesurada al sexo en nuestra sociedad, tal vez porque lo escondimos y lo negamos durante mucho tiempo. La «visión mediática» del sexo parece no tener mucho que ver con lo que acontece en el mundo real. La publicidad está llena de sexo con el fin de vender productos. La juventud y la supuesta belleza, vitalidad y sexualidad asociadas con ella son reverenciadas. Con tal sobredosis diaria de sexo en los medios de comunicación es difícil mantener una visión realista de la sexualidad en el ámbito de las relaciones de pareja y el matrimonio.

La dimensión espiritual de la sexualidad humana suele estar ausente en las representaciones populares de esta. El sexo constituye una manera de trascender nuestras formas de expresión habituales y nos permite mostrar nuestro amor e interés por otra persona de una manera muy especial y positiva. El sexo puede ser una forma de transportarnos a niveles que están más allá de lo cotidiano para convertirnos en algo mayor de lo que somos normalmente. Pero esta dimensión espiritual que está presente en la sexualidad también está presente en la superación de la ira, en nuestra capacidad de comunicarnos, a la hora de aprender a gustar a otra persona y a la hora de aprender a aceptar todas nuestras emociones humanas y lidiar con ellas. La sexualidad, cuando se pone en perspectiva, puede verse como un elemento más entre los muchos recursos saludables y normales que nos permiten conectarnos con nuestros semejantes.

Nuestra sociedad, enraizada históricamente en las creencias religiosas, ha puesto tradicionalmente un gran acento en tener relaciones sexuales en exclusiva con el cónyuge. Sin embargo, los mensajes que recibimos son dispares y bastante confusos. Muchas personas divorciadas se sorprenden al descubrir que pueden gozar de un sexo muy agradable y hermoso sin estar enamoradas del otro. En cambio, los individuos que sostienen creencias más tradicionales pueden sentir mucha culpa si mantienen relaciones sexuales sin estar casados. Y hay también quienes han adoptado una moralidad con el único fin de evitar contraer una enfermedad o quedar embarazadas.

La adaptación saludable a una separación requiere crecer más allá del énfasis excesivo en el sexo físico y llegar al punto de poder entender la belleza de la sexualidad como una manera especial de compartir y comunicarse con otra persona. Se trata de cultivar un estilo personal de sexualidad que sea una expresión genuina de la propia individualidad, singularidad y moralidad; que tenga también en cuenta las necesidades y el bienestar de la pareja sexual, y que no perjudique a nadie ni a la comunidad en general. Una sexualidad así es socialmente responsable y humana, y puede constituir una fuente de realización para el individuo.

Cada uno tiene que cultivar una moral sexual personal e individual que concuerde con sus propios valores y creencias, personalidad, entorno, actitudes, experiencias y compañero. Muchos sujetos elegirán no tener relaciones sexuales fuera del matrimonio y será una opción muy apropiada para ellos. Otros pueden encontrar que las experiencias sexuales constituyen una manera efectiva de apaciguar el deseo sexual posterior a la separación y de sanarse tras el fin de su relación de pareja.

La mayoría de los separados se sienten a gusto teniendo una sola relación sexual a la vez. De hecho, hay claros indicios de que la mayoría de la gente necesita una relación emocional como apoyo de la relación sexual.

Cuando entre dos personas hay una buena comunicación y confianza, comprensión y un respeto mutuo, estas personas se sienten cómodas teniendo una relación sexual, si esto está dentro de su sistema de valores. Si eres capaz de alcanzar este nivel de autorrealización en tu relación sexual, tendrás una menor necesidad de mantener relaciones fuera del matrimonio si te vuelves a casar en el futuro.

¿PODEMOS HABLAR DE ELLO? LA COMUNICACIÓN ABIERTA SOBRE CUESTIONES SEXUALES

Veamos ahora otros problemas de adaptación que puedes experimentar cuando terminas una relación de pareja e ingresas en la cultura de las personas separadas.

Las mujeres suelen quejarse de que lo único que les interesa a todos los hombres es acostarse con ellas. Sin embargo, nuestra experiencia es que muy pocos de los individuos que han salido de un matrimonio pueden disfrutar realmente el sexo fácil y ocasional. Lamentablemente, hay muchas personas en nuestra sociedad que no han desarrollado formas de interacción con el sexo opuesto aparte de la sexual. Puede ser, y a menudo es, la forma más fácil de contacto y, después de todo, la recompensa potencial es grande, aunque sea temporal. No obstante, las relaciones pueden incluir muchos aspectos aparte del sexual, y tu vida será mucho más rica si cultivas plenamente todas las opciones. (En el capítulo anterior buscamos construir amistades con el sexo opuesto que no fuesen románticas ni sexuales).

Es interesante hacer notar que, en los cuestionarios del seminario en los que preguntamos a los participantes de qué les gustaría hablar, la opción número dos (después de las relaciones) difiere entre los hombres y las mujeres. En casi todos los casos, la segunda opción es la sexualidad en el caso de las mujeres y el amor en el caso de los hombres. ¿Sorprendido? Hay más. Ellas no solo están más interesadas en hablar de sexo, sino que se sienten mucho más cómodas que ellos al tratar este tema. Después de una sesión dedicada a la sexualidad, Burt reveló que se fue a casa y no pudo dormir de lo sorprendido que estaba por la libertad con que las mujeres habían hablado acerca de ese tema en la clase.

Creemos que la apertura es un estilo de interacción muy saludable (recordarás la discusión del capítulo 13 dedicada a quitarnos las máscaras y estar más abiertos a la hora de comunicarnos). Antaño era prácticamente imposible hablar abiertamente de la sexualidad, y eso impedía comprender actitudes y sentimientos de tipo sexual y lidiar con ellos. Ahora, gracias a la mayor apertura que existe en nuestra sociedad, somos capaces de entender y cultivar nuestros sentimientos sexuales del mismo modo que entendemos y cultivamos todas las otras emociones humanas.

La apertura en materia sexual conduce a otra posibilidad muy liberadora. Cuando se sale con alguien dentro del entorno social de los separados, se puede hablar de las cuestiones sexuales abiertamente, lo cual reduce al mínimo todos los pequeños juegos que giran en torno a ello. Muchas de tus citas no desembocarán nunca en la intimidad sexual; sencillamente, no será apropiado. Sacar a la luz este tema y hablar de él te libera para permitir que tu relación se desarrolle con mayor naturalidad y normalidad, libre de los juegos asociados al hecho de no saber dónde estás ubicado sexualmente en relación con la otra persona.

Si has empezado hace poco con el proceso de reconstrucción y la idea de tener una relación sexual te asusta mucho, puedes compartir esto con el otro: «Necesito salir y estar con un amigo, pero cualquier cosa que vaya más allá de la amistad es más de lo que puedo soportar emocionalmente en estos momentos». Te sorprenderá la respuesta favorable que obtendrás por parte de los demás después de haber compartido tan abiertamente tu sentir. La mayoría te entenderá y aceptará porque ellos también habrán pasado por rupturas dolorosas, tal vez incluso por un divorcio, y habrán experimentado algunos de estos sentimientos ellos mismos.

NO OS UTILICÉIS MUTUAMENTE

Hay una cantidad considerable de personas solas, incluso desesperadas, que introducen otro problema en la cultura de los separados en la que ahora se encuentran. Hacen que toda la cuestión de la sexualidad sea aún más difícil porque, básicamente, están buscando a alguien a quien usar. Si eres amable y cariñoso, ver a todas esas personas necesitadas a tu alrededor puede hacer que tengas la tentación de ayudarlas a satisfacer sus necesidades, algunas de las cuales pueden ser sexuales.

La enorme soledad y la gran necesidad que se encuentran en la cultura del posdivorcio hacen que para algunos separados la adaptación sea especialmente complicada; nos referimos a aquellos que están atrapados en la *trampa de la compasión* —en el deseo compulsivo de cuidar y dar a los demás—. Si tiendes a ser así, tendrás que aprender a ser un poco egoísta (en este caso, ser «egoísta» también es un comportamiento responsable).

No hay manera de que puedas satisfacer las necesidades de todos aquellos que están desesperados y se sienten solos. Debes satisfacer tus propias necesidades y cuidar de ti mismo en primer lugar, y debes hacerlo sin utilizar a otros o permitir que los demás te utilicen. Haz todo lo que puedas para sentirte bien contigo mismo y crecer en tu interior con el fin de llegar a estar tan pleno y completo como sea posible, tras haber superado tu propia soledad y tu propia necesidad.

Esto te proporcionará una base sólida para tus futuras relaciones, así como para ayudar a quienes realmente lo necesiten.

ROLES Y REGLAS: ¿QUIÉN HACE QUÉ A QUIÉN?

Otro gran problema para muchos de los que entran en el «mercado de las citas» es la cuestión de las reglas. Puedes sentirte como un adolescente desconcertado que no entiende ni sabe exactamente cómo comportarse. Las actitudes y las costumbres sociales en torno a la sexualidad han cambiado con tanta rapidez en los últimos años que casi nadie puede mantenerse al día. Las reglas de conducta establecidas para las parejas románticas y los roles fijos de cada sexo pertenecen al pasado. ¡En el momento en que leas esto, de hecho, es probable que las cosas hayan cambiado desde que lo escribimos!

La clave para que puedas manejarte en medio de todos estos cambios es que cultives la libertad de ser tú mismo. ¡Por supuesto, es muy difícil que puedas alcanzar esta libertad si no sabes quién eres! Tendrás que encontrar tu forma de proceder, seguir tus propios valores y tu propio código moral, mostrar quién eres de forma abierta y honesta y expresar tu individualidad única en la medida en que puedas hacerlo.

Si alguna vez hubo «reglas» para las citas, ¡ya no las hay! Los roles están cambiando y tanto las mujeres como los hombres pueden tomar la iniciativa en cualquier área, incluido el sexo. En los debates sobre sexualidad que tienen lugar en los seminarios de Fisher, participantes de ambos sexos preguntan cómo se sienten las personas del sexo opuesto respecto a quién hace el primer movimiento de aproximación sexual. Los hombres heterosexuales suelen decir que encuentran muy liberador que sea la mujer la que inicie el contacto. Han tenido que lidiar con el miedo a ser rechazados por las mujeres durante toda su vida y afirman que ahora les hace sentir bien que ellas se enfrenten al riesgo de ser rechazadas —se sienten libres de la carga de tener que ser siempre quienes den el primer paso—. Y las mujeres están listas para tomar la iniciativa.

Aunque los hombres hagan estos comentarios, las mujeres aseguran sin embargo que en el mundo real hay hombres que aún no están seguros de cómo responder a las mujeres asertivas. Aunque digan que les gusta que los inviten a salir, muchas veces se sienten incómodos cuando surge la situación. Parece que, *intelectualmente*, a los hombres les gusta que las mujeres den el primer paso; pero *emocionalmente* tienen más dificultades para manejar su comportamiento sexualmente asertivo.

Las mujeres también afirman estar confusas. Las que indican que les gustaría invitar a los hombres a salir suelen echarse atrás cuando llega el momento. No es fácil desmantelar los viejos roles y probar nuevos comportamientos cuando uno se está recuperando del final de una relación. Por otra parte, es el momento oportuno de hacer exactamente esto. Todos los demás aspectos de tu vida están cambiando. La evolución de los roles de hombres y mujeres y de las costumbres sexuales están dando lugar a una mayor igualdad entre los sexos y a una mayor libertad individual que permite que cada uno sea él mismo.

Nada permanece fijo; vemos que el péndulo de las costumbres sociales oscila hacia delante y hacia atrás. No es un camino fácil, y los períodos de rápidos cambios sociales ocasionan mucha incertidumbre y confusión. Ahora más que nunca, tal vez, es necesario que te conozcas a ti mismo, que adoptes valores que te permitan a la vez sentirte realizado y ser respetuoso con los demás y que actúes de acuerdo con estos valores.

TENGAMOS CUIDADO AHÍ FUERA

Si has decidido abrirte a nuevas relaciones sexuales, permítenos darte un consejo: ¡opta por el *sexo seguro*!

Esta cuestión es realmente importante. El sida y otras enfermedades de transmisión sexual han tenido un gran impacto en los comportamientos sexuales en todo el globo. La ciencia y la medicina no paran de buscar maneras de lidiar con estas enfermedades, pero cada uno de nosotros debemos asumir la responsabilidad de mantenernos sanos, y de preservar la salud de nuestras parejas sexuales, por medio de adoptar ciertas medidas.

Debes tomar la decisión consciente de minimizar los riesgos en cuanto a las ETS. La única garantía contra ellas, por supuesto, es la abstinencia o una relación monógama exclusiva y absolutamente segura con una pareja que haya «dado negativo» en los test correspondientes; pero se pueden tomar medidas adicionales, como las siguientes:

- Someterse a chequeos de forma periódica.
- Usar, concienzuda e indefectiblemente, preservativos (preferiblemente con espermicidas) durante el coito.
- Ser consciente de los factores de riesgo habituales (como tener sexo con consumidores de drogas intravenosas) y prevenirlos.
- Charlar honesta y abiertamente sobre el historial sexual, los hábitos y las preferencias propios y los del compañero potencial.
- No cambiar de pareja sexual a menudo.

Todo individuo, casado o soltero, tiene por supuesto derecho a expresar libremente su sexualidad, siempre y cuando la práctica tenga lugar con adultos de mutuo acuerdo y se evite deliberadamente hacer daño físico o psicológico al otro. Nadie está obligado a mantener una relación sexual con otra persona (incluido el cónyuge) a menos que así lo desee. Ser una persona sexual —y todos lo somos— consiste en tomar decisiones y actuar a partir de ellas. Esperamos que recabes la suficiente información a la hora de tomar tus decisiones y que tus elecciones sean seguras, divertidas, centradas en las relaciones... y que sean realmente tuyas.

LOS NIÑOS Y EL SEXO

Los hijos de padres separados también deben lidiar con el bloque de reconstrucción de la sexualidad. Cuando termina la relación de sus padres, ¿dónde van a encontrar los modelos para sus relaciones, para sus comportamientos sexuales, para convertirse en adultos maduros?

Muchas veces, los niños se sienten confundidos cuando ven a sus padres implicados en nuevas relaciones después del divorcio. Incluso los más pequeños perciben de alguna manera que estas pueden incluir el sexo (de hecho, ¡los niños saben más de lo que crees acerca de si sus padres están teniendo relaciones sexuales o no!). Y si los padres están en la fase ardiente y emanan todas las vibraciones sexuales que acompañan a esta etapa, ¿qué pueden hacer los niños con eso? ¿Cómo van a posicionarse ante este nuevo comportamiento?

Hace falta comunicación. Lamentamos no brindarte una respuesta más original, pero es absolutamente fundamental que te comuniques con tus hijos en estos momentos. Resulta muy útil para los hijos y para los padres que estos últimos les hablen de forma franca y abierta acerca de la sexualidad —en un nivel apropiado, según la capacidad que tenga el niño de entender las explicaciones—. Aunque los niños estén experimentando mucha ansiedad e inseguridad en este momento de sus vidas, esta misma agitación puede marcar el comienzo de su aprendizaje. Los niños pueden obtener una comprensión mucho más profunda de la sexualidad, que incluya su propia maduración, a medida que sus padres pasan por esta etapa de la reconstrucción.

Los niños pueden encontrar modelos que seguir en sus padres, abuelos y otros familiares, así como en los padres de sus amigos. Como dijo un adolescente: «¡Ahora cuento con más modelos que nunca!».

¿CÓMO LO LLEVAS?

Hemos abarcado bastante en este capítulo, y a pesar de ello hay mucho que no hemos explorado. El sexo suele ser un escollo para las personas separadas, así que asegúrate de haber lidiado a fondo con lo expuesto antes de seguir adelante. Aquí tienes algunas cuestiones de referencia para que evalúes tus progresos:

❑ Me siento a gusto saliendo con parejas potenciales.
❑ Sé cuáles son mis actitudes y valores morales actuales y puedo explicarlos.
❑ Me siento capaz de mantener una relación sexual profunda y significativa cuando sea apropiado.
❑ Me sentiría cómodo teniendo intimidad con una nueva pareja.

❏ Mi comportamiento sexual es coherente con mi moralidad.

❏ Estoy satisfecho con mi situación actual en cuanto a las citas.

❏ Tengo un comportamiento moral; el que me gustaría que tuvieran mis hijos.

❏ Estoy contento con la forma en que estoy satisfaciendo mis necesidades sexuales.

❏ Me responsabilizo de mi interacción con los demás.

❏ He descubierto que las actitudes y los valores sexuales masculinos y femeninos pueden tener más puntos en común que diferencias.

❏ Me siento a gusto en compañía del sexo opuesto.

❏ Tengo la suficiente seguridad en mí mismo como para comportarme de la forma que quiero, aunque no coincida con las expectativas de los demás.

❏ No estoy dejando que las necesidades compulsivas de la fase ardiente controlen mi comportamiento.

❏ Estoy resolviendo la necesidad que experimento en la fase ardiente de una manera que es aceptable para mí.

❏ Entiendo y acepto que muchas personas, durante la etapa del duelo, no experimenten deseo sexual y sean incapaces de mantener relaciones.

❏ Estoy recibiendo mi ración de abrazos cada semana.

SOLTERÍA

«¿Seguro que es algo bueno»

La soltería es un tiempo en el que invertir en tu propio crecimiento personal más que en otras relaciones. Un período de soltería te permite adquirir mayor confianza en ti mismo para que puedas experimentar y disfrutar el hecho de estar soltero como un estilo de vida aceptable, no como una etapa en la que sentirte solo. Sin embargo, es fácil quedar atascado en este bloque de reconstrucción con el fin de evitar tener otra relación amorosa íntima.

Me he dado cuenta de que vivir en soltería constituye una afirmación de la propia fuerza y del yo, en lugar de ser una admisión de fracaso vergonzosa. Estoy más relajado en compañía de los demás —ya no pierdo energía emocional siendo un camaleón social—. La culpa posmarital, las dudas de mí mismo y las preguntas del estilo «¿volveré a amar alguna vez?» tienen mucha menos fuerza. Soy feliz estando soltero, algo que antes no creía posible.

LARRY

En esta parte de la subida se ve a un buen número de personas que están avanzando solas. Han adquirido tanta confianza en sus habilidades que han elegido caminar a su propio ritmo en lugar de seguir a la multitud. Algunos de estos individuos han decidido pasar tiempo en soledad como una forma de invertir en sí mismos; otros sencillamente quieren y necesitan estar consigo mismos, con sus propios pensamientos, y disfrutar de las vistas a solas. Es la etapa de la *soltería*.

¿ALGUNA VEZ ESTUVISTE REALMENTE SOLTERO ANTES?

Muchas personas no aprendieron nunca a estar solteras antes de casarse. Fueron del hogar parental al hogar conyugal, sin considerar siquiera la posibilidad de que uno podía ser feliz viviendo solo y sin cuestionar nunca el mito del *felices para siempre*.

Mona vivió con sus padres hasta que se casó con Joe. Pasó de complacer a un hombre, su padre, a complacer a otro, su marido. Cuando Joe habló por primera vez de irse, se aferró a él porque la idea de vivir sola le resultaba aterradora. Nunca había aprendido a complacerse a sí misma. Siempre había sido una persona dependiente, y ahora la idea de ser independiente, aunque constituía un reto, la asustaba. Estaba avergonzada por cómo se sentía, porque le parecía ridículo que una mujer de treinta y cinco años no conociera su propia mente o no supiera qué hacer con su vida.

Su proceso de adaptación a la soltería fue gradual. Al principio buscó otras relaciones en las que apoyarse. A medida que fue adquiriendo mayor confianza, empezó a hacer más cosas por sí misma y a disfrutar con ello. Empapeló toda una habitación, serró los maderos de la nueva valla del patio y puso los clavos, comenzó a salir a ver películas y asistir a conciertos sola cuando los niños estaban con Joe, invitó a todo el vecindario a una fiesta... Estas actividades la hicieron sentirse exultante, pues comprobó que no necesitaba a nadie. Se convirtió en un buen ejemplo de lo que significa ser una persona independiente.

Jim representa el lado masculino de esta misma moneda. Su madre había cuidado bien de él. Su ropa estaba siempre lavada y planchada, las comidas estaban listas a la hora e incluso su habitación estaba siempre limpia. Pudo dedicar pues su tiempo a sus actividades escolares y al trabajo. Cuando entró en la universidad, vivió de alquiler en una habitación. De nuevo, las tareas de comida y limpieza que debía realizar eran mínimas. Cuando se casó con Janet, ella se hizo cargo de todo lo que su madre siempre había hecho por él. Se sentía independiente y no se daba cuenta de lo dependiente que era en realidad. Se enteró cuando dejó a Janet. No se defendía en absoluto en la cocina, ni siquiera a la hora de preparar la comida más sencilla. Tenía muy poca idea de cómo lavarse la ropa: ¡acabó con la ropa interior rosada cuando la puso a lavar junto con su camisa roja! Se puede pagar por el mantenimiento del coche, pero es difícil —y muy caro— contratar a alguien que cocine y haga las tareas de la casa a tiempo completo.

Poco a poco, las comidas que preparaba Jim fueron mejorando. Finalmente tuvo el coraje de invitar a una amiga a comer a casa, que quedó encantada con lo que preparó. Su ropa empezó a parecer más cuidada. Se sintió muy complacido y orgulloso cuando aprendió a plancharse las camisas. Aprender a cuidar de sí mismo era como estar creciendo en la infancia, y cada consecución le hacía experimentar una sensación de éxito y logro.

«YO Y MI SOMBRA»

La soltería de la que estamos hablando implica mucho más que aprender a hacer las tareas que otro estuvo haciendo por uno, por supuesto. Es todo un estilo de vida.

La independencia en el ámbito de las relaciones amorosas y románticas es un buen ejemplo. Un comentario típico de una persona recientemente separada podría ser: «Nunca saldré adelante solo; necesito otra relación de pareja». Pero durante la etapa de la soltería, la misma persona puede decir: «¿Por qué volver a casarme? Puedo ir y venir a mi antojo. Puedo comer cuando quiera. No tengo que adaptar mis hábitos de vida diaria a otra persona. ¡Está bien esto de estar sin pareja!». Antes de la etapa de la soltería, puede ser que uno esté buscando a su «media naranja». Pero durante esta etapa, llega a sentirse a gusto saliendo solo. Las «citas» ya no son necesarias para evitar sentimientos de vergüenza o de fracaso. La calidad de las relaciones mejora: ahora uno elige a la persona con la que salir, en lugar de hacerlo con quienquiera que esté disponible, solo para estar con alguien; pasa las veladas compartiendo en lugar de necesitando, y conoce a personas y goza de su compañía por ser quienes son, en lugar de verlas como posibles compañeras de vida.

SOLTERO Y A MUCHA HONRA

Una de las tareas que se les da a los participantes en el seminario de divorcio de Fisher tiene que ver con el cultivo de nuevos intereses en la etapa de la soltería. En su relación de pareja, muchos pasaron su tiempo libre haciendo lo que querían sus cónyuges o lo que habían aprendido a hacer con sus padres. Tu tarea ahora es que te tomes tiempo para cultivar una nueva afición o para que te dediques a algo que tal vez hace mucho que querías emprender. Este algo puede ser aprender a tocar la guitarra o a conducir, pintar o practicar un nuevo deporte. Quienes se toman en serio estos «deberes» encuentran muchas actividades nuevas que realmente les encanta realizar; ya no aceptan seguir haciendo lo que en realidad le gustaba a otra persona.

La soltería es un tiempo en que corresponde ser un adulto responsable. Los roles que jugamos cada uno en nuestras relaciones con los demás están vinculados a nuestras actitudes y nuestros sentimientos. ¡Sorprendentemente, esto ocurre también en sentido inverso! Es decir, a medida que cambiamos nuestros actos y nuestras formas de relacionarnos con los demás, descubrimos que nuestras actitudes también empiezan a cambiar («Oye, estoy descubriendo que me puedo manejar bien solo. ¡Mira lo que estoy logrando por mí mismo!»).

Es más fácil llevar a cabo estos movimientos hacia la independencia en la etapa de la soltería que cuando se mantiene una relación de pareja a largo plazo. Un entorno neutro facilita tanto los cambios internos como los externos. La etapa de la soltería constituye una gran oportunidad de hacer los cambios internos en cuanto a las actitudes y los sentimientos —y los cambios externos en cuanto a los comportamientos y las relaciones— necesarios para crecer y llegar a ser individuos completos por nosotros mismos.

«ME ALEGRO DE VOLVER A ESTAR SOLTERO.
BUENO, ¿DE VERAS ME ALEGRO?»

No todo es de color de rosa en la etapa de la soltería, por supuesto. Los estudios al respecto muestran que los solteros, especialmente las mujeres, no siempre salen muy bien parados desde el punto de vista económico. No reciben ascensos en algunos campos profesionales. Y se las ve como blancos fáciles en el terreno romántico y sexual. A pesar de haberse endurecido las leyes contra el acoso sexual, las mujeres solteras en particular pueden ser objeto de presiones en el lugar de trabajo, donde se espera que ofrezcan favores sexuales a cambio de ascensos y otras oportunidades. Y hay otras situaciones que resultan especialmente incómodas para los solteros.

Por ejemplo, Alexa se quejó de algo que ocurrió en la clase de la escuela dominical a la que iba su hijo. Cuando el profesor les pidió a los niños que dibujaran a sus familias, el hijo de Alexa se dibujó a sí mismo y dibujó también a su hermana y a su madre, que eran su familia. El maestro le hizo añadir un hombre al dibujo, porque «¡todos sabemos que en una familia hay un padre y una madre!». Alexa estaba herida, decepcionada y enojada, y expresó sus sentimientos directamente al pastor de la iglesia.

Ursula dijo que, en su iglesia, el sermón del Día de la Madre versó sobre el amor conyugal. La docena de madres presentes que no estaban casadas fueron ignoradas, lo cual las hizo sentirse completamente excluidas. Ella le manifestó al pastor que el acto le había resultado muy deprimente. Este respondió muy favorablemente: un par de semanas más tarde, se reunió con las madres que no estaban unidas en matrimonio y les ofreció un sermón especial, que incluía una visión más amplia de la maternidad.

Las escuelas suelen ser el escenario de episodios irritantes cuando se es padre soltero. El presidente de la Asociación de Padres y Maestros (APM) llamó por teléfono y preguntó si los padres de Johnny llevarían el estand de los dardos en el carnaval de la escuela. El padre le explicó que estaría encantado de hacerlo, pero que lo haría solo. El presidente replicó que se necesitaban dos personas para llevar el estand y que se lo pediría a otros. Las reuniones de la APM suelen estar orientadas a parejas y pueden resultar bastante incómodas para las personas solteras que deben asistir solas.

Ocurre lo mismo en las reuniones entre padres y maestros. El profesor te dice que «todos los niños problemáticos de la clase tienen solo un padre» y que por eso quería verte. Es posible que tu hijo no esté «lo suficientemente bien atendido» y que tal vez sea por eso por lo que rinde tan mal en la escuela. O bien tu hija, además de sus problemas estudiantiles, está «demasiado loca por los chicos para ser una alumna de quinto grado».* Cabe suponer que si su madre tuviese una relación «permanente» con un hombre Janie tendría una mejor actitud hacia los muchachos. Tú, la madre, te sientes enojada, vulnerable e indefensa. ¿Cuál puede ser tu réplica?

Puedes pensar en algunas respuestas asertivas para las humillaciones y los comportamientos discriminatorios más habituales. Puedes contribuir a concienciar a los demás, a la vez que mantienes tu propia integridad, por medio de responder con firmeza. ¡También te sentirás mejor internamente que si te vas echando humo!

Pongamos un ejemplo. En respuesta a la maestra que insiste en que Janie estaría mejor en un hogar biparental, puedes decir algo como esto: «Tiene razón; no es fácil ser una madre sola. Pero Janie y yo lo estamos llevando bien últimamente, y no estoy de acuerdo con que su rendimiento académico se esté resintiendo por causa del divorcio. Estaré encantada de colaborar con usted si hace falta ponerle deberes extra, hacerle sesiones de tutoría o adoptar otras medidas con el fin de mejorar su rendimiento escolar. ¿Qué sugerencias tiene en cuanto a sus hábitos de estudio? ¿Le pondrá más deberes?».

De esta manera, no aceptas el menosprecio de la maestra ni le permites que achaque a tu vida personal los problemas escolares de Janie, sino que vuelves a situar la responsabilidad al respecto donde

---

* El equivalente a quinto de primaria (N. del T.).

corresponde: en la cooperación entre el docente, el alumno y el progenitor, no en tu vida amorosa.

LLEVAR BIEN LA SOLTERÍA

A menudo hay que ser una persona muy segura de sí misma para manejar con éxito la etapa de la soltería. Gran parte de los contenidos de este capítulo hacen referencia a los sentimientos que experimentan los solteros en respuesta a las actitudes de la sociedad. Si has trabajado con éxito con los bloques de reconstrucción anteriores, es probable que puedas experimentar una sensación de paz y tranquilidad en la etapa de la soltería. Puede ser que te sientas un poco disgustado por las actitudes de los demás, pero serás lo suficientemente fuerte como para manejarlas. Aprende de los prejuicios externos y úsalos para estar más seguro de cuál es tu propio sentir.

La soltería puede ser una de las etapas más productivas de la subida, en el sentido de que las viejas heridas pueden realmente curarse. Lidiar con las discriminaciones externas puede ayudarte a ser más fuerte.

Una advertencia: es fácil quedar atascado en esta etapa. Si no has trabajado con todos los remanentes relacionados con el matrimonio y la intimidad, puedes utilizar la etapa de la soltería para esconderte. Cuando alguien dice «nunca me volveré a casar», esta persona puede parecer instalada en esta etapa; pero, en muchos sentidos, esta postura es la opuesta a la auténtica soltería. El miedo a la intimidad, la evitación de los sentimientos y la oposición al matrimonio como si fuera la peor institución de nuestra sociedad..., todo ello indica que la persona está estancada. El objetivo es ser libre de escoger la soltería o casarse de nuevo, no proponerse permanecer soltero para siempre.

La soltería se ha convertido en una alternativa aceptable en nuestra sociedad. Hace una o dos generaciones, se veía a las personas solteras como un poco raras, como fracasadas, por no haber conseguido llegar al altar. Al menos en Estados Unidos, era «patriótico» estar casado, porque, después de todo, la familia era la piedra angular de la sociedad estadounidense. Pero las actitudes están cambiando. En una charla que impartimos sobre las relaciones de pareja, una mujer quiso saber por qué debíamos estar hablando de las *relaciones* todo el rato. ¿No era igual de legítimo hablar de permanecer soltero? ¿Teníamos que seguir buscando mantener una relación como si esta fuese la situación ideal?

El hecho de que haya aproximadamente un millón de divorcios en Estados Unidos cada año hace que la soltería sea más aceptable para muchos. Que haya tantas personas «excasadas» en nuestra sociedad ha provocado muchos cambios de actitud hacia la soltería. ¿Tal vez estamos aceptando mejor las diferencias individuales? ¡Ojalá!

LOS NIÑOS Y LA SOLTERÍA

La soltería es un bloque de reconstrucción importante también para los niños. Necesitan aprender a ser personas solteras, individuales e independientes de los padres antes de casarse. Si pueden ver y comprender la importancia de la soltería, esto les posibilitará en mayor medida cultivar buenas relaciones de pareja en el futuro.

La crianza de los hijos es diferente durante la etapa de la soltería. En las etapas anteriores, los padres muchas veces se desviven tratando de asegurarse de que son dignos de ser amados, de que alguien va a querer salir con ellos y de que están bien en muchos otros sentidos. Mientras tanto, los niños suelen sufrir; sus necesidades pasan a un segundo plano. En la etapa de la soltería, los padres acostumbran a estar más receptivos a las necesidades de sus hijos. Susannah se había ofrecido como voluntaria en su seminario de divorcio porque «necesitaba» sentirse útil ayudando a los demás. Cuando llegó a la etapa de la soltería, renunció a seguir haciendo de voluntaria porque quería dedicar más tiempo a sus hijos. En esta etapa, los padres tienden a pasar por encima de sus propias necesidades emocionales.

¿CÓMO LO LLEVAS?

En este punto de la subida, obtenemos una gran recompensa: el panorama que se despliega ante nuestros ojos ahora que estamos por encima de la vegetación arbórea. ¡Podemos ver hasta donde alcanza la vista! La etapa de la soltería está definitivamente por encima de la línea de los árboles. El mundo se puede ver mucho más claramente desde aquí. Nos conocemos mucho mejor a nosotros mismos y entendemos mucho mejor a los demás y nuestras interacciones. Nuestra visión de la vida es mucho más amplia. En la etapa de la soltería, estamos muy cerca de la cima. ¡Apresurémonos y contemplemos el paisaje desde la cumbre!

He aquí algunas cuestiones que debes comprobar antes de la subida final:

❑ Me siento a gusto estando soltero.

❑ Puedo ser feliz estando soltero.

❑ Me siento cómodo yendo a eventos sociales como persona soltera.

❑ Veo la soltería como un estilo de vida aceptable.

❑ Me estoy convirtiendo en una persona completa. Ya no me siento como «media naranja» que está en busca de la otra media.

❑ Estoy empleando tiempo en invertir en mi propio crecimiento personal en lugar de hacerlo en buscar otra relación amorosa.

❑ Puedo mirar a mis amigos como personas con las que quiero estar en lugar de como parejas potenciales.

❑ Si tengo hijos y familia, puedo disfrutar los momentos que estoy con ellos en lugar de lamentar el tiempo que le arrebatan a mi vida personal.

❑ He encontrado la paz interior y la satisfacción en la soltería.

PROPÓSITO

«Ahora tengo metas para el futuro»

L as personas recientemente separadas tienden a vivir en el pasado y a ser muy dependientes de otras. Después de haber trabajado con el proceso de ruptura, empiezan a vivir más en el presente y a depender menos de los demás. Ahora puedes planificar tu futuro como persona independiente, optes o no por tener una nueva relación amorosa.

> Cuando empecé a participar en el seminario de divorcio, soñé que estaba conduciendo un automóvil que se salía de una carretera de montaña hasta quedar en equilibrio al borde de un precipicio. Estaba demasiado asustado para moverme. Cuando terminé el seminario, soñé que estaba dentro del coche en un foso grande y oscuro, pero al final había una rampa de cemento por la que pude salir.
>
> HARRY

Echa un vistazo al sendero que tienes tras de ti. ¿No ha sido una subida gratificante?

Tu prioridad cuando estabas en el abismo de la separación, en el fondo de la montaña, era sobrevivir. No pensabas en ponerte metas para el futuro. Salías adelante hora tras hora, día tras día.

Las cosas han cambiado mucho desde que «hemos ganado altura», ¿verdad? Fue duro subir por el sendero del proceso de la separación, pero ahora que estás casi en la cima, cuentas con cierta perspectiva. Puedes mirar hacia atrás, a tu pasado, para ver cómo llegaste adonde estás hoy. Puedes observar tu situación actual y reconocer todo lo que has logrado. Puedes mirar hacia el futuro sabedor de que tienes la capacidad de determinar por ti mismo quién vas a llegar a ser.

CONTEMPLA TU VIDA PASADA, PRESENTE Y FUTURA

El trauma del divorcio nos motiva a examinar nuestras vidas a conciencia. Tendemos a volver al pasado y a considerar aquello que haríamos de otra manera si pudiésemos volver a vivir esas circunstancias. Tendemos a estar tan absortos en la escena actual que somos incapaces de pensar en el futuro.

Ya es hora de que abandones algunos de tus pensamientos sobre el pasado y salgas de tu dolor presente, de que empieces a pensar en metas y decisiones relativas a tu futuro.

A las personas que sufren mucho dolor emocional no les resulta fácil hacer planes y ponerse metas. Por ello, si aún te encuentras en medio de un dolor así, puede ser que te resulte difícil leer este capítulo sobre el establecimiento de objetivos. Si has leído este libro con demasiada rapidez y no has absorbido todo el aprendizaje emocional necesario, es posible que debas dejar de lado este capítulo por ahora, tomarte un tiempo para trabajar con el material anterior y asimilar los aprendizajes emocionales que necesites integrar.

Como decíamos en el capítulo 11, las investigaciones de Bruce muestran que las personas que se han separado recientemente obtienen puntuaciones muy bajas en la escala de la autoestima de Tennessee. Otros estudios en los que se ha utilizado el inventario de orientación personal indican que las personas recientemente separadas, en especial las que han sido dejadas, «viven en el pasado» en gran medida en su pensamiento, y este vivir en el pasado se refleja también en sus actitudes. Quienes se hallan en el pozo del divorcio tienen muy pocas esperanzas y metas para el futuro. Sienten que han entrado en el Infierno de Dante, sobre cuya puerta de entrada pueden leerse estas palabras: «Quienes entréis aquí, abandonad toda esperanza».

Pero también es muy posible que, si has trabajado cuidadosamente con cada uno de los capítulos anteriores durante un período de semanas o meses, estés listo para seguir adelante con tu vida. En este capítulo culminarás tu acceso a la cumbre y te pondrás algunas metas para el futuro.

¡Empecemos!

TU LÍNEA DE VIDA: UN EJERCICIO PARA ESTABLECER OBJETIVOS

Te presentamos un ejercicio experiencial que te ayudará a contemplar tu vida pasada, presente y futura: consiste en que traces tu propia *línea de vida*. Es una línea temporal gráfica, dibujada en una hoja de papel de izquierda a derecha, que muestra los altibajos de la propia vida (en la página 322 ofrecemos una ilustración que muestra, aproximadamente, el aspecto que puede presentar tu línea).

Sé consciente de que este ejercicio lo haces solamente *para ti mismo*. ¡No es un proyecto artístico y nadie te pondrá nota! (aunque te encontrarás con la autoevaluación del «examen» del final del capítulo). Si debes borrar partes de la línea o volver a empezar, hazlo según tu conveniencia. El objetivo es que el producto final sea realista y valioso para *ti*. Estas son las instrucciones para trazar la línea de vida:

1. Hazte con una hoja de papel limpia tan grande como sea posible. Cuanto más grande sea, de mayor libertad gozarás para trazar la línea. Un metro, aproximadamente, de papel de estraza puede ser ideal.

2. Piensa en tu edad actual y luego piensa en cuánto tiempo esperas vivir. La mayoría de las personas, cuando piensan en ello, tienen una idea de la edad a la que van a morir. Tal vez sientan que van a llegar a muy viejas, o que van a morir

jóvenes. Entra en contacto con esta sensación e intenta determinar cuál es tu esperanza de vida. A continuación, considera cuál es tu edad actual, el porcentaje de vida que ya has vivido y el porcentaje que te queda por vivir. Por ejemplo, si sientes que puedes vivir hasta los noventa años y tienes cuarenta y cinco en estos momentos, has vivido el cincuenta por ciento de tu tiempo estimado de vida.

3. Traza una línea vertical en tu hoja de papel, de tal manera que el espacio que quede a la izquierda sea indicativo del tiempo que ya has vivido y el espacio de la derecha represente la cantidad de tiempo que te queda por vivir (si has llegado a la mitad de tu vida, la línea estará en el medio; si has vivido un tercio de tu vida, la línea separará el primer tercio del papel del espacio siguiente). Piensa en la cantidad de años que es probable que te queden por vivir en comparación con el número de años que ya has vivido. ¿Qué vas a hacer con el tiempo de vida que te queda?

4. Piensa acerca de si tu vida ha sido básicamente feliz o infeliz hasta el momento. Traza otra línea en el papel, en sentido horizontal, que refleje cuál es tu nivel de felicidad básico. Si has sido básicamente infeliz toda tu vida, traza la línea hacia la parte de abajo de la página.

Ahora ya estás listo para empezar a trazar tu línea de vida.

Tu línea de vida: el pasado

Empieza la línea tratando de evocar el primero de todos tus recuerdos de infancia. Detente en este recuerdo: puede ser que te cuente mucho sobre ti y sobre el resto de tu vida. Comienza la línea a la altura que refleje la felicidad o infelicidad que asocias con este primer recuerdo. Cuanto más infeliz sea dicho recuerdo, más abajo deberás empezar.

A continuación, piensa en las cosas importantes que puedas recordar de tu primera infancia. Identifícalas en tu mente y márcalas en tu línea de vida. Si tuvo lugar un acontecimiento muy feliz que recuerdes, márcalo en la línea y sitúalo más arriba en el papel. Si viviste sucesos extremadamente dolorosos, como la muerte de algún familiar, márcalos como experiencias particularmente infelices.

Sigue repasando tu vida: tu paso por la escuela primaria, la secundaria y la preparatoria, etc., y sigue marcando los hitos importantes que destaquen en tu memoria. Crea tu línea de vida como si le estuvieses contando una historia a un amigo —una historia sobre los eventos importantes que te han ocurrido—. Incluye tu matrimonio y los hijos que tengas (si es el caso).

Tu línea de vida: el presente

Ahora piensa en tu separación y en tu situación emocional actual. Muchas personas que se han separado recientemente representan la crisis asociada con su divorcio como el punto más bajo en sus vidas. Esto te ubica en un mal punto en la línea, pero recuerda que cuentas con el resto de tu vida para trabajar en ello y mejorarte con el fin de convertirte en el tipo de persona que te gustaría ser. Refleja en la línea tu nivel de felicidad en el momento del divorcio y posteriormente a él.

Tu línea de vida: el futuro cercano

Ahora has pasado el presente y es hora de que empieces a pensar en el futuro. Ponte algunos objetivos a corto plazo —el próximo mes, los próximos tres meses y los próximos seis meses—. Anticipa lo que vas a hacer y cómo vas a sentirte. ¿Crees que va a ser un período más feliz o menos feliz que el presente? ¿Aún tienes que pasar por algunas situaciones dolorosas, como el trauma de los últimos trámites del divorcio, una resolución judicial relativa a la separación de bienes o la custodia o una gran cantidad de facturas por pagar con unos ingresos muy limitados? Refleja los próximos meses en tu línea de vida de la forma más realista que puedas.

Tu línea de vida: el futuro a largo plazo

Empieza a plantearte metas a más largo plazo por medio de responder preguntas de este estilo: ¿qué quieres hacer dentro de un año

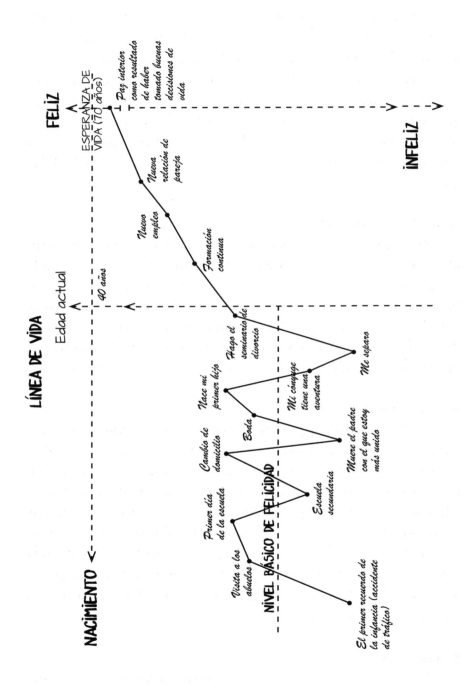

LÍNEA DE VIDA

NACIMIENTO

FELIZ

INFELIZ

ESPERANZA DE VIDA (70 años)

Edad actual

40 años

NIVEL BÁSICO DE FELICIDAD

Paz interior como resultado de haber tomado buenas decisiones de vida

Nueva relación de pareja

Nuevo empleo

Formación continua

Hago el seminario de divorcio

Nace mi primer hijo

Cambio de domicilio

Boda

Primer día de la escuela

Visita a los abuelos

Mi cónyuge tiene una aventura

Escuela secundaria

Muere el padre con el que estoy más unido

Me separo

El primer recuerdo de la infancia (accidente de tráfico)

a partir de ahora? ¿Y dentro de cinco años? ¿Cómo serás en tu vejez? ¿Reflejará tu rostro la felicidad que has conocido en tu vida o reflejará tristeza, amargura, ira o sentimientos negativos de algún tipo? ¿Cómo te afectará la jubilación? ¿Estarás preparado para adaptarte bien al hecho de no seguir trabajando? ¿Te has ocupado de prever las necesidades económicas que tendrás en la vejez? ¿Cómo te sientes en relación con las enfermedades importantes que puedas contraer en el futuro? ¿Llevas un estilo de vida saludable que pueda ayudarte a prevenir esas enfermedades? ¿Está tu vida llena de sentimientos negativos que podrían convertirse en una enfermedad física a medida que envejeces?

Has plantado tu vida en un semillero y vas a hacer que crezca y madure, y finalmente vas a recogerla. ¿Qué tipo de planta vas a obtener? ¿Vas a mirar hacia atrás y decir : «He vivido el tipo de vida que quería vivir y estoy listo para morir»? ¿O mirarás hacia atrás y dirás: «La vida de alguna manera ha pasado de largo para mí; aún no estoy listo para morir»?

Y ¿qué tal la persona con la que vas a vivir? ¿Es importante para ti tener otra relación de pareja, compartir tu vida con alguien a medida que envejezcas? ¿O te gustaría permanecer soltero y disfrutar de toda la libertad asociada con la soltería?

¿Qué es importante para ti en la vida? ¿Ganar dinero, ser famoso, gozar de buena salud, tener éxito profesional, tener una familia feliz? Y ¿qué significa el éxito para ti? ¿Qué harías con tu vida para sentir que has tenido éxito? Comprueba si te sientes a gusto con tus respuestas a estas dos preguntas: «¿Por qué contribuciones voy a ser recordado?» y «¿Habré hecho que el mundo sea un lugar mejor?».

¿Te estás convirtiendo en el tipo de persona que te gustaría ser? ¿Cuándo vas a empezar a cambiar y a convertirte en esa persona? ¿Hoy, la próxima semana, el próximo mes? ¿O nunca vas a llegar a ser la persona que quieres ser? Hoy sería un buen día para empezar.

¡LOS NIÑOS TAMBIÉN NECESITAN METAS!

Los niños se sienten muy confundidos cuando sus padres se están separando. Cuando estos están lidiando con su propio dolor, suelen pasar por alto las necesidades de sus hijos. Estos no tienen ni idea de adónde van, qué va a ocurrir con ellos o cómo se sentirán al día siguiente. Habitualmente se sienten perdidos; no tienen ninguna meta o dirección.

Se enfrentan a sus propios escollos, que pueden convertir en bloques de reconstrucción (consulta el apéndice A). Si se les da la oportunidad de pasar por su propio proceso, pueden empezar a concebir metas para sí mismos y para su nueva estructura familiar. De otro modo, probablemente sentirán que no están yendo a ninguna parte.

Un programa de crecimiento personal estructurado, ya sea de carácter individual o grupal, puede ser muy útil para los niños en estos momentos. El apéndice A presenta un esbozo de programa de estas características, pensado para que los padres guíen a sus hijos a través del proceso de separación, bloque por bloque, tal como ellos mismos han estado haciendo si han trabajado con las propuestas de este libro. Estas experiencias hacen que los niños pasen a ser más capaces de lidiar con el dolor de sus padres y de satisfacer sus propias necesidades.

El ejercicio de la línea de vida que se expone en este capítulo se puede adaptar para los niños, así como para los preadolescentes y los adolescentes. No tienen la misma perspectiva del tiempo que tienes tú como adulto, pero puede resultarles útil pensar en su futuro y ponerse algunas metas (por lo general, serán a más corto plazo que las tuyas).

El proceso de separación es de incertidumbre e inestabilidad para los niños. Es especialmente importante que los ayudemos a mantener la esperanza en el futuro y les demos oportunidades para que se fijen sus propias metas.

¿CÓMO LO LLEVAS?

Ahora que has pensado en tu pasado, tu presente y tu futuro al trazar tu línea de vida, tómate unos momentos para evaluar tus progresos antes de acceder a la cima de la montaña. Es tentador apresurarse hacia la cumbre cuando se está tan cerca, pero después de todo el trabajo que has realizado para llegar hasta aquí vale la pena que mantengas un ritmo constante. Realiza la autoevaluación y, después, sigue con el capítulo que te llevará a la cima:

❑ He trabajado con todos los bloques de reconstrucción en mi ascensión a la montaña.

❑ He pensado en mi trayectoria vital y he hecho el diagrama de mi línea de vida.

❑ He establecido algunas metas realistas para mi futuro y tengo un plan preliminar para alcanzarlas.

❑ He regresado a los bloques que me resultaban problemáticos y siento que he lidiado con esas dificultades.

❑ ¡Estoy listo para aceptar las alegrías y las responsabilidades que la libertad me puede aportar!

LIBERTAD

De la crisálida a la mariposa

La libertad es ser capaz de ser plenamente uno mismo. Por medio del trabajo con los bloques de reconstrucción, sembrando para tu futuro una vida más plena y unas relaciones más significativas. Estás adquiriendo la libertad de elegir tu camino hacia una vida de autorrealización, como persona soltera o dentro de otra relación de pareja.

> En mi matrimonio, sentí muchas veces que estaba atrapada en una cárcel de amor. Me era difícil ser yo misma cuando había tantas exigencias y expectativas depositadas en mí. Recién separada, me sentí aún peor. Pero ahora he descubierto que puedo volar. Puedo ser yo. Siento que salí de la crisálida convertida en mariposa. ¡Me siento tan libre!
>
> ALICE

¡Qué maravilla! ¿Te das cuenta del fabuloso paisaje que puedes contemplar desde la cima de la montaña?

Queremos que te tomes unos momentos para embarcarte en un viaje de fantasía. Imagina que estás en la cumbre de una montaña, desde la que ves otros picos y valles. Percibe el olor a pino y deja que el sol claro y brillante propio de esas alturas te caliente la piel. Observa las nubes que hay por debajo de ti y siente la fría brisa que sopla entre los glaciares. Date cuenta de lo lejos que está el horizonte de las llanuras y de que puedes ver a una larga distancia. Piensa en la subida. ¿Cuál fue la parte más agradable e interesante para ti? ¿Cuál fue la parte más difícil? ¿Y la más dolorosa? ¿Puedes identificar los muchos cambios que han tenido lugar en tu interior? ¿Has alcanzado realmente la cima desde el punto de vista emocional o solo estás en lo más alto en tu mente? Piensa en cómo te sientes ahí arriba tras haberte esforzado tanto para subir —es decir, tras haber trabajado tanto en tu crecimiento personal—.

Recréate durante todo el tiempo que quieras en esta visualización antes de seguir leyendo. Cuando hayas profundizado en ella con detenimiento, prosigue con la lectura.

¿CÓMO DE LEJOS HAS LLEGADO!

En el tramo de la soltería del sendero, no solo esperamos que hayas encontrado que te sientes bien estando sin pareja, sino también que hayas descubierto que ese es el estilo de vida más productivo durante la subida. Ahora estás listo para considerar si deseas volver a tener relaciones amorosas.

¿Cómo ha afectado a tus relaciones con los demás el proceso de trabajar con los bloques de reconstrucción? La forma en que reaccionas ante la soledad, el dolor, el rechazo, la culpa, la ira y el amor determina de manera significativa cómo manejas tu vida diaria y tus interacciones con quienes te rodean.

Si realmente trabajas en el proceso de reconstrucción y superas todos los escollos —incluidos aquellos con los que has tenido más dificultades—, serás capaz de mantener otra relación amorosa (si esa es tu elección) y hacer que sea más productiva que la última. Estarás preparado para satisfacer tus propias necesidades, así como las de tu ser querido, mucho mejor que en el pasado. El proceso de reconstrucción no solo te ayuda a sobrevivir a la crisis, sino que también te conduce a manejarte mejor a la hora de vivir solo o dentro de una nueva relación de pareja.

UNAS PALABRAS PARA LOS VIUDOS

Tal vez eres viudo y te encontrabas satisfecho y feliz en la relación que has perdido. Los estudios al respecto indican que los viudos que eligen casarse nuevamente tienen matrimonios con más probabilidades de durar. Adaptarse a la viudedad es un proceso muy doloroso y difícil, por lo que quienes pasan por esta crisis pueden encontrar útil trabajar con la mayor parte de los bloques de nuestro modelo de reconstrucción. Muchos viudos, sin embargo, no tienen que lidiar con una de las partes más difíciles del proceso: desvincularse de la *infelicidad* que les produjo la relación amorosa acabada.

Dedicamos el apéndice D a examinar cómo el modelo de reconstrucción puede aplicarse a las necesidades de aquellos que están lidiando con el dolor y los desafíos de la viudez.

HAY POCO AIRE AQUÍ ARRIBA

A muchas personas, la subida les resulta tan difícil que tienen ganas de abandonar antes de llegar a la cima. A lo largo de los años, hemos oído decir a innumerables participantes: «¡Quiero dejar de subir y tomarme un descanso! Estoy cansado de crecer». Y muchos se detienen en el camino porque están agotados o asustados, o porque se sienten incapaces de manejar los cambios. Llegado este punto, es hora de sentarse y descansar, recuperar la energía y seguir ascendiendo. ¡Las vistas de las que se disfruta desde la cumbre bien merecen la subida!

Contar con apoyos, tener esperanza y creer que puedes lograrlo te va a ayudar. Pero, en última instancia, depende de ti completar o no la ascensión. Probablemente, la mejor prueba de la dificultad de esta empresa es el pequeño porcentaje de personas que nos encontramos en la cima. ¿Tienes la autodisciplina, el deseo, el coraje y la resistencia necesarios para lograrlo?

Es hora de que formulemos un descargo de responsabilidad: no podemos prometerte que vas a ser más feliz, o más rico, o que vas a estar más satisfecho si completas la subida. Podemos asegurarte que hay menos pavos y más águilas en estas alturas, pero no prometerte que vayas a encontrar un águila para ti (¡excepto cuando te mires en el espejo!). La dura realidad es que no hallarás necesariamente otra persona «adecuada» con la que establecer una relación duradera. Lo que sí vas a encontrar es que te gustas más, que puedes gozar de la soledad y la soltería y que las personas que conozcas en la cima serán bastante especiales. ¡Después de todo, también habrán culminado el difícil ascenso!

Es cierto que aquí hay menos para elegir. Muchos de los que iniciaron el ascenso no han llegado; de hecho, muchos siguen en el campamento base, donde practican juegos sociales, se esconden detrás de muros emocionales y hallan excusas para no emprender la subida. Esta escasez de sujetos puede hacer que te resulte más difícil encontrar nuevos amigos y amantes potenciales. Pero las relaciones que se establecen en la cumbre tienen una calidad tan superior que la cantidad pierde importancia. Cuando estás realmente en la cima, emitiendo buenas vibraciones, muchas personas se sienten atraídas por ti (de hecho, tal vez debas tener cuidado: ¡ahora que eres un águila, tienes muy buen aspecto!).

En realidad, en la parte superior de la montaña no te encontrarás tan solo como te encontraste en ciertas partes del sendero. Y si aún te sientes solo, tal vez no has alcanzado la cima desde el punto de vista emocional (¿no has profundizado lo suficiente en las propuestas del libro?).

HAZ UNA RESPIRACIÓN PROFUNDA

Tal vez habrá ocasiones en que te sentirás frustrado porque verás que vuelves a ser víctima de viejos patrones y creerás que no has cambiado tanto como pensabas. ¿Acostumbras a ponerte primero el zapato derecho o el izquierdo? Prueba a invertir esta rutina durante una semana —es decir, ponte el otro zapato primero—. Apostamos a que te olvidarás y volverás a hacerlo a tu manera. Es difícil introducir cambios en los hábitos de vida, y es más difícil aún cambiar aspectos de la personalidad. Mantén tu determinación y lo lograrás. No te desanimes; puede ser que necesites un tiempo para consolidar los cambios.

También puede ser que tengas mucho miedo de lo que te depara el futuro. ¡No eres el único! Puede ser que te asuste aprender a estar soltero o no saber qué esperar o qué esperan de ti los demás. ¿Cómo te sientes la primera vez que conduces o caminas por una determinada ciudad? ¿Confundido, perdido, inseguro? Y ¿qué tal te sientes la primera vez que acudes a una fiesta de solteros? Lo conocido nos aporta cierto grado de confort, hasta el punto de que puede parecernos buena la anterior relación, incluso si en su momento la comparamos con vivir en el infierno.

Dudamos que quieras volver a tu antigua relación en estos momentos, pero si es así, será por razones más positivas que el miedo a las incertidumbres del futuro.

MÁS ALLÁ DE LA SOLTERÍA

Hemos hablado mucho, durante la subida a la montaña, sobre la importancia de aprender a estar soltero. Diremos ahora unas últimas palabras sobre la importancia de las relaciones. Si trabajas duro en tu sanación emocional, puedes llegar a sentirte completo en soledad, sin embargo creemos que hay una parte en cada uno de nosotros que necesita la compañía íntima de otra persona para llegar a sentir la plenitud. Una relación de pareja es algo más que la guinda de un pastel, pero esta analogía puede resultar oportuna: el pastel está completo sin la guinda, ¡pero es mucho más dulce con ella! Pensamos que todos nosotros necesitamos a alguien para que nos ayude a sentirnos plenamente enteros y para que la vida nos sepa más dulce.

SER LIBRE

Cuando estabas en el pozo de la crisis, no dedicabas ningún pensamiento a tus planes de futuro ni a tus objetivos. Precisamente tu duelo consistió, en parte, en llorar la pérdida de tu futuro, ya que tuviste que renunciar a los planes y las metas que tenías en el contexto de tu relación amorosa. Pero cuando saliste del pozo empezaste a mirar hacia el mañana y a hacer planes de nuevo.

Ernie, que trabajaba en un hospital, le dijo a su grupo del seminario una noche:

—Es como lo que ocurre en el ala psiquiátrica del hospital. Hay una sala de artesanía donde los pacientes pueden pasar el rato haciendo manualidades. Recién ingresados no tienen energía ni siquiera para esto, sin embargo si empiezan a participar y a mostrarse realmente interesados en la actividad será señal de que pronto estarán listos para obtener el alta. Yo me sentí listo para «ser dado de alta del pozo del divorcio» cuando empecé a hacer planes para el futuro.

Los estudios al respecto han mostrado que los individuos recientemente separados, especialmente los dejados, «viven en el pasado» en gran medida; piensan sobre todo en cómo «eran las cosas» antes. Más adelante, en el proceso, dejan de vivir en el pasado y comienzan a vivir en el presente, de modo que gozan de las puestas de sol. Esperamos que a estas alturas hayas dejado de vivir en el pasado y estés viviendo en el presente y haciendo planes de futuro.

Las personas que se han separado hace poco, sobre todo las que han sido dejadas, son muy dependientes de otras. A medida que avanzan por el proceso, se van volviendo más independientes. Esperamos que hayas encontrado un buen equilibrio entre la dependencia y la independencia.

LA LIBERTAD Y LOS NIÑOS

Como hemos dejado claro a lo largo del libro, los niños también han de abrirse paso a través de los bloques de reconstrucción. En última instancia, deben adquirir la libertad de ser ellos mismos; deben verse libres de todas las necesidades malsanas que controlan a tantas personas. Y deben sentirse libres de optar por el matrimonio llegado el momento. Con bastante frecuencia, los hijos de padres divorciados aseguran que no se casarán porque vieron el devastador efecto que tuvo el divorcio para sus padres. Los niños precisan tener libertad de elección en cuanto a lo que harán con sus vidas; no es correcto influirlos para que sigan o rechacen el patrón de sus progenitores.

No todos los niños son iguales ni tienen las mismas necesidades. Así que aunque hemos generalizado mucho acerca de los niños en cada uno de los capítulos correspondientes a los bloques de reconstrucción, recuerda que cada uno es un ser humano único y que es tan importante para ellos como para los adultos verse respetados y tratados como tales. Tienen necesidades diferentes en función de su edad, sexo, estado de salud, origen cultural y peculiaridades individuales, y en función de la cantidad de hijos que haya en la familia, el entorno en el que crezcan, las características de la escuela y del ambiente escolar, la naturaleza de la ruptura de sus padres y la posibilidad que tengan de relacionarse con parientes, amigos y vecinos.

Los niños son más fuertes de lo que piensas y pueden crecer contigo a lo largo del proceso de reconstrucción. Te animamos a que los apoyes en este viaje. Si estás seriamente interesado en ello, en el apéndice A encontrarás material útil al respecto.

¿CÓMO LO LLEVAS?

Hemos pensado que tal vez te gustaría responder un último cuestionario de autoevaluación para ayudarte a ver cómo llevas tu crecimiento personal. Puedes comprobarlo ahora mismo y ocasionalmente en el futuro —por ejemplo, una vez al mes, o al menos dentro de dos meses, seis meses y un año—.

Esta lista de comprobación final incluye algunos aspectos importantes en cuanto a tu desarrollo personal a los que debes prestar atención con el fin de seguir creciendo. La mayoría los abordamos durante la ascensión; vuelve atrás y repásalos si lo deseas.

- ❑ Soy capaz de poner en palabras lo que estoy sintiendo.
- ❑ Soy capaz de comunicarle a otra persona lo que estoy sintiendo.

❑ Tengo por lo menos un «amigo salvavidas» de cada sexo a quien puedo pedir ayuda cuando siento que me estoy «ahogando en el río de la vida».

❑ Puedo expresar mi ira de una manera positiva que no es destructiva para mí ni para los que me rodean.

❑ Estoy llevando un diario de mis sentimientos y actitudes mientras supero la crisis del divorcio.

❑ He hecho al menos un nuevo amigo, o he reanudado una vieja amistad, en el último mes.

❑ He invertido tiempo de calidad con al menos un amigo esta última semana.

❑ He identificado cuáles son los bloques de reconstrucción en los que necesito trabajar más y he concebido un plan con este fin.

❑ He invertido tiempo en una experiencia de crecimiento personal la última semana. (Ejemplos de este tipo de experiencias: leer un buen libro, asistir a un evento educativo [una clase, una exposición o una conferencia interesantes], mejorar la dieta, ver un programa educativo en la televisión, buscar oportunidades laborales en Internet o empezar con un programa de ejercicio físico).

❑ He considerado seriamente si me beneficiaría emprender una relación con un terapeuta con el fin de potenciar mi crecimiento personal o acelerar mi proceso de adaptación.

❑ He recibido mi ración de abrazos esta semana para obtener el contacto físico positivo que necesito.

❑ He pasado tiempo a solas rezando, meditando o pensando esta última semana.

❑ Me he nutrido por medio de una buena acción esta última semana.

❑ Presto atención a las molestias, las tensiones y las sensaciones que experimento en el cuerpo para aprender más sobre mí mismo.

❑ Hago ejercicio regularmente.

❑ Esta última semana, he efectuado al menos un cambio en cuanto a mis hábitos de vida diarios con el que me siento bien.

❑ Nutro mi cuerpo con una dieta saludable (alimentos bajos en azúcar y ricos en fibra, frutas y verduras frescas, granos enteros).

❑ He manifestado mis emociones por lo menos a un amigo esta última semana.

❑ He invertido en mi crecimiento espiritual esta última semana.

❑ Me gusta ser la persona que soy.

❑ Estoy haciendo planes para mi futuro.

❑ He dejado que mi niño interior se divierta esta última semana.

❑ No estoy cargando con sentimientos reprimidos de ira, aflicción, soledad, rechazo o culpa, sino que he aprendido a expresarlos de maneras positivas.

❑ Tengo mucho más el control de mi vida que cuando acabó mi relación de pareja.

❑ Estoy experimentando lo que se siente cuando uno es libre de ser él mismo.

❑ Estoy utilizando activamente los conceptos que he aprendido en este libro para que mi proceso de adaptación sea más rápido.

Y bien, ¿cómo lo llevas? ¿Estás satisfecho con tus «notas»? Responde este mismo cuestionario de vez en cuando; te ayudará a efectuar el seguimiento de tus progresos y te recordará algunos de los conceptos importantes de los que hemos hablado durante la ascensión.

¿ESTÁS LISTO PARA VOLAR?

¿Cuál es la libertad por la que todos parecemos estar luchando?

La libertad es algo que encontramos dentro de nosotros mismos. Y la encontramos cuando nos liberamos de las necesidades insatisfechas que nos controlan, como la necesidad de evitar estar solos, la necesidad de sentirnos culpables, la necesidad de complacer a un padre crítico o la necesidad de liberarnos del «padre que tenemos en nuestro interior».

La mariposa que está en la parte superior de la montaña representa la libertad que tienes de volar por donde quieras y de posarte donde elijas hacerlo. Puedes liberarte de los lazos que te han impedido ser la persona que te gustaría ser, la persona que debías ser, la persona que eres capaz de ser.

Tus peores enemigos son los que moran en tu interior, y es de estos demonios de lo que necesitas liberarte.

Por supuesto, tus mejores amigos también están dentro de ti. Subir la montaña no solo te da libertad de elección para buscar la felicidad, ya sea solo o dentro de otra relación de pareja, sino que también te ofrece la libertad que te permite ser tú mismo. Esto hace que la ascensión a la montaña (la subida del crecimiento personal) valga la pena.

Es difícil para nosotros ponerle fin a este libro, porque sabemos que no representa más que un comienzo para ti. Los miles de personas que han pasado por el proceso de reconstrucción nos han enseñado mucho sobre lo que significa subir la montaña. Esperamos que no dejes este libro olvidado en una estantería, sino que lo uses tan a menudo como necesites como una herramienta que te ayude a reconstruirte. Compártelo con un amigo, o regálale su propio ejemplar.

Sobre todo, deseamos que tengas el mayor éxito en tu crecimiento personal. Es una tarea continua, ¡un desafío para toda la vida!

LOS NIÑOS SON MÁS FUERTES DE LO QUE CREES

El proceso de los bloques de reconstrucción aplicado a los niños

por Bruce Fisher, doctor en Educación,
y Robert Stewart, licenciado en Artes

Pensé que todo lo que podía ir mal en mi vida ya estaba yendo mal. Pero ahora mis hijos han empezado a portarse fatal. Realmente no sé qué hacer.

CORINNE

Sin duda, las madres trabajadoras que no tienen pareja se encuentran con verdaderos problemas. Pero ¿qué cabe decir de los padres que tienen la custodia de los hijos después del divorcio? Si eres un hombre que está tratando de trabajar y criar a un niño solo, no recibes el apoyo de nadie. Las mujeres se sienten incómodas contigo, ya sea porque piensen que intentas seducirlas, ya sea porque sientan el impulso irresistible de hacer de madres para ti y tu hijo. Y no puedes hablar con otros hombres: piensan que eres un poco raro si te preocupas por enseñarle a tu hijo a usar el inodoro mientras ellos están planeando ir a jugar al golf o salir de acampada.

Como padre divorciado que tenía la custodia, yo no sabía:

a) Qué hacer cuando mi hijo se despertaba gritando a causa de una pesadilla.

b) Cómo buscar una buena niñera.

c) Qué hacer para celebrar el cumpleaños de mi hijo cuando cumplió los tres años.

d) Cómo planificar las comidas semanales y cómo hornear galletas y pasteles.

e) Cómo responder a preguntas como estas: «¿Por qué se fue mamá?», «¿Dónde está?», «¿La volveré a ver?», «¿Me quiere?», «¿Me dejarás?», «¿Por qué tengo que ir con la niñera?».

Presas de todas estas inseguridades, ambos lloramos mucho.

BILL

¿Recuerdas lo buenos que eran los viejos tiempos, papá —los tiempos previos a que te fueras de casa—?

SHEILA

Los niños pasan por un proceso de adaptación similar a aquel por el que pasan los adultos, pero los sentimientos y las actitudes asociados con cada bloque de reconstrucción pueden ser algo diferentes en el caso de los niños. Es útil que nos demos cuenta de que nuestros hijos también están en un proceso, de que tienen su propia montaña por subir.

Como terapeutas familiares, creemos que estamos obligados a ayudar a los niños no solo a adaptarse al divorcio de sus padres, sino también a adaptarse a la transformación que tuvo lugar mientras sus padres estaban pasando por su propio proceso de recuperación.

Se ha investigado profusamente cuáles son los efectos del divorcio sobre los niños. Algunos estudios dicen que quedan marcados de por vida, mientras que otros afirman que pueden salir beneficiados del divorcio de sus padres. Los estudios más sólidos indican que, aunque es probable que los niños vivan consecuencias ligeramente negativas al principio, los padres amorosos pueden ayudarlos a prosperar a largo plazo. Las personas que han llevado a cabo un buen trabajo de adaptación son, por lo general, mejores padres. Y sus hijos corroboran lo que aseguran muchos de los estudios: que los niños cuyos padres se están adaptando bien tienden a adaptarse mejor.

CONSIDERACIONES SOBRE LOS NIÑOS Y EL DIVORCIO

Muchos padres tratan de compensar la culpa que sienten por lastimar a sus hijos con el divorcio por medio de hacer de «superpadres». Generalmente, esto no beneficia a los niños.

Los niños tienden a quedar atrapados en los mismos bloques de reconstrucción que sus padres. Lo mejor que puedes hacer por tu hijo es «arreglarte» tú —trabajar con tu propio proceso de adaptación— para que puedas ser el padre cálido y comprensivo que eres capaz de ser.

Muchas veces, los niños se mantienen fuertes y apoyan a los padres hasta que estos se recomponen. Finalmente, cuando perciben que sus padres están lo bastante fuertes, empiezan a trabajar con su propio proceso de adaptación.

En casi todos los seminarios, al menos una persona está trabajando con las consecuencias del divorcio de sus padres, acontecido entre veinte y cuarenta años atrás. Esperamos que tus hijos no precisen tanto tiempo para adaptarse al final de tu relación.

Los adultos que participan activamente en un programa de recuperación tras el divorcio suelen experimentar un crecimiento personal y unos cambios formidables, que pueden afectar a sus hijos. Los niños tienen que adaptarse no solo al divorcio de sus padres, sino también a los cambios personales que uno de ellos, o ambos, han llevado a cabo. Necesitamos hacer todo lo posible para ayudar a nuestros hijos a adaptarse a lo que pueden ser grandes cambios en nuestras vidas. Esta es la intención de este apéndice.

Esperamos que el material aquí contenido, junto con el que hemos dedicado a los niños en los capítulos, os ayude a ti y a tus hijos a transformar la crisis del divorcio en una experiencia creativa.

ES MEJOR UN BUEN DIVORCIO QUE UN MAL MATRIMONIO

La experiencia de Bruce como oficial de custodia de jóvenes a principios de los años setenta se menciona varias veces en esta obra. Al principio de tener ese empleo, pensó que una de las principales razones por las que los adolescentes se metían en problemas era que sus padres se habían separado. Se asentó más en su convicción a raíz del hecho de que el cuarenta y ocho por ciento de los niños con los que trabajaba provenían de un hogar monoparental. No obstante, después de pasar por su propio divorcio, reconoció que había sido culpable de albergar prejuicios contra las familias divorciadas. No era el divorcio en sí la causa principal de las dificultades de los niños; eran las disfunciones familiares, las cuales a menudo desembocaban en el divorcio.

Estudios más recientes muestran que tal vez un tercio de los niños cuyos padres se divorciaron rinde por encima de la media en la escuela y en cuanto a la adaptación, otro tercio se halla dentro de la media y el tercio restante está por debajo del promedio. Estos números coinciden aproximadamente con los que arrojan las familias que no han pasado por el trance del divorcio. En cambio, casi todos los niños que viven dentro de una familia disfuncional compuesta por los dos padres se desempeñan por debajo de la media. En resumen: los niños están mejor si sus padres están separados que viviendo en un hogar en que reine el conflicto.

Los divorcios conflictivos —y las batallas por la custodia que a menudo los acompañan— también tienen efectos negativos sobre los hijos. Bruce, en particular, observó que los procesos judiciales basados en la confrontación, que resultan eficaces en los casos penales y civiles, pueden alimentar la ira y la venganza de las partes; en un caso que recordó, ¡el juez permitió al padre que no tenía la custodia que forzase cinco audiencias por la custodia de sus tres hijos durante un período de dos años! En ese caso, la gestión del divorcio por parte del tribunal contribuyó a las dificultades de adaptación de los niños de una manera casi abusiva. El dolor de los niños ya se ve incrementado cuando el divorcio de sus padres es más amargo que amable, y las batallas judiciales no hacen más que alargar su período de dolor e incertidumbre.

Afortunadamente, los padres, y por lo tanto sus hijos, cuentan hoy día con mayores facilidades para adaptarse al trauma del divorcio que cuarenta, cincuenta o sesenta años atrás. Un titular del *Saturday Evening Post* de 1948 decía: «Los hijos de padres divorciados quedan semihuérfanos». Espero que hayamos entrado en una época en la que se considere más que aceptable, si no favorable, que los hijos tengan cuatro padres en lugar de dos.

De todos modos, no queremos quitarle importancia a lo difícil que les resulta a los niños adaptarse cuando sus padres pasan por el divorcio. Las consecuencias de este acontecimiento vital pueden afectarlos durante muchos años. ¿Dónde se sientan los padres divorciados en las bodas de sus hijos? ¿Qué padre lleva a qué hijo a su ceremonia de graduación? ¿Cómo pueden los niños mantener una relación cercana con sus abuelos cuando sus progenitores están librando la batalla del divorcio? ¿Hasta qué punto son mayores las probabilidades de que los hijos de padres divorciados se divorcien de adultos?

Sea como sea, un buen divorcio es mejor para los niños que vivir con sus padres en medio de un matrimonio destructivo. Si los padres son capaces de adaptarse a su divorcio, las posibilidades de que los niños se adapten se incrementan considerablemente. Muchos adultos son capaces de ser mejores padres después del divorcio, y los niños suelen beneficiarse de esta mejora. A pesar de todo, el divorcio suele ser el evento más traumático que tiene lugar en la vida de los niños, y debemos hacer lo que podamos para minimizar su dolor emocional y psicológico.

LOS EFECTOS DE LA ADAPTACIÓN PARENTAL EN LOS HIJOS

Es posible que hayas advertido este fenómeno desconcertante: cuando los adultos están en el pozo del divorcio, ¿por qué todo parece estropearse? ¿Sabe la lavadora que estamos pasando por un divorcio?

¿Puede el coche sentir nuestra ansiedad? ¡Es totalmente comprensible que la gente pronuncie una pequeña oración de gratitud o que considere que el día ha sido bueno si su ordenador no se ha bloqueado y si su teléfono no ha cortado una llamada!

Cuando estamos experimentando este colapso tecnológico, nuestros hijos acostumbran a apoyarnos emocionalmente más de lo que nos gustaría admitir. A menudo se comportan mejor para no disgustarnos. Muchas veces hacen cosas por nosotros que no habrían pensado hacer si hubiésemos estado casados. No nos permiten saber cuánto dolor y cólera están sintiendo. En esencia, ponen su propio proceso de adaptación en espera mientras pasamos por el nuestro.

Cuando los padres empezamos a sentarnos y relajarnos porque pensamos que nos hemos adaptado, que nos sentimos más fuertes y que hemos superado el divorcio, ¡prestemos atención! Suele ser entonces cuando nuestros hijos sienten, en algún nivel, que pueden comenzar a trabajar con los bloques de reconstrucción —que no tienen que seguir andando de puntillas—. Corinne, a quien hemos citado al principio de este apéndice, se quejó a su grupo del seminario de que sus hijos se estaban portando fatal. ¡Pero tal vez le estaban haciendo un favor! Al sentirse, por fin, lo bastante libres como para exteriorizar sus sentimientos, lo que podían estar diciendo por medio de su comportamiento era lo siguiente: «Te has adaptado y eres lo suficientemente fuerte como para que yo pueda trabajar ahora con mi proceso. Necesito llorar, estar enojado y manifestar mi aflicción. Creo que finalmente estás lista para lidiar conmigo mientras trabajo con mi dolor». Los rostros de los padres se iluminan con alivio cuando consideran esta posibilidad.

Lo hemos dicho antes y lo repetiremos: los niños son más fuertes de lo que crees.

ESCOLLOS CON QUE SUELEN ENCONTRARSE LOS NIÑOS

A medida que tus hijos suben la montaña de la recuperación tras la separación, se pueden encontrar con los ocho obstáculos siguientes:

1. **«No sé lo que es un divorcio».** Puede ser que tus hijos no sepan qué significa la palabra *divorcio* o cuáles son sus repercusiones. No es infrecuente que los niños alberguen mitos sobre el divorcio o que pasen a creerse sus peores miedos cuando se les deja que descubran las cosas por su cuenta.

2. **«No me gustan todos los cambios que tienen lugar a mi alrededor».** El divorcio ha hecho que la vida de tus hijos haya dado un vuelco. Hay muchas cuestiones prácticas a las que pueden haber tenido que adaptarse (relativas al lugar de residencia, el vecindario, la escuela, los amigos, su espacio personal, etc.), quizá en un corto período de tiempo.

3. **«Tengo toda esta diversidad de sentimientos atrapados dentro de mí».** Lo más probable es que tus hijos estén experimentando una amplia gama de respuestas emocionales relacionadas con el divorcio. Puede ser que se sientan tristes, enojados, preocupados, confundidos, aliviados y que experimenten muchas otras emociones sin que sepan qué hacer con sus sentimientos.

4. **«Me pregunto si soy el responsable del divorcio de mis padres».** Los niños se sienten responsables de varias maneras. Algunos creen que realmente hicieron algo malo que provocó que sus padres se separaran. Otros sienten la responsabilidad de ayudar a sus padres a sentirse mejor en relación con lo que ha sucedido. Finalmente, algunos creen que la razón por la que no ven más a menudo al padre que no tiene la custodia es que hay algo malo en ellos.

5. **«No sé si seguimos siendo una familia».** Tus hijos pueden estar preguntándose cómo deben relacionarse contigo y con tu expareja ahora que habéis dejado la relación. Algunos niños se cuestionan si es correcto querer a ambos padres o si deben elegir a uno. También se preguntan qué concepto deben tener de lo que es una familia ahora que no todos sus miembros viven en el mismo lugar.

6. **«Desearía que mis padres volviesen a estar juntos».** Esta es una fantasía que los niños mantienen viva porque están

descontentos con lo que ha significado la separación para sus vidas. No hacen buenas migas con la incertidumbre, la inestabilidad y las alteraciones. Muchos prenden la llama de la esperanza como una forma de moderar el estrés que les produce ver a sus padres separados. Sin embargo, otros niños que están teniendo dificultades con otros escollos pueden desear algo totalmente diferente para cambiar lo que están experimentando.

7. **«Creo que todo irá bien, o que todo irá mal, si mamá o papá encuentran otra pareja».** Este escollo atañe a la visión que tienen tus hijos sobre el futuro. Algunos niños piensan que si la madre o el padre encuentran un nuevo compañero todo irá bien; de alguna manera, sienten que la familia estará incompleta mientras no tengan una nueva mamá o un nuevo papá. Otros se oponen al interés que muestran sus padres por una nueva pareja porque es una clara señal de que no volverán a estar juntos. Los niños que ven la búsqueda de un nuevo compañero por parte de sus progenitores como algo absolutamente genial o absolutamente desastroso puede ser que se vean incapaces de avanzar en el proceso de adaptación a causa de este escollo.

8. **«Me siento como el único niño en el mundo cuyos padres se están separando».** Durante el proceso del divorcio, los niños creen habitualmente que están solos y que no tienen amigos. Sienten el peso de la soledad, suelen tener sentimientos de baja autoestima (ya que se preguntan qué hicieron mal para causar el divorcio) y tienden a buscar nuevos amigos.

LOS BLOQUES DE LA RECONSTRUCCIÓN APLICADOS A LOS NIÑOS

Los escollos dificultan el camino a los niños, pero los bloques de reconstrucción son los recursos de los que se sirven para seguir adelante en el sendero. Al trabajar con sus bloques de reconstrucción –que difieren de los del modelo de los adultos–, los niños aceptan la circunstancia del divorcio y sientan las bases de su recuperación. Esta crisis pasa a ser una experiencia que puede alentar el crecimiento y la madurez de tus hijos. A medida que los niños cambian cada uno de los escollos por los siguientes bloques de reconstrucción, se vuelven más fuertes:

1. **«Sé lo que es el divorcio y lo que significa para mí».** En este bloque, tus hijos aprenden qué significa la palabra *divorcio* y obtienen una clara comprensión al respecto. También descubren las repercusiones que tendrá, y las que no tendrá, en sus vidas.

2. **«Estoy descubriendo cómo manejar los cambios que están aconteciendo».** Aquí, tus hijos exploran algunas maneras saludables de lidiar con las diversas circunstancias que están teniendo lugar. Puede ser que no les gusten los cambios, pero encuentran formas no destructivas de asumirlos.

3. **«Estoy manifestando mis sentimientos sin herirme a mí mismo o herir a los demás».** En este momento, tus hijos se vuelven más conscientes de sus sentimientos y descubren formas adecuadas de expresarlos. Para llegar a este punto, los niños generalmente necesitan sentirse seguros a la hora de compartir sus sentimientos con uno de los padres por lo menos.

4. **«Sé que el divorcio es un problema de adultos».** Tus hijos van soltando su necesidad de asumir la responsabilidad por lo que ha sucedido entre tú y tu expareja. Adquieren un buen sentido de los límites, de modo que aprenden a discernir entre lo que pueden y lo que no pueden controlar.

5. **«Puedo seguir queriendo a mamá y a papá».** Tus hijos se dan cuenta de que no tienen por qué tomar partido por uno de los padres. Su nueva definición de la familia incluye tanto a la madre como al padre, pero asume que están separados.

6. **«Estoy aceptando que mis padres no volverán a estar juntos».** Tus hijos aceptan cada vez más la realidad de que tú y tu excónyuge no volveréis a convivir. Aprenden a sentirse seguros aun cuando reconocen que su deseo no se hará realidad.

7. **«Puedo ver cosas que me gustarán, y cosas que no me gustarán, si mamá o papá encuentran una nueva pareja».** Tus hijos están dejando de ver tus citas como absolutamente deseables o indeseables. Encuentran una perspectiva equilibrada en cuanto a los aspectos positivos y las dificultades que surgirán si te emparejas de nuevo.

8. **«Estoy aprendiendo a ser amigo de mí mismo a través del divorcio de mis padres».** Un niño que llega a este punto se ha acercado al final de la ascensión. El sentimiento de autoestima que evidencia esta declaración hace que la subida valga la pena. En esta etapa, los niños han pasado de sentirse solos a experimentar una sensación de cercanía emocional consigo mismos y con los demás.

9. El último bloque de reconstrucción no tiene el correspondiente escollo: **«Soy libre de ser yo mismo».** Cuando tú y tus hijos llegáis a la cima de la montaña, la «vista» que tenéis de vosotros mismos, de los demás y de la vida es espectacular. La libertad personal y la intimidad que experimentan tanto los niños como los padres es grande. Juntos, tú y tus hijos habéis transformado la crisis en una experiencia creativa.

Cada uno de los bloques de reconstrucción representa una adaptación por parte de los niños a medida que experimentan las etapas de la recuperación posdivorcio. Es probable que tus hijos adquieran mayor sabiduría, fuerza y madurez mientras suben a la cima de la montaña.

AFRONTAR JUNTOS LA RECONSTRUCCIÓN

Una actividad simbólica que puedes llevar a cabo con tus hijos es una caminata juntos. Esto es especialmente recomendable si vives cerca de montañas o colinas, de modo que podáis tomar un sendero y subir hasta la cima. Las actividades compartidas al aire libre pueden unir a los niños y los padres. Tus hijos y tú ya sabéis que adaptarse a una separación se parece mucho a subir una montaña, de modo que tanto tú como ellos podéis obtener comprensiones de gran alcance por medio de caminar físicamente, aunque no completéis el recorrido. En las zonas urbanas, se puede planificar un trayecto desafiante en un barrio seguro que incluya la subida de escaleras.

Si decidís llevar a cabo esta actividad, os resultará útil prestar atención a los sentimientos y las sensaciones que experimentéis a lo largo del recorrido. ¿Qué aspectos de la caminata fueron emocionantes? ¿Cuáles fueron frustrantes? ¿Qué dificultades os encontrasteis? ¿Cómo os sentisteis al acabar? ¿Cómo os sentisteis en relación con haber alcanzado vuestro objetivo? ¿Qué significó para ti y para tus hijos lograr eso juntos? ¿Qué estáis aprendiendo en cuanto a la adaptación al final de tu relación amorosa? ¿Qué estás aprendiendo acerca de tus hijos? ¿Qué están aprendiendo tus hijos sobre ti?

LA SEPARACIÓN SANADORA

Una alternativa al divorcio

por Bruce Fisher, doctor en Educación

Tengo la visión de una relación más bella y amorosa de lo que ambos podemos imaginar o conocer. Esta relación es realmente un laboratorio para nuestro crecimiento, donde somos capaces de crecer y ser completamente nosotros mismos a la vez que nos relacionamos. No soy una persona lo bastante completa como para ser capaz de tener una relación así de saludable contigo sin construir una mejor relación conmigo misma antes. Creo que necesitaré irme y vivir separada de ti un tiempo. Te quiero.

NINA

Durante muchos años, una popular revista destinada al público femenino publicó una columna mensual titulada «¿Se puede salvar este matrimonio?», en la que se daban consejos a las parejas que tenían problemas serios. Quienes quieren tratar de salvar sus matrimonios tienen a su disposición una herramienta muy potente: la *separación sanadora*. Considera seriamente la posibilidad de usarla si aún no te has divorciado.

La separación sanadora es un período de tiempo preestablecido en que los miembros de la pareja se separan, lo cual puede ayudarles a sanar una relación que no está funcionando. También puede contribuir a revitalizar y renovar una relación que sí esté funcionando. La separación sanadora está concebida para transformar la base de la relación de pareja, para pasar a cimentarla sobre la salud y no sobre la necesidad. Para que la separación sanadora sea una estrategia eficaz se requiere que cada uno de los dos compañeros esté comprometido con el crecimiento personal y con crear una relación más saludable consigo mismo y con el otro. Este marco les permitirá establecer una relación nueva y más satisfactoria que la que han conocido en el pasado.

Cuando una relación está en peligro, la pareja tiene esencialmente tres opciones: continuar con la relación tal como está, ponerle fin o crear una nueva. Si la relación se está desmoronando, no hay muchas parejas que quieran seguir igual. Eso las deja con las dos últimas opciones. Es probable que no hayan pensado mucho en la tercera opción; seguramente les parece una alternativa inviable. Y lo que es más, no saben cómo materializarla. Así que su elección, casi por defecto, es poner fin a la relación. Y la tasa de divorcios aumenta.

Hay una alternativa: los compañeros pueden cultivar una nueva relación consigo mismos y entre sí. La separación sanadora ofrece un contexto dentro del cual puede hacerse exactamente esto.

¿QUÉ ES UNA SEPARACIÓN SANADORA?

La separación sanadora, al igual que la clásica separación temporal, implica vivir separados durante un tiempo y posponer así la decisión definitiva de terminar o no la relación. Sin embargo, a diferencia de las separaciones no planificadas y no estructuradas, la separación sanadora está concebida para que los dos compañeros inviertan en su propio crecimiento personal en el transcurso de esta. Si uno puede crear una mejor relación consigo mismo, esto le permitirá tener relaciones diferentes y más saludables con los demás. Durante la separación sanadora, a veces el trabajo se enfoca en «la vieja relación», y a veces en «el viejo uno mismo». Se trata de una manera creativa de que ambos compañeros se afiancen y de construir una nueva relación sin disolver el vínculo.

Como decíamos al principio de esta obra, la relación entre dos personas es análoga a un puente. Cada una constituye un extremo y proporciona la mitad del soporte de la estructura. La conexión entre los dos sujetos (el puente) es la relación en sí. La separación sanadora les otorga un tiempo para concentrarse en sí mismos, en sus propias estructuras de apoyo, más que en la relación. Es un proceso que asusta porque implica que ninguno de los dos miembros de la pareja está cuidando el puente de la relación durante un tiempo, de modo que este podría venirse abajo. Pero vale la pena correr el riesgo. Cuando los dos extremos están por fin reconstruidos, existe la posibilidad de que se construya el nuevo puente, que es una relación saludable, sostenida por pilares más fuertes.

¿CUÁLES SON LOS PROPÓSITOS DE LA SEPARACIÓN SANADORA?

Los objetivos de la separación sanadora son más profundos que llegar a tomar una decisión acerca de la continuidad de la relación. Parece existir una alta correlación entre el grado de crecimiento personal que experimentan los compañeros y el éxito de la separación sanadora. Si ambas partes están comprometidas y motivadas a trabajar en la relación que tienen consigo mismas, hay bastantes posibilidades de que la nueva relación entre ellas prospere.

He aquí una lista de objetivos por los que llevar a cabo una separación sanadora:

- Aliviar la presión existente en el seno de la relación problemática. Una relación de pareja consiste en un patrón de interacción variable entre dos personas que están cambiando a medida que se desarrollan emocional, social, física y espiritualmente. Esta evolución de la relación puede hacer que esta sufra tensiones y presiones, lo cual puede dar lugar a una crisis.

Durante esta crisis, es difícil que los compañeros puedan tomar decisiones racionales y objetivas sobre su futuro. Estar un tiempo separados, durante el cual la decisión final permanezca aplazada, puede ser una alternativa ventajosa para la pareja.

- Incrementar el crecimiento personal con el fin de poder trabajar con los escollos que se mencionan en este libro. Transformar los obstáculos en bloques de reconstrucción puede ser el resultado final de una separación sanadora culminada con éxito.

- Transformar tu relación en algo más bello y amoroso de lo que jamás creíste posible. Puede ser que te encuentres en una relación que no solo te permita ser tú mismo, sino que además te permita mejorar tu identidad individual y te ofrezca más amor y alegría de lo que nunca imaginaste. Tu concepto de lo que es el amor puede adquirir mayor profundidad y tu pareja y tú podéis cultivar una relación que no tenga fronteras o límites, una relación que ha evolucionado y ha llegado a alojar un amor de tal calidad que suele asociarse con el amor espiritual.

- Terminar tu relación de pareja de manera positiva, de modo que el final constituya una experiencia creativa y constructiva. Si se logra esto, se reducen al mínimo el estrés, la ansiedad y las batallas judiciales, pues los dos compañeros están satisfechos con la forma en que acabó todo. Conservar la amistad y ser capaces de compartir la paternidad de manera no conflictiva pueden ser otras consecuencias relevantes de este final saludable.

¿QUIÉN DEBERÍA CONSIDERAR LA POSIBILIDAD DE LLEVAR A CABO UNA SEPARACIÓN SANADORA?

Estas son algunas de las características clave que presentan los compañeros que pueden probar esta opción (en general, me dirigiré «a ti», pero lo mismo es aplicable a tu pareja):

- Estás experimentando sentimientos de tristeza e infelicidad, te sientes asfixiado, te encuentras sometido a una gran presión o estás deprimido (incluso tal vez tienes pensamientos suicidas). Necesitas separarte para sobrevivir y seguir viviendo.

- Tu pareja se ha negado a asumir cualquier responsabilidad por las dificultades presentes en la relación y a acudir a un asesor matrimonial o a participar en cualquier otra actividad de crecimiento. La separación es una manera de «darle a la cabeza de tu pareja con un garrote» con el fin de obtener su atención.

- Estás en medio del proceso de rebelión que se identifica en el capítulo 12. Experimentas la necesidad de contar con tu propio espacio emocional y decides separarte para aliviar las presiones internas que sientes.

- Estás en proceso de sanar el maltrato y el abandono de los que fuiste víctima en la infancia y necesitas estar solo para completar el proceso.

- Has empezado a llevar a cabo una importante transformación personal, tal vez de naturaleza psicológica o espiritual, y quieres invertir el máximo de tiempo y esfuerzo posibles en tu propio proceso. Encuentras que el tiempo y el esfuerzo que dedicas a la relación limitan la cantidad de tiempo que puedes estar contigo mismo.

- No has podido obtener el suficiente espacio emocional en la relación y necesitas más espacio para sobrevivir, crecer, evolucionar o transformarte.

- Estáis atrapados en un conflicto: queréis seguir con la relación de pareja pero sois incapaces de romper los viejos patrones de interacción. El hecho de vivir juntos fomenta la continuidad de estos patrones. Queréis «divorciaros de la vieja relación» para poder cultivar una nueva que sea más saludable y esté menos basada en la necesidad. Estar un tiempo separados puede permitiros crear nuevas formas de interacción por medio de desarrollar una relación nueva y diferente con vosotros mismos.

- Necesitas tener la comprensión de qué se siente estando soltero. Tal vez fuiste directamente del hogar paterno al conyugal y no experimentaste la soltería, de modo que no viviste una de las etapas de desarrollo y crecimiento del individuo: la consistente en ser un adulto independiente. Muchas personas creen erróneamente que la vida del soltero se caracteriza por una libertad exenta de responsabilidades, que constituye una forma de escapar del estrés que conlleva vivir en pareja. Estar un tiempo sin tu compañero puede proporcionarte una visión más realista de las dificultades asociadas con el hecho de vivir solo.

• Es posible que necesites expresar tu independencia respecto de tus patrones familiares por primera vez. Tal vez el «puente» (entiéndase la relación amorosa) que has construido se parezca mucho al de tus padres. Ahora estás tratando de liberarte de la influencia de estos y necesitas distanciarte de tu pareja porque los patrones de interacción que se han establecido con ella son muy similares a los que experimentaste con uno de tus padres o con ambos.

• Tu pareja y tú estáis proyectando vuestra infelicidad el uno en el otro, de modo que atribuís al otro la «responsabilidad» de vuestra aflicción. No habéis aprendido a haceros cargo de vuestros propios sentimientos. Estar un tiempo separados —mientras seguís un plan de crecimiento personal— puede ayudaros a ambos a aprender a aceptar lo responsables que sois de vuestras vidas como adultos.

DE VUELTA CON LOS DEJADORES Y LOS DEJADOS: LA REGLA DEL 80/20

La separación rara vez empieza siendo una decisión tomada de mutuo acuerdo. En el seminario de divorcio de Fisher, alrededor del ochenta y cuatro por ciento de las parejas pusieron fin a la relación cuando el dejador decidió marcharse. Se estima un porcentaje similar en el caso de las separaciones sanadoras; es decir, es probable que uno de los compañeros tome la iniciativa y que el otro se muestre reticente un ochenta por ciento de las veces, aproximadamente. Esto parece constituir un obstáculo para el éxito de la separación sanadora. ¿Cómo puede una pareja superar las diferencias existentes en cuanto a actitud, metas y motivación entre la persona que toma la iniciativa (el «iniciador») y la reacia?

En primer lugar, las parejas deben repensar la pregunta de *quién tiene la culpa*. Cuando una relación no está marchando tan bien como debería, ambas partes son igualmente responsables de las disfunciones. Esta afirmación no es fácil de entender y de creer al principio, incluso por parte de los terapeutas. Pero cuanto más trabajamos con parejas, más nos damos cuenta de que cuando se quitan las capas de dolor y se llega a las cuestiones centrales, la responsabilidad de los problemas aparece repartida a partes iguales. Así pues, los problemas son mutuos aunque fuese una persona la que decidiese separarse. Cuando los dos empiezan a entender y aceptar la idea de que la responsabilidad de los problemas es de ambos, han comenzado a construir las bases para el éxito de la separación sanadora —y de la nueva relación—.

Las investigaciones llevadas a cabo con la escala de adaptación al divorcio de Fisher indican que la persona que ha sido dejada experimenta mucho más enojo y sentimientos dolorosos que la que ha dejado la relación. Es igualmente probable que, en la separación sanadora, la persona reticente experimente un mayor dolor emocional. Cualquiera de las partes deberá trabajar con cualquier sentimiento fuerte que albergue antes de que la separación pueda ser realmente sanadora.

Los dos compañeros que han optado por este tipo de separación disponen de más tiempo a solas para trabajar en sí mismos, en sus profesiones, en sus proyectos y en sus aficiones. Este aspecto puede ser positivo y resultar útil para ambas partes. El sujeto reticente puede acabar por valorar el hecho de tener más tiempo para trabajar en sí mismo y, finalmente, agradecer la decisión de llevar a cabo la separación sanadora.

Cuando la persona reticente entiende por fin que el iniciador estaba experimentando tanto dolor interno y tanta presión emocional que debía proponer la separación por una cuestión de supervivencia, esto la ayuda a entender y aceptar su decisión.

La experiencia ha demostrado que es más probable que quien tome la iniciativa sea la mujer. Estas son algunas de las razones:

- Los estudios indican que las mujeres casadas son más infelices que los hombres casados.
- Es más probable que las mujeres estén abiertas a nuevas formas de mejorar la relación.
- La persona que está experimentando un cambio y una transformación personal —quizá porque está sanando los abusos de los que fue víctima en el pasado, lo cual es mucho más frecuente en el caso de las mujeres— buscará tiempo y espacio para hacer ese trabajo.
- Normalmente es la mujer la que está pasando por una transformación espiritual.
- La mujer suele ser la parte sometida en nuestra sociedad dominada por los hombres, de modo que también suele ser quien busca la igualdad.

Si la relación no va bien, el hombre suele dejarla, pues no sabe o no cree que exista la posibilidad de cambiarla. Si la separación la emprende la mujer, el «macho» tradicional tenderá más a buscar el final de la relación que a acceder a una separación sanadora. Se requiere que el hombre sea sensible, paciente, atento, flexible y abierto a cambiar para que acepte este tipo de separación.

Curiosamente, al cabo de algunas semanas, los hombres que aceptan trabajar en la relación suelen admitir que fue una decisión acertada: «No pensaba que me hiciese falta este programa. Estaba participando por ella, porque pensaba que ella lo necesitaba, pero lo que he aprendido en las últimas semanas me ha ayudado a descubrir que yo lo necesito aún más».

PAUTAS PARA QUE LA SEPARACIÓN SANADORA SEA UN ÉXITO

Si seguís las pautas que se ofrecen a continuación, mejorarán las posibilidades de éxito de vuestra separación sanadora. No todas constituyen reglas absolutas, pero si ignoráis más de una o dos, vuestras expectativas se resentirán.

1. Es probable que el requisito más importante, que os atañe a ambos, es que os comprometáis seriamente a hacer que la separación sanadora resulte efectiva. Los sentimientos de amor y compromiso son extremadamente útiles como factores de motivación.

   Haced una lista cada uno que describa cómo sería vuestra relación de pareja ideal. Pensad en los aspectos que serían importantes para vosotros. Permitíos fantasear acerca de cómo podría ser vuestra relación después de la separación sanadora. Compartid vuestras listas y debatid acerca de ellas.

2. Comprometeos a comunicaros el uno con el otro de forma abierta y honesta. Aprended a usar los mensajes en primera persona, de asumir la responsabilidad, en lugar de los mensajes en segunda persona, acusadores. Comunicaos diciendo: «Pienso _____», «(Me) siento _____», «Quiero _____», «Necesito _____» y «Voy a _____». Aprende a ser tan honesto como puedas contigo mismo y con tu pareja. Aprende a decir lo que es verdad para ti. La honestidad completa puede incluir responsabilizarse de algunos de los problemas que presenta la relación. ¿Eres parte del problema o parte de la solución?

3. Ninguno de los dos debe solicitar el divorcio o iniciar ningún procedimiento judicial durante la separación sanadora. Debéis estar de acuerdo en no emprender ninguna acción legal sin consultarlo primero con el otro. El sistema legal está basado en la confrontación, lo cual es contrario a los objetivos de la separación sanadora. Basta la amenaza de empezar con los trámites del divorcio o el pensamiento de que la otra persona va a iniciarlos para que se liberen los frenos del tren con destino a la disolución, así que debéis dejar claro en el contrato de la separación sanadora (ver el apéndice C) que

ninguno se planteará emprender ninguna acción judicial. De todos modos, si uno de vosotros, o ambos, llegáis al punto en que necesitáis dejar que la vieja relación muera por medio de una sentencia que declare que estáis divorciados, emprended los trámites al respecto. Pero debéis trabajar juntos en la resolución y evitar un pleito judicial. Cualquier cosa que podáis hacer para ayudar a poner fin a la vieja relación es útil en el contexto de la separación sanadora. Este puede ser el paso que realmente llame la atención de tu pareja y le permita saber que te tomas muy en serio tu necesidad de espacio emocional.

4. Pasar tiempo juntos (un tiempo de calidad) puede nutrir esta nueva relación (consulta el próximo apartado). Es útil pensar en la nueva relación como en un brote que acaba de salir del semillero. Está muy tierno y necesita un cuidado frecuente, amable y amoroso para crecer y no verse aplastado por las tormentas de la separación sanadora.

5. Seguir manteniendo relaciones sexuales puede ayudar a nutrir la relación, pero también puede lastimarla. Repasa el capítulo 17 para ver las precauciones que hay que tener.

6. A veces necesitaréis hablar de los problemas con una persona que no sea la pareja. Cada uno deberéis contar con un buen sistema de apoyo, o un terapeuta, o ambas cosas, para resolver estos problemas sin que se añadan a las tormentas que es probable que se desencadenen en el transcurso de la separación sanadora.

7. Es un buen momento para llevar un diario personal. Necesitaréis un lugar donde expresar y disipar los fuertes sentimientos que sin duda surgirán durante este período difícil y que os ayude a aclararos en relación con los múltiples pensamientos y sentimientos que estaréis albergando.

8. Leed y asistid a clases, conferencias o seminarios. Una mayor conciencia puede sin duda ayudaros a echar el freno al tren descontrolado que es vuestra relación. El hecho de leer

y aprender todo lo que podáis os ayudará a hacer que el proceso sea sanador en lugar de destructivo.

9. Deberéis cuidaros para no quedaros sin energía emocional y física. El conjunto del proceso puede ser muy agotador desde el punto de vista emocional, y a veces os apetecerá renunciar porque no tendréis suficiente energía para continuar. ¿Qué podéis hacer para recuperaros y evitar este tipo de agotamiento?

10. Firmad el «Contrato para una separación sanadora» del apéndice C para comprometeros en serio el uno con el otro —introducid en el contrato las modificaciones oportunas según las especificidades de vuestra relación—. Un acuerdo formal como este hará que vuestra separación sanadora tenga las mayores probabilidades de éxito.

11. Considerad seriamente la posibilidad de mantener una relación terapéutica (preferiblemente juntos) con un psicólogo o un terapeuta familiar y conyugal (elegid un profesional experimentado y debidamente acreditado).

OTRAS CONSIDERACIONES
Pasad tiempo juntos (tiempo de calidad)

Puede ser beneficioso que establezcáis momentos en los que estar juntos, de forma regular, durante la separación, con tanta frecuencia como sintáis que es correcto hacerlo. Debe ser agradable para ambos compartir *tiempo de calidad*, el cual puede incluir una de las actividades siguientes, o más de una: compartir informaciones importantes y ejercer la escucha activa, usando buenas habilidades comunicativas; tener intimidad verbal o sexual, si es apropiado; apoyaros mutuamente; ensayar nuevos patrones de interacción conducentes a labrar una nueva relación; participar juntos en actividades divertidas, y compartir vuestro crecimiento personal.

Cuando empiecen a manifestarse los viejos patrones disfuncionales de interacción, debéis separaros en lugar de seguir escenificando esos patrones de comportamiento improductivos. ¡Acordaos de ser siempre honestos el uno con el otro!

La duración de la separación

Tal vez te estés preguntando: «¿Durante cuánto tiempo vamos a permanecer separados?». Ten en cuenta que ¡uno de los objetivos de este proceso es animarte a que te sientas tan temeroso e inseguro como sea posible! Sería fácil para ti comprometerte durante tres meses y luego utilizar ese plazo como una forma de no lidiar emocionalmente con los problemas. Es decir, puedes tener la actitud de «puedo soportar cualquier cosa durante tres meses». Se sugiere que acordéis un límite de tiempo para vuestra separación sanadora, pero no olvidéis que este límite debe ser flexible y que tal vez deberéis negociarlo de nuevo. Esta inseguridad en cuanto a la duración del tiempo de separación puede ayudaros a manteneros alerta; podéis utilizarla como un factor de motivación para seguir creciendo.

La inseguridad relativa al futuro de la relación puede ser atemorizante. Uno no sabe hasta qué punto trabajar en sí mismo y hasta qué punto hacerlo en la relación. (Si has estado tratando de cambiar a tu pareja, ¡esta puede ser una de las razones por las que estáis experimentando una separación sanadora!). A veces puedes sentirte como si estuvieses caminando sobre hielo: un paso en falso y vas a caer al agua helada de la soledad, el rechazo, la culpa, la ira y los otros sentimientos característicos de cuando se está en el pozo del divorcio. Es probable que la separación sanadora consuma un año o más de tu vida.

Cuándo es el momento de volver a estar juntos

La cuestión de cuándo poner fin a la separación y cuándo reiniciarla es crucial. Por lo general, los dos miembros de la pareja no se sienten a gusto viviendo separados, y el dolor los motiva a unirse de nuevo demasiado rápido. Una de las partes (normalmente, el hombre) suele presionar con el fin de retomar la convivencia más rápidamente. El compañero reticente suele quererlo antes que el iniciador. El tiempo en sí mismo es un factor que se debe considerar: al principio del proceso, uno de los miembros de la pareja, o los dos, anhelan volver a estar juntos; pero cuanto más dura la separación, más dudan ambos acerca de si deberían regresar a la anterior convivencia.

Tiene efectos muy destructivos volver a estar juntos demasiado pronto y que los patrones de la vieja relación se instalen nuevamente. Esto incrementa las posibilidades de que tenga lugar una nueva separación, y cada una de estas separaciones hace que haya más posibilidades de que la relación termine.

Tomaos vuestro tiempo antes de volver a vivir juntos. Tened cuidado con la fase de la «luna de miel». Puede ser que empecéis a experimentar de nuevo cercanía e intimidad emocional o que os sintáis más satisfechos en el terreno sexual (tal vez porque habéis abandonado las expectativas en este ámbito); queréis vivir juntos de nuevo... pero quizá por las razones equivocadas. Esperad hasta que estéis de acuerdo en elegir, sinceramente, estar en la misma relación y compartir el resto de vuestras vidas. Paradójicamente, cuando los dos miembros de la pareja creen que pueden vivir solos el resto de sus vidas y ser felices, esto puede ser un buen indicio de que están listos para reanudar la convivencia.

Las relaciones amorosas durante el período de separación

Por regla general, tener una relación amorosa extra durante la separación sanadora reducirá tus posibilidades de mejorar tu relación contigo mismo. El hecho de dedicar tiempo y energía a la relación externa hará que puedas dedicar menos a tu crecimiento como persona.

Los compañeros que emprenden la separación buscando crecimiento personal, sanación o transformación se hallan tan implicados en su proceso de desarrollo que no suelen estar interesados en tener una relación extra. Están fuertemente comprometidos con la separación sanadora e incluso dispuestos a poner en peligro su relación con el compañero reticente con el fin de poder trabajar para llegar a ser personas completas.

Los reticentes tienen muchas oportunidades de tener relaciones externas, pero generalmente perciben que están más «casados» de lo que pensaban. A menudo descubren que una nueva compañía podría traerles muchos problemas. Las citas que puedan tener acaban por hacer que se sientan mucho más comprometidos con la separación sanadora.

La persona —hombre o mujer— que emprende la separación mientras está en el proceso de la rebelión es mucho más probable que tenga una relación externa que parezca una aventura y que pueda incluir intimidad sexual. Generalmente concibe esta relación como parte del proceso; su propósito principal es tener a alguien con quien hablar de forma íntima, y no piensa que esté teniendo una aventura. Esta relación extra puede llegar a ser duradera, pero las posibilidades de que llegue a ser saludable son pequeñas.

La relación externa suele tener un efecto adverso sobre la separación sanadora, porque las personas implicadas en ella la conciben como más importante de lo que es. El compañero que está en rebeldía encuentra que esta relación es emocionante y muy prometedora —si bien este entusiasmo rara vez trasciende la primera fase, la de la «luna de miel»—. Mientras tanto, el otro compañero se siente herido, rechazado y enojado a causa de este comportamiento y puede decidir poner fin a la separación sanadora y a la relación misma.

La falta de apoyo

Otro aspecto difícil de la separación sanadora concierne al sistema de apoyo. Ambos compañeros necesitan contar con un sistema de apoyo emocional que los ayude a hacer frente a las presiones asociadas a la situación. El problema es que muy pocas personas han sido testigos de una separación sanadora —tal vez ni siquiera creen en este concepto— y la opinión de muchos amigos y familiares será que la relación va a terminar. Por lo tanto, cuando necesites mayor apoyo emocional, tus amigos te van a instar a que pongas fin a la relación con palabras como estas: «Sigues negándote a ver lo evidente. ¿No te das cuenta de que la relación ha terminado?», «¿Eres un tipo codependiente?; no parece que seas capaz de desengancharte», «No estás más que predisponiéndote a que te lleve a los tribunales algún abogado tiburón. Será mejor que golpees primero», «¿Por qué permaneces en el limbo? Necesitas seguir con tu vida», o «¿Por qué no te libras de este vago?».

La idea de la separación sanadora es contraria a los valores de muchas personas. El compromiso «hasta que la muerte nos separe» está fuertemente arraigado, como creencia, en nuestra sociedad, y la separación sanadora se ve de alguna manera como algo indeseable y espiritualmente incorrecto, como una forma de comportamiento radical. Esta es una de las razones por las que muchas personas son incapaces de apoyar y aceptar a la pareja que intenta esta alternativa al divorcio.

Necesitas contar con el apoyo de tus amigos, pero pueden hacer que te sientas más inseguro si te dicen que la relación va a terminar. Así que sigue comunicándote y construyendo tu sistema de apoyo, pero entiende que algunos no siempre estarán ahí para ayudarte a lograr que tu separación sanadora tenga éxito. (¿Tal vez si les das a leer estos contenidos podrán mostrarse más solidarios contigo?).

Las paradojas de la separación sanadora

Las separaciones sanadoras contienen muchas paradojas —tal vez contradicciones, incluso—. Estas son algunas de las más importantes:

- La persona que propone la separación suele hacerlo a partir de la necesidad que tiene de contar con espacio emocional; pero la persona reacia a menudo utiliza su propio espacio emocional y se beneficia de él tanto o más que el sujeto iniciador.
- Los iniciadores parecen buscar egoístamente formas de satisfacer sus propias necesidades, pero a menudo les ofrecen a sus compañeros reacios la oportunidad de satisfacer las suyas.
- El iniciador parece dispuesto a romper, pero en realidad puede ser que esté más comprometido con la relación que el reacio.
- Tan pronto como el iniciador siente que tiene el espacio emocional que necesita, tiende la mano al reacio y le pide mayor cercanía.
- El iniciador quiere la separación pero no con la intención de buscar otra relación. El reacio quiere que la relación continúe, pero es más probable que inicie otra relación amorosa.
- Cuando los compañeros se separan, a menudo están más «casados» que cuando vivían juntos.
- La mayoría proyectamos algunos de nuestros traumas u obsesiones sobre nuestra pareja. La separación sanadora hace

que estas proyecciones sean más evidentes y fáciles de identificar. ¡Es más difícil culpar al otro por lo que sucede si ya no vive ahí!

- Una de las razones por las que los iniciadores afirman querer este tipo de separación es que desean tener la oportunidad de estimular su crecimiento personal. Pero los compañeros reacios pueden experimentar tanto o más crecimiento personal durante la separación.

- El iniciador puede optar por la disolución legal del matrimonio, por la vía judicial, para que ambos puedan construir y crear una relación nueva y diferente a partir de ahí.

- La separación sanadora hace que a los demás les parezca que la relación no está yendo bien, cuando en realidad puede ser que los compañeros estén gozando de una relación más sana que nunca.

- En el proceso de búsqueda de una identidad personal más clara, el iniciador puede encontrarse con un sentimiento más fuerte de lo que es su *identidad en la relación* (su identidad personal como parte de la relación).

- El iniciador le suele dar a su compañero reacio lo que necesita más que lo que quiere.

¿SEPARACIÓN SANADORA O NEGACIÓN?

Esta separación constituye un período de tiempo en que corresponde actuar, no hacer promesas. Si ambas partes no estáis activamente comprometidas con el trabajo interior y la reconstrucción de los pilares que sois del puente que es la relación, probablemente lo que tenéis no es una separación sanadora, sino que estáis dando un paso hacia la ruptura.

He aquí algunas cuestiones importantes que debéis considerar a la hora de determinar si estáis trabajando por un nuevo comienzo o si os estáis encaminando hacia el final de la relación:

- ¿Estáis aprovechando ambos la separación sanadora para llevar a cabo un trabajo interior o solo uno de vosotros está invirtiendo en su propio crecimiento personal?

- ¿Estáis recibiendo ambos orientación terapéutica?
- ¿Estáis leyendo ambos libros de autoayuda?
- ¿Pasáis ambos tiempo a solas, o estáis continuamente con personas en situaciones que no estimulan el desarrollo personal?
- ¿Estáis evitando ambos el consumo excesivo de drogas y alcohol?
- ¿Estáis ambos invirtiendo en vosotros mismos o estáis, uno o los dos, invirtiendo en otra relación con otra persona?
- ¿Dedicáis tiempo de calidad a estar juntos, un tiempo que incluya una buena comunicación?
- ¿Estáis tratando ambos de ser más conscientes de cómo contribuís a los problemas que presenta vuestra relación?
- ¿Estáis viendo ambos cómo podéis crecer en lugar de esperar que sea el otro el único que cambie?
- ¿Creéis ambos que el otro es el problema y que no hay nada que podáis hacer para cambiar o crecer hasta que el otro cambie?

¿Qué aspecto presenta vuestra separación sanadora a la luz de estas preguntas? ¿Estáis trabajando los dos en la relación? Si solo uno de vosotros lo está haciendo, lo más probable es que os encontréis en estado de negación y que os estéis encaminando hacia la ruptura.

EPÍLOGO

La estructura de la separación sanadora está diseñada específicamente para parejas que mantengan una relación amorosa importante; es especialmente relevante para sus necesidades. Sin embargo, lo que se presenta en este apéndice es útil para muchos tipos de relaciones: de amistad, familiares, entre compañeros de trabajo en un entorno empresarial, terapéuticas... Un «tiempo muerto» es muchas veces útil para permitir que los implicados obtengan espacio para respirar y adquieran una mayor perspectiva; ofrece la oportunidad de ver con ojos nuevos lo que está sucediendo en la relación y de construir las bases para un vínculo más fuerte en el futuro.

CUESTIONARIO DE AUTOEVALUACIÓN SOBRE LA SEPARACIÓN SANADORA

Ambos compañeros deberíais leer este apéndice y responder después el cuestionario siguiente:

❑ Reconozco las razones por las que entré en esta relación que contribuyeron a mi necesidad de vivir una separación sanadora.

❑ He identificado algunos de los aspectos en que he contribuido a que necesitemos ahora una separación sanadora y he decidido responsabilizarme de ellos.

❑ Me comprometo a trabajar en mi propio crecimiento y desarrollo personal durante la separación sanadora.

❑ Soy consciente de mi propio proceso personal que ha dado lugar a que necesite un mayor espacio emocional en este momento de mi vida, o soy consciente de cómo he contribuido a que mi pareja necesite disponer de más espacio emocional.

❑ Estoy trabajando en mi crecimiento personal para tener una relación más sana conmigo mismo.

❑ Me comprometo a hacer de esta separación sanadora una experiencia creativa.

❑ Me comprometo a aprender lo más posible de mi pareja durante esta separación sanadora.

❑ Estoy evitando los comportamientos que pueden conducir a que esta separación sanadora se estrelle contra las rocas del divorcio.

❑ Estoy trabajando en aliviar las presiones internas que contribuyeron a que necesitase un mayor espacio emocional.

❑ He rellenado mi parte del formulario del acuerdo para una separación sanadora (en el apéndice C).

❑ Cuando sea el momento apropiado, me comunicaré con mi pareja acerca de la posibilidad de poner fin a la separación sanadora, ya sea para finalizar la relación o para retomar la convivencia.

❑ Estoy evitando culpar a mi pareja y proyectar sobre ella mis propios asuntos sin resolver.

❑ Estoy evitando interpretar el papel de la «víctima indefensa»; no es cierto que «no pueda hacer nada» para cambiar mi situación.

CONTRATO PARA UNA SEPARACIÓN SANADORA

Una separación sanadora es una experiencia llena de desafíos, que puede hacer que ambos compañeros experimenten grados más elevados de estrés y ansiedad. Cierta estructura y conciencia pueden ayudar a mejorar sus posibilidades de éxito. Las separaciones no planificadas y no estructuradas contribuirán muy probablemente al final de la relación. Este acuerdo de separación sanadora trata de proporcionar una estructura y unas pautas para ayudar a hacer de ella una experiencia más constructiva y creativa y para mejorar en gran medida el crecimiento de la relación en lugar de contribuir a su desaparición.

A. COMPROMISO CON LA SEPARACIÓN SANADORA

Conscientes de que nuestra relación de pareja está atravesando una crisis, elegimos intentar vivir una separación sanadora creativa y orientada al trabajo interior con el fin de obtener cada uno una mejor perspectiva en cuanto al futuro de nuestra relación. Al elegir la separación sanadora, reconocemos que hay aspectos de nuestra relación que son destructivos para nosotros como pareja y como individuos. Asimismo, reconocemos que hay elementos positivos y constructivos en nuestra relación, que podría considerarse que son sus activos y sobre los cuales puede ser que seamos capaces de construir una relación nueva y diferente. Con esto en mente, nos comprometemos a llevar a cabo el trabajo personal, social, psicológico y espiritual necesario para hacer que esta separación sea sanadora.

En algún momento futuro, cuando hayamos experimentado el crecimiento personal y la autorrealización que son posibles en el contexto de esta separación, tomaremos una decisión más inteligente sobre el futuro de nuestra relación de pareja.

B. OBJETIVOS DE NUESTRA SEPARACIÓN SANADORA

Cada uno está de acuerdo con llevar a cabo este tipo de separación con estos objetivos:

- Obtener tiempo y espacio emocional fuera de la relación con el fin de incrementar mi crecimiento personal, social, espiritual y emocional.
- Identificar mejor mis necesidades, mis deseos y mis expectativas respecto a la relación.
- Ser más capaz de explorar cuáles son mis necesidades básicas en el ámbito de las relaciones y poder determinar si soy capaz de satisfacerlas en el contexto de la relación actual.
- Experimentar las tensiones sociales, sexuales, económicas y parentales que pueden tener lugar al separarme de mi pareja.
- Llegar a determinar si puedo lidiar mejor con mi proceso estando solo que dentro de la relación.
- Experimentar suficiente distancia emocional como para poder distinguir mis propios temas y problemas de los de mi pareja, puesto que aparecen enredados y mezclados en la relación.
- Propiciar un contexto en que podamos ayudar a nuestra relación a sanarse, transformarse y evolucionar hasta convertirse en una unión más amorosa y saludable.

C. DECISIONES CONCRETAS CONCERNIENTES A ESTA SEPARACIÓN SANADORA

1. Duración de la separación

Acordamos que nuestra separación empezará el día _____ y acabará el día _____.

(La mayoría de las parejas tienen una idea acerca de cuánto tiempo de separación necesitarán o querrán. Este tiempo puede oscilar desde unas pocas semanas hasta seis meses o más. El período de tiempo acordado puede renegociarse en cualquier momento por iniciativa de cualquiera de las partes. Puesto que, como se explicó en el apéndice B, es preferible que la fecha de finalización sea flexible y negociable, este término del contrato puede ser un buen tema de conversación para un ejercicio de comunicación).

2. El tiempo que pasar juntos

Estamos de acuerdo en pasar tiempo juntos cuando esto sea del agrado de ambas partes. Podemos pasar este tiempo divirtiéndonos, hablando, ejerciendo de padres o compartiendo nuestros respectivos procesos de crecimiento personal. Nos encontraremos durante _____ horas _____ veces la primera semana, y después negociaremos el tiempo que vamos a estar juntos en cada semana sucesiva. Estamos de acuerdo en hablar acerca de si este tiempo que pasemos en compañía va a incluir una relación sexual continuada y en tomar una decisión conjunta al respecto.

(Lo ideal sería que la separación sanadora incluyera pasar tiempo de calidad juntos de forma regular. Algunas personas estarán disfrutando con su libertad recién descubierta y tendrán muy pocas ganas de gozar de este tiempo. Por el contrario, cuando la persona que necesita más espacio emocional se separa, puede ser que quiera pasar más tiempo con su pareja. Esto tal vez genere confusión en aquel que no quería separarse. Ocurre que los compañeros que se sienten emocionalmente asfixiados anhelan desesperadamente tomar distancia; pero cuando salen de lo que sentían como un espacio que los ahogaba, su necesidad de espacio emocional se reduce enormemente.

Es importante que el tiempo que paséis juntos sea de calidad y lo invirtáis en crear un nuevo tipo de relación. Cuando empiecen a manifestarse los viejos patrones, sea cual sea la forma que adopten, una solución es ponerle fin al tiempo de calidad que pasáis juntos y permanecer separados. En cuanto a mantener una relación sexual entre vosotros, es algo que presenta ventajas e inconvenientes. Idealmente, el contacto sexual puede estimular la intimidad y hacer que la separación sea menos estresante y dolorosa; el sexo puede, sin embargo, dar lugar a problemas como los que se discuten en el capítulo 17, pues el potencial dejado puede experimentar confusión si el dejador simplemente está intentando «dejarlo con gentileza»).

3. Experiencias de crecimiento personal

El compañero A está de acuerdo en participar en las siguientes experiencias de crecimiento personal.

(Marcar las que sean objeto de compromiso y añadir otras si es el caso):

❏ Terapia individual.
❏ Terapia conyugal.
❏ Programas educativos o de apoyo enfocados en las relaciones.
❏ Leer libros de autoayuda.
❏ Llevar un diario.
❏ Empezar un programa de ejercicio físico o mantenerlo.
❏ Empezar un programa dietético o mantenerlo.
❏ Sumarse a un grupo enfocado en el crecimiento personal (por ejemplo, a un grupo de gestión de la ira).

El compañero B está de acuerdo en participar en las siguientes experiencias de crecimiento personal (marcar las que sean objeto de compromiso y añadir otras si es el caso):

❏ Terapia individual.
❏ Terapia conyugal.

❏ Programas educativos o de apoyo enfocados en las relaciones.

❏ Leer libros de autoayuda.

❏ Llevar un diario.

❏ Empezar un programa de ejercicio físico o mantenerlo.

❏ Empezar un programa dietético o mantenerlo.

❏ Sumarse a un grupo enfocado en el crecimiento personal (por ejemplo, a un grupo de gestión de la ira).

(Lo ideal es que la separación sanadora incluya tantas experiencias de crecimiento personal como sea factible, práctico y útil cultivar. Tened en cuenta que se recomienda encarecidamente buscar asesoramiento profesional, porque si no habéis sido capaces de hacer que vuestra relación funcione antes de la separación sanadora, es probable que os cueste conseguirlo sin contar con ayuda, orientación, información y apoyo externos).

4. Relaciones e implicaciones externas a la relación

El compañero A está de acuerdo en:

❏ Cultivar un sistema de apoyo compuesto por amigos importantes.

❏ Implicarse más socialmente con otras personas.

❏ No tener citas con amantes potenciales.

❏ Permanecer emocionalmente monógamo.

❏ Permanecer sexualmente monógamo.

❏ Implicarse en clubs o en grupos parroquiales, o en otros grupos que lleven a cabo actividades.

El compañero B está de acuerdo en:

❏ Cultivar un sistema de apoyo compuesto por amigos importantes.

❏ Implicarse más socialmente con otras personas.

❏ No tener citas con amantes potenciales.

❏ Permanecer emocionalmente monógamo.

❏ Permanecer sexualmente monógamo.

❏ Implicarse en clubs o en grupos parroquiales, o en otros grupos que lleven a cabo actividades.

(Lo ideal es que se tome una decisión conjunta y que se adopte un compromiso de mutuo acuerdo respecto a la participación en actividades sociales y a las posibles relaciones románticas o sexuales externas a la relación).

5. Arreglos en materia de vivienda

El compañero A está de acuerdo en:

❏ Permanecer en el hogar familiar.

❏ Marcharse y encontrar un lugar alternativo donde vivir.

❏ Alternar con el compañero B la estancia en el hogar familiar para que los hijos puedan permanecer en él.

El compañero B está de acuerdo en:

❏ Permanecer en el hogar familiar.

❏ Marcharse y encontrar un lugar alternativo donde vivir.

❏ Alternar con el compañero A la estancia en el hogar familiar para que los hijos puedan permanecer en él.

(La experiencia ha demostrado que una separación en la que ninguno de los dos compañeros abandona el hogar da lugar a una experiencia menos creativa. Parece diluir la vivencia de la separación y evita que ambas partes gocen de todo el crecimiento personal que es posible experimentar viviendo separados. También es muy posible que la persona que necesita contar con mayor espacio emocional no obtenga el suficiente).

6. Decisiones económicas

El compañero A está de acuerdo en:

❑ Mantener la cuenta corriente conjunta.
❑ Pasar a tener dos cuentas corrientes separadas.
❑ Abrir una nueva cuenta corriente.
❑ Pagar los gastos del coche.
❑ Pagar los gastos de manutención del hogar.
❑ Pagar esta cuota mensual en cuanto a los gastos relacionados con los niños: _____.
❑ Pagar las cuotas de la hipoteca y las facturas de suministros.
❑ Pagar las facturas del médico.

El compañero B está de acuerdo en:

❑ Mantener la cuenta corriente conjunta.
❑ Pasar a tener dos cuentas corrientes separadas
❑ Abrir una nueva cuenta corriente.
❑ Pagar los gastos del coche.
❑ Pagar los gastos de manutención del hogar.
❑ Pagar esta cuota mensual en cuanto a los gastos relacionados con los niños: _____.
❑ Pagar las cuotas de la hipoteca y las facturas de suministros.
❑ Pagar las facturas del médico.

(Algunas parejas deciden mantener las cuentas corrientes y de ahorro y seguir pagando las facturas conjuntamente. Otras parejas separan totalmente los aspectos económicos de lo que es la relación. La experiencia que tenemos con las parejas divorciadas indica que uno de los compañeros suele cancelar las cuentas corrientes y de ahorro sin el conocimiento o el consentimiento del otro. Si existe la posibilidad de un desacuerdo, cada uno de vosotros podríais sacar la mitad del saldo y abrir cuentas independientes).

7. Vehículos motorizados

El compañero A está de acuerdo con usar el vehículo_____
_____ y el compañero B está de acuerdo con usar el vehículo _____.

(Aconsejamos que no se cambien los títulos de propiedad hasta que se haya tomado una decisión sobre el futuro de la relación).

8. Con respecto a los niños

1. Estamos de acuerdo en:

❑ Compartir la custodia.
❑ Otorgar temporalmente la custodia exclusiva o física a _____.

2. Estamos de acuerdo con este calendario y horario de visitas:
_____
_____.

3. Los gastos médicos, así como los del seguro médico, serán responsabilidad de:

❑ Compañero A.
❑ Compañero B.

4. Estamos de acuerdo con las siguientes recomendaciones, concebidas para ayudar a que la separación sanadora constituya una experiencia positiva para nuestros hijos:

a) Ambos nos comprometemos a mantener una relación de calidad con cada uno de nuestros hijos.
(Cada niño debe seguir sintiéndose querido por los dos padres).

b) Nos mostraremos tan abiertos y honestos con nuestros hijos respecto a la separación sanadora como sea adecuado.

c) Ayudaremos a nuestros hijos a ver y comprender que la separación física es un problema de adultos del que no son responsables en modo alguno.

d) Ninguno de nosotros expresará enfado o sentimientos negativos hacia el otro padre a través de los hijos.

(Es muy destructivo para los niños estar atrapados en el fuego cruzado emocional que tiene lugar entre sus padres).

e) Evitaremos forzar a los niños a tomar partido en nuestras discusiones que tengan su origen en actitudes y puntos de vista diferentes.

f) Ninguno de nosotros hará que nuestros hijos espíen y relaten el comportamiento del otro padre.

g) Ambos nos comprometemos a abordar juntos la crianza de nuestros hijos y a ejercer la paternidad de una manera eficaz, colaborando lo máximo posible el uno con el otro a este respecto.

(Cuando una pareja lleva a cabo una separación sanadora, es importante que reduzca lo más posible el trauma emocional que puedan experimentar sus hijos).

9. Firma del acuerdo

Hemos leído y discutido este contrato para una separación sanadora y estamos de acuerdo con sus términos. Además, cada uno de nosotros nos comprometemos a informar a la otra parte de cualquier deseo que tengamos de modificar o cambiar cualquier término de este acuerdo o de ponerle fin.

Compañero A   Fecha

Compañero B   Fecha

LOS BLOQUES DE RECONSTRUCCIÓN
APLICADOS A LOS VIUDOS

Nota de los autores: esta parte dedicada a los viudos fue compilada y escrita por Nelse Grundvig, de Bismarck (Dakota del Norte), y Robert Stewart, de Denver (Colorado). Agradecemos a Nelse y a Robert esta importante contribución que permite a aquellos que han enviudado trabajar con el modelo de la reconstrucción y obtener los beneficios derivados de ello.

El propósito de este apéndice es arrojar algo de luz sobre las cuestiones que afectan específicamente a los viudos. Por este motivo, los conceptos de la reconstrucción se adaptan aquí a un lenguaje que es más adecuado para las personas cuyo cónyuge ha fallecido.

EL CONCEPTO DE *DEJADOR* Y *DEJADO* APLICADO A LA VIUDEZ

Te debes de estar preguntando: «¿Qué tiene que ver conmigo el concepto de dejador *versus* dejado? ¡Estoy viudo!». A primera vista, estos términos no parecen aplicables a tu caso. La persona a la que amabas no dejó la relación para continuar con su vida. Tu pareja dejó la relación de una de dos maneras: por medio de una muerte súbita o tras sufrir una larga enfermedad. Recuerda, sin embargo, que los dejadores son quienes empiezan con el proceso del duelo antes de que la relación llegue a su fin, mientras que los dejados entran en este proceso cuando la relación termina. Usando estas definiciones, es posible aplicar estos términos a tu caso.

Una persona viuda cuyo cónyuge ha muerto súbitamente se ve obligada a comenzar con el proceso del duelo de forma abrupta y puede sentirse emocionalmente entumecida al principio. A menudo no es hasta después del funeral cuando recibe totalmente el impacto de lo que ha sucedido. En cierto sentido, quienes enviudan han sido dejados, puesto que no decidieron poner fin a la relación. Por lo tanto, el cónyuge que permanece vivo se halla en una tesitura similar a aquella en la que se encuentra la persona a la que han abandonado en el ámbito de una separación; los pensamientos y sentimientos que tienen ambos coinciden en gran medida, porque la muerte se produjo de repente.

Sin embargo, cuando la muerte acontece después de un largo período de enfermedad, puede ser que el cónyuge superviviente tenga pensamientos y sentimientos más del estilo de los del dejador. Los viudos cuyos cónyuges mueren después de una enfermedad prolongada tienen más probabilidades de iniciar el proceso del duelo antes de que se produzca la desaparición de su ser querido. Incluso pueden reaccionar al fallecimiento de su cónyuge con alivio. Muchas veces parece que lo están llevando bien, pero ocurre que han tenido más tiempo para reaccionar frente a la situación porque empezaron el proceso del duelo en un momento anterior, cuando aún estaban en la relación.

También es posible que quienes enviudan alberguen, entremezclados, pensamientos y sentimientos propios del dejador y del dejado, así que es posible que no encajes con precisión dentro de una de estas dos categorías. Lo importante es que tomes conciencia de cómo estás experimentando la muerte de tu cónyuge. Puede ser que albergues sentimientos contradictorios con respecto a cómo afectará la viudez a tu vida, así como algunos juicios subyacentes respecto a estos sentimientos que te impiden abrazar completamente lo que estás experimentando.

A continuación, vamos a explorar los bloques de reconstrucción desde una perspectiva que pueda ser significativa en cuanto a las cuestiones que afectan directamente a tu vida.

NEGACIÓN

La negación es una válvula de seguridad emocional. Cuando se enfrenta con algo físicamente doloroso, el cuerpo trata de compensarlo; cuando el dolor es demasiado intenso, incluso puede caer en la inconsciencia. Las emociones pueden responder al dolor de una manera similar.

En el caso de los dejados, la negación se refleja en declaraciones del estilo «esto no puede estar sucediéndome a mí» o «esto es una broma pesada; no puede ser verdad». En casos extremos, la negación puede incluir el aferramiento a la ilusión de que el cónyuge volverá. El dejado puede decirse a sí mismo cosas como «cuando llegue a casa, mi esposa estará en la cocina haciendo la cena, como siempre», o «si espero el tiempo suficiente, él regresará».

Los dejadores también experimentan la negación, pero generalmente antes de que acontezca el fallecimiento. Pueden incurrir en la negación cuando escuchan por primera vez la noticia de que su cónyuge está desahuciado. «En realidad no se está muriendo» o «la medicina encontrará una cura» son declaraciones que pueden indicar negación. Puede ser difícil distinguir entre la negación y la esperanza; sin embargo, la falta de voluntad de reconocer tan siquiera la posibilidad de la muerte es un claro indicio de que se puede estar pasando por un proceso de negación.

Lo que es importante recordar en relación con esta etapa es que la negación es muy fuerte al principio y no se desvanece completamente hasta que el proceso del duelo está avanzado.

MIEDO

Puede ser que el miedo sea la principal emoción que estés experimentando. De hecho, es una de las razones por las que se incurre en la negación (parece demasiado difícil afrontar el miedo). Puedes experimentar dos tipos de temores fundamentales: miedo a morir y miedo a vivir. Cuando falleció tu cónyuge, te acercaste más que nunca a tu propia mortalidad. Muchas personas evitan afrontar el hecho de que la muerte es inevitable. Cuando tu cónyuge murió, tal vez se manifestó tu propio miedo subyacente vinculado con la certeza de que tú también vas a morir. Esto ocurre especialmente si su muerte fue repentina. También puede ser que temas el hecho de que tu cónyuge ya no está aquí para satisfacer tus necesidades o cuidar de ti. Muchos viudos dependían totalmente de sus cónyuges en algún sentido. De modo que un temor habitual es: «¿Qué va a ser de mí ahora?».

El miedo a vivir puede tener muchas caras. Tal vez temas todos los cambios que deberás efectuar en cuanto a tu estilo de vida y las nuevas opciones que tienes por delante. O acaso temas tus propios sentimientos y pensamientos relacionados con la muerte de tu cónyuge, especialmente si experimentaste cierto alivio, lo cual es probable que sea cierto si el fallecimiento se produjo después de un período de empeoramiento progresivo.

ADAPTACIÓN

Vivimos en un mundo de parejas. Cuando prometimos estar juntos «hasta que la muerte nos separe», ninguno de nosotros planeaba ver el final de nuestro matrimonio. Sí, sabíamos que no íbamos a vivir para siempre, pero nunca pensamos, conscientemente, que nuestro cónyuge iba a morir. Pues bien, el tuyo lo hizo, y aquí estás tú, aún vivo, enfrentado a la realidad de que debes cambiar mil cosas en tu vida. La primera de ellas es lidiar con el hecho de que ahora no tienes pareja.

Puede ser que te resistas a aceptar esta realidad. ¿Y si alguien te pidiese una cita?; esto sería absolutamente aterrador para ti. Toda la dinámica implícita en el hecho de iniciar una nueva relación puede parecerte muy complicada. Entrar en el terreno desconocido que es conocer a otra persona es uno de los mayores retos en la viudez. Cuanto más largo haya sido el matrimonio, más difícil resulta esta perspectiva. Puede ser que te aferres a la imagen que te has creado de tu pareja, una imagen que, posiblemente, contenga un mayor componente de idealización tras su muerte.

Podrá parecerte cruel lo que vamos a afirmar a continuación, pero es una realidad: el fallecimiento de tu cónyuge te brinda la oportunidad de autoexaminarte. ¿Cómo te ves a ti mismo, y cómo ves la vida y a los demás? ¿En qué áreas has caído en la rutina o te has estancado? La muerte de tu cónyuge puede llevarte a examinar cualesquiera formas en que hayas dado tu vida por sentada.

Este período también te da la oportunidad de reflexionar acerca de por qué te casaste. ¿Tuviste una relación lograda, completa e interactiva? ¿Estabas satisfecho con la naturaleza y la dinámica de la relación? A medida que te adaptas a la soltería, puedes acudir a la introspección para incrementar tu conciencia actual y tu libertad futura.

SOLEDAD

Puede ser que te sientas más solo que nunca. Es doloroso vivir sabiendo que tu cónyuge ya no se va a reír con tus bromas o que ya no va a estar ahí para consolarte cuando llores. Es posible que hayáis estado separados antes, por ejemplo a raíz de unas vacaciones, un viaje de negocios o una hospitalización, pero nunca habías experimentado una soledad tan profunda. Ahora que la relación ha terminado definitivamente, la otra persona ya no está ahí, y te sientes completamente solo.

Esa soledad se ve amplificada por la pregunta: «¿Voy a estar así de solo para siempre?». Empiezas a cuestionarte si alguna vez volverás a gozar de la compañía que proporciona una relación amorosa. Incluso si cuentas con tus hijos y con amigos que te brinden alivio y aliento, el sentimiento de soledad puede ser abrumador.

Es posible que te hayas sentido solo en la relación, especialmente si tu cónyuge estaba en el hospital o si se le diagnosticó una enfermedad terminal. Esta forma de soledad es un tipo especial de dolor, y la muerte de tu cónyuge puede aliviar algo esa carga.

En el ámbito social, puede ser que te aísles. Te sientes como una tercera rueda en una bicicleta: no es ni muy apropiada ni necesaria. Te imaginas que todo el mundo está hablando de ti, a la vez que te preguntas a quién le importa tu dolor realmente. Cuando alguien te pregunta por tu difunto cónyuge, no sabes si sentirte ofendido, si llorar o si irte sin más.

Puede ser que trates de huir de tus sentimientos de soledad mezclándote con la multitud o teniendo siempre a gente a tu alrededor; que busques alivio manteniéndote superocupado, haciendo cualquier cosa para evitar estar en casa solo, o que busques a personas con las que salir con el único objetivo de evitar la soledad, aunque no disfrutes con su compañía. A veces cualquier cosa es mejor que estar solo en casa con todos esos sentimientos y recuerdos.

Con el paso del tiempo, irás más allá de la soledad para aceptar tu propia compañía; llegarás a sentirte a gusto contigo mismo. Para ello, deberás tener la voluntad de dejar de huir del dolor y aceptar todos los aspectos de ti mismo durante este tiempo. También tendrás que admitir que tu experiencia contiene una singularidad que otros pueden no ser capaces de compartir o entender totalmente.

Para llegar a este punto, debemos darnos cuenta de que el miedo a estar solo es mucho peor que estar solo. Cuando experimentamos la soledad, descubrimos en nuestro interior unos recursos que nunca supimos que teníamos. También aprendemos a reunir los recursos que necesitamos pero de los que no disponemos. Entonces somos capaces de aceptar que la soledad forma parte de la condición humana.

Estar solo puede llegar a constituir un camino de autosanación. Necesitas tiempo para hacer introspección y reflexionar, para reconectarte con pensamientos y sentimientos que habías negado. Al recuperar estos sentimientos y pensamientos, te das cuenta de que no estás vacío, sino bastante lleno, cuando te encuentras solo. Alcanzas esta plenitud interior cuando te permites crecer y desarrollarte hasta alcanzar un grado importante de bienestar cuando no estás en compañía de otras personas. Con el tiempo, llegarás a entender que estar con alguien para escapar de la soledad es un comportamiento destructivo y doloroso. Descubrir lo que necesitas para sanar —de tal manera que puedas *optar* por comenzar una relación en lugar de *necesitar* una para huir de la soledad— será uno de tus mayores desafíos.

AMISTAD

Cuando experimentamos dolor, especialmente de tipo emocional, suele ser útil compartir este dolor con los amigos. No es que puedan ponerle remedio, pero el acto de compartirlo parece reducir la carga. Desafortunadamente, muchos de los amigos que teníamos cuando estábamos casados ya no estarán con nosotros ahora que no tenemos pareja.

Hay varias razones por las que puedes experimentar la pérdida de amigos. La primera es que, como persona sola, puedes ser visto como una amenaza para tus amigos casados, ya que ahora eres un objeto de amor elegible. Si su relación no es sólida, puedes representar una amenaza. También es amenazador para los demás tener que reconocer que el propio compañero es un ser mortal. Puesto que tu pareja ha fallecido, les recuerdas esta realidad.

Otra razón por la que puedes perder amigos es que, puesto que ahora no tienes pareja, has pasado a ser, lo aceptes o no, miembro de una subcultura diferente: la de los adultos solteros. De modo que puede resultarte más difícil relacionarte con tus amigos casados. Si quieres conservar tus amigos, debes recordar que las similitudes que había entre vosotros en el pasado son ahora diferencias, así que habrá que consolidar otras afinidades. Además, puedes acercarte a personas que se encuentren en una situación similar a la tuya —es decir, que también se hayan quedado sin pareja—, pues compartís una circunstancia a partir de la cual podéis relacionaros.

CULPA Y RECHAZO

Puede ser que experimentes una sensación irracional: un sentimiento de rechazo por el hecho de seguir vivo. Tal vez sientas que tu cónyuge eligió la muerte antes que seguir viviendo contigo. Este es un pensamiento normal y forma parte del proceso del duelo. De todos modos, el rechazo implica que hay algo mal en ti, y puede ser que empieces a buscar algún defecto imaginario en tu personalidad. ¿Qué puedes tener que sea tan terrible que tu pareja haya elegido la muerte en lugar de vivir contigo? Quizá te sientas culpable porque no le expresaste tus sentimientos de amor a menudo. Otra causa de culpa es el hecho de que estés sobreviviendo o siguiendo adelante con tu vida. O puede ser que te sientas culpable porque no querías que tu cónyuge te dejara aunque esto implicase para él o ella la continuidad de su sufrimiento. También puede ser que, si tu cónyuge estaba experimentando dolor, te sientas culpable por ver aliviado tu estrés relacionado con el hecho de ver sufrir a un ser querido.

No todo esto es negativo. Si, al mirar tu propio comportamiento, encuentras que te ocasiona dificultades en tus interacciones con los demás, puedes cambiarlo. El objetivo de llevar a cabo este proceso es que seas capaz de verte a ti mismo como una persona bella y amorosa y llegues a apreciarte como si fueses tu mejor amigo.

La culpa no es del todo inútil. Nos ayuda a darnos cuenta de que no hemos estado a la altura de nuestras expectativas en relación con nosotros mismos. Sin embargo, la culpabilidad excesiva es destructiva. Cuando vivimos nuestras vidas entre «deberíamos», «deberíamos haber» y «podríamos haber», no somos capaces de vivirlas plenamente. Acabamos inhibidos y controlados. Si no has cumplido con unas expectativas realistas, puede ser que tengas que resarcirte (si es posible) y cambiar comportamientos en el futuro. Si la culpa que experimentas se basa en unas expectativas poco realistas, debes recordar que lo hiciste lo mejor que pudiste con lo que tenías en ese momento.

Debes examinar tu culpabilidad racionalmente y ver si es apropiada. Es normal que te sientas culpable por querer continuar con tu vida o por haber rezado para que el sufrimiento de tu ser querido terminase. Sin embargo, sentirte culpable por no haber impedido la muerte de tu cónyuge es ser injusto contigo mismo.

DUELO

La gente pasa por las etapas del duelo de muchas maneras diferentes. Pero hay algunos patrones que se repiten, independientemente de si somos el dejador o el dejado. Lo más probable será que experimentes la negación, la negociación, la ira, la depresión y, finalmente, la aceptación.

El duelo es una parte importante del proceso de sanación tras la muerte de tu cónyuge. Esa muerte incluyó un funeral, un entierro y la presencia de amigos y familiares. Pero el proceso del duelo no es algo para lo que haya un límite de tiempo. Habrá personas que, con toda la buena intención, te dirán: «¿No es hora de que sigas adelante con tu vida? Ya han pasado X meses». No se dan cuenta de que tenemos que pasar por un duelo para despedirnos de la relación y de que no solo tenemos que decirles adiós a nuestro cónyuge, sino también a nuestro estilo de vida. A menudo nos limitamos al no permitirnos llorar y sentir el dolor. Desafortunadamente, esto solo impide el proceso del duelo, no lo echa a un lado. Tenemos que reconocer el dolor y que no podemos controlarlo todo. Solo entonces podremos seguir adelante con nuestras vidas.

La fase de la negociación del proceso del duelo presenta dos caras diferentes. En el caso de los dejadores, a menudo toma la forma de «haría cualquier cosa para evitar que esto le suceda a mi pareja». En el caso de los dejados, puede significar asistir a la iglesia para garantizarle un tránsito adecuado al ser querido o la voluntad de darle cualquier cosa con el fin de asegurarse de que su dolor será menor. La negociación puede ser útil. Muchas personas acuden a grupos de apoyo en un esfuerzo por negociar el fin de su aflicción. En estos casos, la persona que está pasando por el duelo trata de iniciar otra relación con el fin de reducir el tiempo de dolor y la sensación de inseguridad que le ocasiona el hecho de estar sola. Debemos hacer hincapié en que si estás sufriendo a causa de una relación pasada no serás capaz de dedicar el tiempo y la energía que son necesarios para cultivar una relación íntima auténtica.

La etapa de la depresión suele durar un día más de lo que pensábamos que podíamos soportar. Gastamos tanta energía preocupándonos por nuestra pareja que nos duele no tener acceso a ella. Puedes tener la sensación de que todo aquello que tocas muere. Este no es el caso, pero esta sensación se debe a que aún tienes que examinar tus sentimientos de depresión y lidiar con ellos. Algunas personas sostienen que la depresión es ira que no ha encontrado la forma de verse expresada. Cualquiera que sea su causa, es importante darse cuenta de que otras personas han experimentado la misma emoción o la están experimentando.

Cuando por fin dejas de preguntarte por qué tuvo que morir tu cónyuge, el proceso de aceptación está muy avanzado. El dolor emocional de la separación disminuye con el tiempo. Esperemos que el dolor que estás sintiendo te permita descubrir quién eres y llegar a tener una experiencia completa y enriquecedora. Es curioso el hecho de que no sabemos que hemos alcanzado la aceptación hasta que nos enfrentamos al dolor de nuestro pasado o de otra persona. También puede ser que logremos una aceptación parcial, que se esfume en el momento en que desenterramos algunos sentimientos dolorosos de nuestro pasado. Cuando la aceptación se nos escapa, esto suele ser indicativo de que necesitamos llevar a cabo una mayor labor de autodescubrimiento y crecimiento personal.

IRA

La ira es una fase natural del duelo y, por lo tanto, del proceso de sanación. Puede sentirse en relación con muchas cosas. Es habitual enojarse con Dios por haberse llevado a nuestro compañero. También podemos estar enojados con el difunto cónyuge por habernos dejado, o con nuestros amigos y líderes religiosos porque no se aperciben de nuestro dolor emocional. Incluso aquellos que nos comprenden y están dispuestos a ayudarnos pueden ser objeto de nuestra ira. También puede ser que nos sintamos enojados con nosotros mismos porque nuestra agitación emocional haga que nos resulte difícil seguir adelante con nuestras vidas.

La ira es un sentimiento, y los sentimientos forman parte de la existencia. Puede ser que tengas la tentación de negar o reprimir tu enfado. Sin embargo, la ira puede ser muy constructiva como fuerza energética positiva, porque te lleva a reconocer tu humanidad y la humanidad de los demás. A medida que trabajas con ella empiezas a experimentar sentimientos de paz y vas soltando lo que no podías, y no puedes, controlar.

SOLTAR

Este proceso difícil y doloroso consiste en liberar los lazos emocionales que tenemos con nuestro cónyuge fallecido. En algún momento, tu corazón se desprende de todos los derechos y privilegios que sentías que tenías por el hecho de estar casado. Tu mente declara que es hora de que sigas adelante con lo que te queda, puesto que vas dejando de enfocarte en lo que fue para irte centrando en lo que puede ser.

Un ejemplo de persona que no se ha desvinculado del pasado es una viuda que siga llevando su anillo de casada o que siga refiriéndose a sí misma como «la señora de John Doe», por ejemplo. Y es que hay quienes se resisten al proceso de desvinculación; puede ser que experimenten ira o culpa cuando intentan soltar.

Tal vez te resulte mucho más fácil pasar por esta etapa final del proceso del duelo si tienes o cultivas otros focos de interés, como un trabajo o una afición, y si cuentas con un buen sistema de apoyo. Para ayudarte a desimplicarte, te sugerimos que cambies de sitio los muebles del dormitorio, que guardes las pertenencias personales de tu difunto cónyuge y que pruebes a introducir pequeños cambios en tu vida. Más adelante, cuando tengas menos lazos emocionales con tu pasado, podrás revisar los elementos que has guardado. (Puede ser que quieras tener a un amigo cerca cuando te enfrentes a esos recuerdos).

AUTOESTIMA

Tu autoestima puede estar más baja que nunca a raíz del final de tu relación amorosa. Invertiste tanto de tu personalidad en ella que te resulta devastador hacer frente al vacío de identidad que experimentas. Con demasiada frecuencia pensaste en ti solamente en términos de la relación. Cuando te presentabas a los demás, acostumbrabas a referirte a ti mismo como «el marido de» o «la esposa de». Cuando no estabas con tu pareja, los demás te preguntaban en plan de broma: «¿Dónde está tu otra mitad?».

El doctor Fisher encontró que es habitual que la gente tenga una mala imagen de sí misma inmediatamente después de haber perdido su relación amorosa. Sostiene que nuestra autoimagen es una actitud aprendida. El hecho de referirnos a nosotros mismos como «el cónyuge de», «el hijo de» o «el padre de» nos da un sentido de identidad. Al enviudar, perdemos una forma de identificación importante. Si tu autoestima ha bajado y sigue estando baja, el proceso del duelo puede hacérsete aún más duro.

TRANSICIÓN

Estás en medio de la que es quizá la mayor transición de tu vida. Lo que hace que sea aún más difícil es que no la elegiste. En todos los aspectos, estás pasando del estilo de vida característico del matrimonio a vivir en soltería.

Debajo de esta transición puede haber otra incluso más grande: una transición desde las influencias inconscientes de las que era objeto tu vida hasta una nueva libertad. Ahora que tu cónyuge ya no está puedes comenzar a evaluar muchas de las elecciones que llevaste a cabo en tu matrimonio, así como las motivaciones que te impulsaron a efectuarlas. Puedes tener una nueva conciencia de cómo los remanentes de tu pasado pueden seguir influyendo sobre tu vida.

APERTURA

La apertura hace referencia a tu disposición a deponer tus defensas y buscar la intimidad con otra persona. La idea de mostrarte vulnerable con otro individuo puede suscitarte sentimientos de miedo y culpa. Es posible que te hayas puesto máscaras para evitar que los demás se aperciban de tu dolor durante el proceso del duelo. Tal vez te hayas escondido detrás de máscaras toda tu vida. Y aceptar la posibilidad de «dejar que alguien entre en tu vida» puede parecerte demasiado arriesgado.

Hay muchas máscaras que puedes ponerte para protegerte durante este período. Una que es habitual es la de la «viuda alegre» (o «viudo alegre»), a través de la cual todo se ve bajo una luz positiva —todo el dolor está tapado—. Otra máscara es la del «ocupado»; los sujetos viudos que la llevan se preocupan solamente de los detalles prácticos y mantienen conversaciones superficiales. Hay muchos tipos de máscaras; ¿te has puesto alguna para que te resulte más fácil lidiar con el dolor y la incertidumbre que experimentas en estos tiempos?

Las máscaras no son siempre inapropiadas. A menudo son necesarias para sobrevivir a circunstancias difíciles, como la muerte del cónyuge. Llega un momento, sin embargo, en que la energía requerida para mantenerlas impide el crecimiento personal y la posibilidad de experimentar intimidad. Llegado este punto, las máscaras son una carga. Tendrás que decidir cuándo es el momento adecuado de empezar a permitir que los demás vean quién hay detrás de las tuyas.

Escribe cuáles son las máscaras que llevas para protegerte. ¿Cuáles de ellas, si es el caso, empezaste a usar tras la muerte de tu cónyuge? ¿Qué sentimientos oculta o protege cada máscara? ¿Cuáles te gustaría quitarte?

AMOR

Habitualmente, el *amor* se define solo en términos de algún objeto externo, generalmente una persona. Sin embargo, el punto de partida del amor verdadero es uno mismo. Puede ser que descubras algunas partes de ti que consideras inaceptables, pues el duelo logra que salgan a la superficie aspectos más profundos de nuestro ser. Aprender a abrazar estas partes es el punto de partida del amor que podemos tener por los demás. ¿Cómo somos capaces de amar a otras personas si no nos amamos a nosotros mismos?

Has perdido a la persona hacia la que dirigiste tu amor. Puede ser que ahora te sientas perdido al tratar de dirigir este mismo amor hacia tu interior. Tal vez no has experimentado la belleza de este tipo de aceptación por parte de otra persona, lo cual hace que aún te resulte más difícil darte amor a ti mismo. Sin embargo, este período puede constituir una oportunidad para que valores el hecho de que eres un ser humano único. Y mientras cuidas de ti mismo puedes empezar a experimentar el deseo de volver a amar a otra persona. Es posible que te cueste evitar comparar a quienes podrían llegar a ser tu pareja con tu cónyuge fallecido. Quizá quieras encontrar a alguien que lo reemplace... Es un deseo comprensible, pero imposible de materializar. Lo que sí es posible es que vuelvas a experimentar intimidad con otra persona.

CONFIANZA

Puede ser que estés pensando: «Es mejor no amar a nadie; puede morírsete». Cuando uno supera este pensamiento, se encuentra con que las personas que están disponibles no parecen estar a la altura de lo que cabría esperar. Puede muy bien ser que lo que esté ocurriendo es que no te estés mostrando disponible para no volver a experimentar el dolor de la pérdida. Pero estar con los demás requiere que compartamos quiénes somos. Cuando confiamos, nos exponemos al dolor. Si no confiamos, sin embargo, nos limitamos a existir; no vivimos la vida.

Tu cónyuge falleció y tú sigues vivo; sin embargo, si no te implicas con la vida, eres tú quien se muestra emocionalmente muerto. La falta de confianza no es necesariamente mala, pero el hecho de no confiar en nadie, ni siquiera en uno mismo, hace que se experimente dolor, dudas y miedos.

RELACIONES

Mientras «subes la montaña» (en términos del proceso de reconstrucción), puede ser que te encuentres con gente con la que conectar a lo largo del camino. No es raro que los viudos busquen a otras personas que les puedan ofrecer consuelo, apoyo y aliento. Estas relaciones «de crecimiento» no son necesariamente románticas y habitualmente duran poco.

SEXUALIDAD

En tu matrimonio, sabías qué podías esperar sexualmente de tu cónyuge. Es posible que no vieras siempre resueltas tus necesidades o que no estuvieses satisfecho en este ámbito, pero al menos estabas familiarizado con la situación. En el caso de algunas personas, la idea de iniciar una nueva relación sexual puede ser emocionante; en el caso de otras, sin embargo, las variables desconocidas hacen que esta perspectiva les resulte estresante.

Tienes varias opciones entre las que elegir. ¿Cuáles son tus valores en cuanto al sexo? Perder a nuestra pareja da lugar a la necesidad de obtener de nuevo satisfacción sexual a la vez que hace salir a flote los miedos que tenemos acerca de tener intimidad con otra persona. Puede ser que incluso te sientas culpable por verte atraído sexualmente por alguien.

SOLTERÍA

En una fase anterior del proceso del duelo tal vez sentiste que no podías vivir sin otra relación amorosa. Cuando llegas al punto de decir «estoy contento sin pareja», llegas a una etapa en que experimentas una satisfacción personal. Esto no significa que vayas a estar solo el resto de tu vida, pero sí que llevas bien la soledad.

Si casi toda tu identidad giraba alrededor de tu relación con tu cónyuge, al principio puede ser que vivas la soltería como si fuese un fracaso. Hay algo dentro de ti que acaso afirme que solo puedes estar bien estando casado. Si bien esta es una creencia difícil de cambiar, lo que sí puedes hacer es renovar la forma en que te ves a ti mismo. Esta renovación es un despertar; es la comprensión de que tu valor como ser humano no depende del hecho de que tengas una relación con otra persona. Eres valioso aunque estés solo. Dentro de la convivencia conyugal o con tu familia de origen puede ser que no te sintieses valorado o que dejases de creer en tu valía. Ahora tienes la oportunidad de reclamar lo que es legítimamente tuyo.

PROPÓSITO

Este período emocionante indica que te estás acercando al final de tu proceso de duelo. Empiezas a sentirte vivo, como si fuera la primera vez que experimentases esta sensación. Puede ser que estés abriéndote a experiencias que antes diste por sentadas o que sencillamente descuidaste al hallarte inmerso en el dolor motivado por la pérdida de tu cónyuge.

Durante esta fase dejas de definir tu vida tomando como referencia tu matrimonio anterior. Empiezas a concebir un propósito a partir de tus necesidades, percepciones y objetivos. Este puede ser el momento de evaluar la dirección en que ha ido tu vida y de decidir si es el camino que realmente quieres seguir. También empiezas a vivir más en el presente; vas soltando el pasado a la vez que planeas tu futuro.

LIBERTAD

La libertad consiste en ser uno mismo. Consiste en aceptar las distintas partes que integran la propia personalidad y actuar sobre esta base. Uno es libre de sentir, pensar y relacionarse. Suponiendo que hayas tenido éxito con los bloques de reconstrucción anteriores, ahora eres libre de convertirte en la persona que quieres ser. Te das cuenta de que las relaciones pueden ser tus maestras y de que conectar con los demás equivale a conectarte contigo mismo. Has subido la montaña y ahora estás listo para seguir adelante con tu vida. Has llorado la pérdida de tu pareja y ahora estás abierto a experimentar intimidad con alguna otra persona.

¡Enhorabuena!

BIBLIOGRAFÍA

Libros que pueden ayudarte
(Entre paréntesis, los temas y bloques de reconstrucción con los que están relacionados)

Ahrons, C., *The Good Divorce*. Nueva York: HarperCollins, 1998 *(divorcio y recuperación tras el divorcio)*.

Alberti, R. y Emmons, M. *Con todo tu derecho: Cómo proclamar nuestros propios derechos sin dejarnos manipular y sin manipular a los demás*, Barcelona, Obelisco, 2005 *(autoestima)*.

Ansari, A. y Klinenberg, E. *Modern Romance*, Nueva York: Penguin Press, 2015 *(relaciones)*.

Beck, A. *Con el amor no basta: cómo superar malentendidos, resolver conflictos y enfrentarse a los problemas de la pareja.* (1990), Barcelona, España: Paidós Ibérica. *(Relaciones)*.

Beckfield, D. *Master Your Panic and Take Back Your Life: Twelve Treatment Sessions to Conquer Panic, Anxiety, and Agoraphobia.* (2004), 3.ª ed. Atascadero (California), USA: Impact Publishers. *(Miedo)*.

Blinder, M. *Choosing Lovers: Patterns of Romance: How You Select Partners in Intimacy, the Ways You Connect, and Why You Break Apart.* (1989), Centennial (Colorado), USA: Glenbridge Publishing Ltd. *(Relaciones, amor, sexualidad)*.

Bloomfield, H. *Making Peace with Yourself: Turning Your Weaknesses into Strengths.* (2011), versión Kindle. Nueva York: Ballantine Books. *(Autoestima)*.

Borysenko, J. *Pase lo que pase no es el fin del mundo: resiliencia para momentos de crisis.* (2015), Books4pocket. *(Culpa/rechazo)*.

Bourne, E. J. *Ansiedad y fobias. Libro de trabajo.* (2016), Málaga, España: Sirio. *(Miedo).*

Bray, J. H. y Kelly, J. *Stepfamilies: Love, Marriage, and Parenting in the First Decade.* (1999), Nueva York: Broadway Books. *(Familias compuestas).*

Bridges, W. *Transitions: Making Sense of Life's Changes.* (2004), edición revisada. Nueva York: Da Capo Press. *(Transición).*

Deits, B. *Vivir después de la pérdida.* (1994), Nueva York, EUA: Da Capo Press. *(Duelo).*

Einstein, E. y Albert, L. *Strengthening Your Stepfamily.* (2006), Atascadero (California), USA: Impact Publishers. *(Familias compuestas).*

Ellis, A. *Sentirse mejor, estar mejor y seguir mejorando.* (2005), Bilbao, España: Mensajero. *(Culpa/rechazo).*

Ellis, A. y Tafrate, R. *Controle su ira antes de que ella le controle a usted.* (2013), Barcelona, España: Paidós Ibérica. *(Ira).*

Fisher, B. y Hart, N. *Loving Choices: An Experience in Growing Relationships.* (2000), Atascadero (California), USA: Impact Publishers. *(Relaciones).*

Gibran, K. *El profeta.* (2009), Barcelona, España: Obelisco. *(Inspiración).*

Hendricks, G. y Hendricks, K. *Conscious Loving Ever After: How to Create Thriving Relationships at Midlife and Beyond.* (2015), Carlsbad (California), USA: Hay House. *(Relaciones).*

Jampolsky, G. *Amar es liberarse del miedo.* (2016), Móstoles (Madrid), España: Gaia. *(Miedo).*

Keen, S. *Ser hombre: mitos y claves de la masculinidad.* (1999), Móstoles (Madrid), España: Gaia. *(Hombres y mujeres).*

Kingma, D. A. *Coming Apart: Why Relationships End and How to Live Through the Ending of Yours.* (2012), ed. rev. San Francisco, USA: Conari Press. *(Soltar).*

Klinenberg, E. *Going Solo: The Extraordinary Rise and Surprising Appeal of Living Alone.* (2012), Cambridge (Massachusetts), USA: MIT Press.

Kübler-Ross, E. y Kessler, D. *Sobre el duelo y el dolor.* (2006), Barcelona, España: Luciérnaga. *(Duelo).*

MacGregor, C. *El divorcio explicado a los niños: cómo ayudar a los niños a afrontar el divorcio de sus padres.* (2004), Barcelona, España: Obelisco. *(Hijos de padres divorciados).*

_____ *El divorcio explicado a los adolescentes: cómo ayudar a los adolescentes a afrontar el divorcio de sus padres.* (2006), Barcelona, España: Obelisco. *(Hijos de padres divorciados).*

_____ MacGregor, C. *Jigsaw-Puzzle Family: The Stepkids' Guide to Fitting It Together.* (2005), Atascadero (California), USA: Impact Publishers. *(Hijos de padres divorciados).*

MacGregor, C. y Alberti, R. *After Your Divorce: Creating the Good Life on Your Own.* (2006), Atascadero (California), USA: Impact Publishers. *(Divorcio y recuperación posdivorcio).*

McKay, G. y Maybell, S. *Cómo apaciguar los conflictos familiares: consejos para calmar enfados, disgustos y peleas.* (2006), Bilbao, España: Mensajero. *(Ira).*

McKay, M., Rogers, P. D. y McKay, J. *Venza su ira (controle su comportamiento agresivo)*. (1993), Teià (Barcelona), España: Robinbook. *(Ira)*.

Palmer, P. *I Wish I Could Hold Your Hand: A Child's Guide to Grief and Loss*. (2000), Atascadero (California), USA: Impact Publishers. *(Duelo)*.

Palmer, P. y Alberti, M. *Autoestima: un manual para adolescentes*. (2010), Valencia, España: Promolibro. *(Autoestima)*.

Paul, J. y Paul, M. *Do I Have to Give Up Me to Be Loved by You?* (2002), 2.ª ed. Center City (Minnesota), USA: Hazelden. *(Amor)*.

Peck, S. *La nueva psicología del amor*. (2007), Buenos Aires, Argentina: Emecé Editores. *(Inspiración)*.

Perry, L. D. *Drunk, Divorced, and Covered in Cat Hair: The True Life Adventures of a 30-Something Who Learned to Knit After He Split*. (2007), Deerfield Beach (Florida), USA: HCI Books. *(Soltería)*.

Phelps, S. y Austin, N. *La mujer asertiva*. (2008), Barcelona, España: Obelisco. *(Mujeres y hombres)*.

Rathus, S. A. y Nevid, J. S. *Sexualidad humana*. (2005), 6.ª ed. Madrid, España: Pearson Educación. *(Sexualidad)*.

Rofes, E., ed. *The Kids' Book of Divorce: By, for, and About Kids*. (1981), Nueva York: Vintage Books. *(Hijos de padres divorciados)*.

Rye, M. S. y Moore, C. D. *The Divorce Recovery Workbook: How to Heal from Anger, Hurt, and Resentment and Build the Life You Want*. (2015), Oakland (California), USA: New Harbinger. *(Divorcio y recuperación posdivorcio)*.

Satir, V. *Nuevas relaciones humanas en el núcleo familiar*. (2015), México, México: Pax México. *(Relaciones, familias, confianza)*.

Schwartz, P. *Dating After 50 for Dummies*. (2014), Hoboken (Nueva Jersey), USA: Wiley. *(Soltería)*.

Sills, J. *Getting Naked Again: Dating, Romance, Sex, and Love When You've Been Divorced, Widowed, Dumped, or Distracted*. (2009), Nueva York: Hachette/Springboard. *(Sexualidad)*.

Solin, K. *The Boomer Guide to Finding True Love Online*. (2015), Pompano Beach (Florida), USA: 21st Century Lion Books. *(Soltería)*.

Stahl, P. *Parenting After Divorce*. (2000), Atascadero (California), USA: Impact Publishers. *(Hijos de padres divorciados)*.

Temlock, M. *Your Child's Divorce: What to Expect - What You Can Do*. (2006), Atascadero (California), USA: Impact Publishers. *(Crianza, familias)*.

Turkle, S. *Alone Together: Why We Expect More from Technology and Less from Each Other*. (2012), Nueva York: Basic Books. *(Relaciones)*.

Walton, B. *101 Little Instructions for Surviving Your Divorce: A No-Nonsense Guide to the Challenges at Hand*. (2000), Atascadero (California), USA: Impact Publishers. *(Divorcio y recuperación posdivorcio)*.

Webb, D. *50 Ways to Love Your Leaver*. (2000), Atascadero (California), USA: Impact Publishers. *(Soltar)*.

Wenning, K. *Los hombres son de la Tierra, y las mujeres también*. (1998), Barcelona, España: Amat. *(Mujeres y hombres)*.

Williams, R. y Williams, V. *Anger Kills: Seventeen Strategies for Controlling the Hostility That Can Harm Your Health.* (1998), Nueva York: Harper Paperbacks. *(Ira)*.

Wilson, C. A. y Schilling, E. *Survival Manual for Men in Divorce: Straightforward Answers About Your Rights.* (1992), Boulder (Colorado), USA: Quantum Press. *(Divorcio y recuperación posdivorcio)*.

―――― *Survival Manual for Women in Divorce: 185 Questions and Answers.* (2000), 3.ª ed. Boulder (Colorado), USA: Quantum Press. *(Divorcio y recuperación posdivorcio)*.

Wilson, K. K. *Transformational Divorce: Discover Yourself, Reclaim Your Dreams, and Embrace Life's Unlimited Possibilities.* (2003), Oakland (California), USA: New Harbinger. *(Divorcio y recuperación posdivorcio)*.

Wisdom, S. y Green, J. *Stepcoupling: Creating and Sustaining a Strong Marriage in Today's Blended Family.* (2002), Nueva York: Random House / Three Rivers Press. *(Familias compuestas)*.

Zimmerman, J. y Thayer, E. S. *Adult Children of Divorce: How to Overcome the Legacy of Your Parents' Breakup and Enjoy Love, Trust, and Intimacy.* (2003), Oakland (California), USA: New Harbinger. *(Adaptación)*.

RECURSOS

http://www.rebuilding.org

En este sitio web encontrarás más información sobre el trabajo de Bruce Fisher, sobre su seminario de diez semanas de adaptación al divorcio y sobre los lugares del mundo en los que se ofrece este seminario.

http://www.psychologytoday.com/basics/relationships

La mayor parte de los *posts* de la web de *Psychology Today* (asociados con la revista) están escritos por psicólogos y otros profesionales del campo de los servicios sociales. Aunque la recuperación posdivorcio no es un tema que se aborde específicamente, este sitio web tiene un apartado dedicado a las «Relaciones» donde se exponen muchas ideas útiles. También incluye el apartado «Busca un terapeuta».

http://www.parentswithoutpartners.org

Parents Without Partners (PWP) —Padres sin pareja— es la mayor organización internacional sin ánimo de lucro dedicada al bienestar y los intereses de los padres que no tienen pareja y sus hijos. De ahí han salido grupos de apoyo. Dedicada principalmente a ayudar a hombres y mujeres divorciados desde que empezó su andadura a finales de la década de 1950, PWP ofrece actualmente un centro de recursos abierto a todos, así como un directorio de capítulos locales y una lista de eventos locales e internacionales organizados por la misma organización.

http://www.divorcemag.com

El sitio web de la revista *Divorce Magazine* está lleno de información y recursos para las personas divorciadas.

http://www.facebook.com/DivorceMagazine

La página de Facebook de *Divorce Magazine* presenta la información que ofrecen habitualmente los medios sociales, la información relativa a qué está ocurriendo dónde y conexiones con otros recursos.

http://www.divorcesource.com y **http://www.divorcesupport.com**

Estos sitios vinculados ponen el acento en las cuestiones legales. Proporcionan *links* relacionados con los derechos de los padres y las madres, la violencia doméstica, publicaciones para obtener más información, tablones de anuncios y chats.

http://www.divorcenet.com

Producido por Nolo Press, prestigioso editor de temas de autoayuda relacionados con la legalidad, este sitio cuenta con grupos de apoyo a través de chats, con un centro de recursos de abogacía y una lista de disposiciones legales de los distintos estados de Estados Unidos y aloja también foros de discusión sobre varios temas.

http://www.singlemoms.org

Este sitio, que presenta una red de grupos locales, está dedicado a proporcionar recursos, apoyo e información a las madres y los padres solteros.

http://www.divorcecare.org

Un programa de base religiosa, altamente organizado, de grupos de apoyo para la superación del divorcio, la mayor parte de los cuales son promovidos por iglesias. Pone el acento en la información «experta» basada en la Biblia más que en el crecimiento personal.

http://www.stepfamilies.info/stepfamilyprogram

Este sitio brinda acceso a un programa interactivo gratuito, basado en vídeos y en investigaciones científicas, acerca de diez dificultades que se presentan habitualmente en las familias compuestas. También ofrece información útil sobre temas relacionados con la crianza de los hijos y los hijastros, la copaternidad y la gestión saludable de la relación de pareja.

AGRADECIMIENTOS

E n esta cuarta edición de *Reconstruye tu vida después de una separación*, por primera vez no participo como editor. Mi excelente equipo de la editorial New Harbinger Publications, Cindy Nixon, el director editorial Clancy Drake y el gerente de adquisiciones Tesilya Hanauer, han hecho la transición de «editor» a «editado» mucho más fácil y más agradable de lo que habría imaginado. Me demostraron que, después de tres ediciones exitosas y más de un millón de copias vendidas, aún era posible mejorar el libro. ¡Les estoy muy agradecido!

SOBRE LOS AUTORES

Bruce Fisher, doctor en Educación (1931-1998), desarrolló el modelo de la recuperación posdivorcio basado en la «reconstrucción» hace casi cuarenta años. En calidad de fundador y director del Centro de Aprendizaje sobre las Relaciones Familiares ubicado en Boulder (Colorado), formó personalmente a miles de individuos y terapeutas en este enfoque, que ha servido para enriquecer las vidas de cientos de miles de personas en todo el mundo. Gozó de popularidad como terapeuta en materia de divorcio, autor, profesor y profesional de la Asociación Estadounidense para la Terapia Matrimonial y Familiar. *Reconstruye tu vida después de una separación*, la exitosa guía de Fisher orientada a recuperarse del divorcio, cuenta con más de un millón de ejemplares impresos en Estados Unidos y ha sido publicada en diez idiomas. Sus otros libros incluyen *Loving Choices*, con Nina Hart, y *Rebuilding Facilitator's Manual*, con Jere Bierhaus.

Robert Alberti, doctor en Psicología, ha recibido reconocimiento internacional por su labor como autor y editor; se ha considerado a menudo como el «patrón oro» de la autoayuda psicológica. Se ha jubilado recientemente de una larga carrera como psicólogo, terapeuta matrimonial y familiar, autor de libros y editor. Alberti es miembro y socio vitalicio de la Asociación Psicológica Estadounidense, miembro clínico de la Asociación Estadounidense para la Terapia Matrimonial y Familiar, y lleva más de cincuenta años afiliado profesionalmente a la Asociación de Ayuda Psicológica Estadounidense. Sus logros editoriales incluyen ocho libros, boletines para varias organizaciones, decenas de artículos y la edición de más de cien libros de psicología popular y profesional de otros autores. La carrera de publicaciones «formales» de Alberti comenzó en 1970 con la primera edición de *Your Perfect Right*, escrito en coautoría con Michael Emmons. Actualmente está a la venta la décima edición revisada (en inglés) de dicho libro, del que se han impreso más de 1,3 millones de ejemplares en Estados Unidos, se ha traducido a más de veinte idiomas en todo el mundo (en español, por Ediciones Obelisco con el título *Con todo tu derecho*). Alberti colaboró con el fallecido terapeuta en materia de divorcios Bruce Fisher en la tercera edición de esta obra (el original del libro que tienes en tus manos) y recientemente ha completado la cuarta edición revisada (de la cual se ha traducido esta versión en español).

La autora del prólogo, **Virginia M. Satir** (1916-1988), fue una de las personas más queridas y respetadas en el campo de la terapia conyugal y familiar. Se la reconoce como una de las fundadoras de la teoría de los sistemas familiares. Sus muchos libros, incluido su éxito de ventas *Peoplemaking* (*Nuevas relaciones humanas en el núcleo familiar*), ejercieron una gran influencia a la hora de establecer un marco para la terapia familiar y constituyen un componente importante de las bases de la profesión tal como se practica en la actualidad. Satir escribió este prólogo para la primera edición de este libro.